中國學術思想研究輯刊

三四編

林慶彰 主編

第10冊

六朝女教問題研究——以才性、南北、妒教為中心(上)

曾美雲 著

花木蘭文化事業有限公司

國家圖書館出版品預行編目資料

六朝女教問題研究——以才性、南北、妒教為中心（上）／曾美雲 著 -- 初版 -- 新北市：花木蘭文化事業有限公司，2021〔民110〕

序2+目4+260面；19×26公分

（中國學術思想研究輯刊 三四編；第10冊）

ISBN 978-986-518-493-3（精裝）

1. 婦女教育 2. 魏晉南北朝

030.8　　110010878

中國學術思想研究輯刊

三四編 第十冊　　ISBN：978-986-518-493-3

六朝女教問題研究

——以才性、南北、妒教為中心（上）

作　者　曾美雲

主　編　林慶彰

總編輯　杜潔祥

副總編輯　楊嘉樂

編　輯　許郁翎、張雅淋、潘玟靜　美術編輯　陳逸婷

出　版　花木蘭文化事業有限公司

發行人　高小娟

聯絡地址　235 新北市中和區中安街七二號十三樓

電話：02-2923-1455／傳真：02-2923-1452

網　址　http://www.huamulan.tw 信箱 service@huamulans.com

印　刷　普羅文化出版廣告事業

封面設計　劉開工作室

初　版　2021年9月

全書字數　389447字

定　價　三四編14冊（精裝）新台幣36,000元　

六朝女教問題研究

——以才性、南北、妒教為中心（上）

曾美雲　著

作者簡介

曾美雲

最高學歷：國立臺灣大學中國文學研究所博士

現　　職：國立清華大學華文文學研究所助理教授

研究領域：六朝學術文化、魏晉玄學、中國古代性別思想、先秦經子

教授課程：世說新語、列女傳、魏晉玄學、性別文學、古代蒙學專題研究、古代性別思想專題、魏晉思想專題、詩經、史記專題研究、中國思想史、口語表達等

提　要

本文撰作肇因於對六朝婦女「多才」、「多面」形象之興趣，期望藉由女教角度之切入，各類材料之廣泛爬梳，探尋才女養成及各色女子形塑之源頭。第一章「濟濟女才與六朝女教」，總述六朝女才與女教實況，依次探討「家庭」、「宮闈」、「寺治」三類教育之「施教目的」、「施教者」、「教育內容」及「教育方式」，提示女才與女教之間的初步關涉。第二章「六朝女子才性觀」，研討六朝女教思想中涉及「受教主體質性」及「才能施用預期」的相關見解，採由「男女兩性」與「玄佛道儒」二徑，進行論析，得見此代女教觀念之開通新異；第三章「南北女教之異同」探索南北女教所以有別原因，特殊時空所形成的多元文化背景乃其異同主因。第四章「妒教現象中的情權之爭」，擇取六朝女教特殊現象加以剖析，尋繹部份家族以妒為教的原委，經由妒教「情權爭衡」本質的發現，窺見門第權力對女教的操控介入及對女子形塑之建構過程，反映門第家族涉入女教之深重。末章「六朝女教之歷史意義」，解釋多才多面婦女之產生緣由，提挈影響女教之主要因素，勾勒六朝女教之歷史意義及對現代女教之啟示。

研究結果顯示：六朝多才多面女子，出自多元女教之格局；多元女教格局，則始於多元文化之激盪及門第制度之需求。多元文化因素包括思潮、地域二種面向：思潮方面有玄佛道儒之交融並興，諸說中關於女子才性及女教思想之新義，移轉緩解傳統女教對女子才性之貶抑及女子受教權利之約制；地域方面則有南北習尚之異與胡漢風俗之別，進而促成南北女教內容之多樣及對傳統女教範疇之跨越。至於六朝門第「興家榮族」之特殊需求，「各有家風」之文化脈絡，助長六朝門第教女之風氣，並在教育內容上自出新意，尚文讀史修玄習武，言語術藝宗教外事，已然超越傳統女教領域。總之，特殊的文化氛圍與社會制度，刺激六朝女教之新變，造就才藝出眾、形象多元之婦女；而六朝女教「超越儒家女教範式」、「拓展多元女教格局」之成績，業已開創中國女教新局，彰顯其獨特的歷史意義。

楔子——關於她們故事的解答

常喜歡和婦女聊天，並且談的是婦女：研究室中同儕聊起母親一代，總感歎幸福者稀，勞苦坎坷者多；為探視幼子而搭乘的南下列車上，喜歡靜聽鄰座歐巴桑娓娓敘述她的身世與家人；在婆媳摺疊衣物的憶往談心時刻，眼前彷彿重現婆婆那段童養媳歲月的悲歡；而三十年來，旁觀母親半生際遇流轉，青絲飛霜，經濟家用之中，六子悄然長成。……西元 2001 年的現代，女主角換了人，故事卻與過去有異同：萍兒為了夫婿自尊，無視大學優異成績，拋卻肆口可就的詩詞歌賦，無才是德地當起丈夫電腦工作室的最佳助理，練就每分鐘近千字的打字功力；芬姊在求學時代，總是名列前矛，後來走入宗教，直言知識只是糟糠，要將四年筆記與書籍，全部交與舊書肆處理，因為「道」的體悟，才是人生價值所在；至於與我並肩走入學院打拼的小瑤，在接連二個女兒的出世，論文進度延誤，無聲結束六年的學術之路，而她那說於風雨交加四月末的話言，猶然在耳：不必為我難過，也許少卻功課壓力的我，會活得更自在快樂……

十六歲參加高中聯招，臨考前夕，心情緊張不已，想向母親尋求慰解，只見她從容不迫的回答：「會上不會上，都不要緊，我已經跟工廠引好頭路在等妳……」為了不要當女工，我想辦法讓自己考上師專，不必花費家中的錢，依然可以升學。求學時期，一人獨居臺北，長與丈夫幼子遠隔，雖為理想而奮鬥，但偶爾仍難掩思念與落寞。多少次深夜反思自問：讀書對女子是福是禍？婆婆終身活在沒有文字的世界中，學會認命及曲從，走不出五十年來生活的三合院落；母親上過小學，親自啟蒙兒女，教會姓名百數童謠禮節，然後才將我們交給學校老師；父親收入微薄，也靠母親會計張羅，衣食無缺，平安渡過。而周遭女性，每為妻職母職家務育兒，改變初衷，放棄追求，安於相夫教子，則現代、古代婦女，似乎同流一淡化自我，以夫為榮。母親常說：「書讀得多，不見得比較好命；找一個好丈夫，比較重要……。」這時，我想起芬姊引述《莊子》的話：「吾生也有涯，而知也無涯……」還是跳開知識，全心修道，才是人生最好歸宿？一個女子的生命價值究竟何在？受教育、求知識對於女子生涯的影響是正面還是負向？這是現代婦女的問題，然而六朝婦女也曾發出相似疑問：教育有無必要？該學什麼？學成何用？對現代婦女而言，教育提供知織與識見，給予選擇的視野與治生的憑恃，給予降升社會階層的本錢，刺激個體以性別自覺……

因為熱愛教學，所以研究教育；因為身為婦女，因而關切女性問題。因為討論六朝，便得面對一玄佛道儒文獻的艱深，繁複多變的歷史現實，婦女材料的破碎難理，架構這本論文，自然傷神，頗費筆墨。不過，野人之見初成，且以長長的篇幅，試行解答她們的問題！

目次

上冊
楔子
凡例
緒論 …… 1
一、研究動機 …… 5
二、前人研究概況 …… 7
三、研究材料 …… 15
四、研究方法 …… 19
五、研究取向與章節安排 …… 24
六、預期成果及其限制 …… 27
第一章　濟濟女才與六朝女教 …… 29
第一節　六朝女性人才概況 …… 29
一、成就類型 …… 29
二、統計分析 …… 85
第二節　六朝女教途徑 …… 88
一、家庭教育 …… 89
二、宮闈教育 …… 132
三、寺治教育 …… 138
第三節　六朝女教之時代特徵 …… 170
一、女教管道之多元 …… 171
二、女教觀念之開明 …… 172
三、南北女教之歧異 …… 173
四、妒教現象之存在 …… 174
第二章　六朝女子才性觀 …… 175
第一節　男女兩性之女子才性觀 …… 177
一、才性本質的認定 …… 177
二、才性施用的範限 …… 182
第二節　六朝女子才性觀綜論 …… 186
一、男性「女子智弱」說 …… 187
二、女性「興家定國」說 …… 206
三、玄學「自然性分」說 …… 211
四、佛教「女身成佛」說 …… 224

五、道教「仙人無種」說 …………………… 238
第三節　女子才性觀對女教之作用 ……………… 250
一、肯定女才，重視教女 …………………… 251
二、個體自覺，主動向學 …………………… 252
三、提供參照，規劃女教 …………………… 254
小　結 …………………………………………… 257

下　冊

第三章　南北女教之異同 ………………………… 259
第一節　南北女教之同 ………………………… 260
一、女教男教有別 ………………………… 260
二、德育智育尚儒 ………………………… 272
三、佛道宗教涉入 ………………………… 278
四、藝能教育多元 ………………………… 291
第二節　南北女教之異 ………………………… 297
一、南女多文，北女不文 …………………… 297
二、南女習玄，北女少玄 …………………… 302
三、北女武勇，南女少武 …………………… 308
四、北女長於外事 ………………………… 316
第三節　女教異同之原因 ……………………… 321
一、門第家風與現實利益 …………………… 323
二、南北習尚與胡族風俗 …………………… 328
三、玄佛道之多元思潮 ……………………… 335
小結——多元文化之激盪 ……………………… 339
第四章　妒教現象中的情權之爭 ……………… 341
第一節　六朝妒忌成風 ………………………… 342
一、縱欲享樂與納妾蓄伎 …………………… 365
二、門第制度與婦女地位 …………………… 367
三、禮教鬆動與尚情之風 …………………… 369
四、北地胡風與兩性開放 …………………… 376
第二節　六朝人對「婦妒」的看法 ……………… 378
一、男女之別 ………………………………… 379
二、公私之分 ………………………………… 385

三、娘家婆家之異……386
第三節　妒教中的情權之爭……389
一、以妒為教……389
二、情權徵逐……399
三、父權操弄……405
小　結……406
第五章　六朝女教的歷史意義……409
第一節　造就多才多面婦女……409
第二節　拓展多元女教格局……413
第三節　跨越儒家女教範式……416
參考資料……423

表目次

表 1　六朝女性人才概況……30
表 2〈六朝女子施教概況〉……50
表 3　六朝女性著述概況……60
表 4　六朝女子命名用字舉例……94
表 5　六朝女教內容表……105
表 6　六朝改嫁后妃公主舉例……115
表 7〈漢魏六朝女教文書著述概況〉……130
表 8　比丘尼傳的女性資料……139
表 9　六朝奉道女性表……154
表 10〈六朝妒婦故事分析表〉……343

凡 例

1. 原文缺字以□表之；若有假借、誤字訂正，以 [ ] 括之。
2. 注解中出現的資料出處，多數只標出「作者」、「篇名」（書名）及「頁碼」三項，至於出版地、出版社、出版時間，並詳於「參考書目」中，故不逐一列出。
3. 女性墓主原稱往往冠以夫婿冗長官銜，故論文標示時用「姓名」加上「墓誌」二字簡稱之，另附原書頁碼，可供檢索墓誌原稱。
4. 本書引用專書簡稱如下：嚴可均《全上古三代秦漢三國六朝文》，逕以書中「分名」稱之，如《全三國文》、《全梁文》、《全後魏文》；趙超《漢魏南北朝墓誌彙編》，簡稱《彙編》。又因表格欄位空間有限，部分類書、總集及專書名稱，加以簡稱：《太平御覽》作《御覽》；《玉臺新詠》作《新詠》；《藝文類聚》作《類聚》；《樂府詩集》作《詩集》；《世說新語》省作《世說》等。
5. 由於古籍中對數量的描述常有「約略」傾向（如「十數人」、「數人」之類），因此在本文之表格中，以「+」「-」，分別代表數學上的「強」、「弱」。如：「60+」，表數量比 60 多些，「1000-」則指數量較 1000 略少。
6. 在表格述事件之前，偶有「數字」標示，代表「不同事件」或發生「時間先後」。如「1. 值兵亂，聚蘆塘、保鄉里\ 2. 適河東關公長子索，英偉健捷，桃姊妹俱與較，俱不勝，遂俱歸之。遂棄家從關，百戰以終」，例中「1、2」代表同一人的不同事蹟，此例巧合地，恰好同是事件發生先後。

緒　論

本文題為「六朝女教問題研究——以才性、南北、妒教為中心」，整體來看，這是一本問題取向的論文，全文的分析與論述，可說是環繞著「六朝女性教育」這個範疇而開展；本文撰作肇因於對六朝婦女「多才」、「多面」形象之興趣，期望藉由女教角度之切入，各類材料之廣泛爬梳，探尋才女養成及各色女子形塑之源頭，藉由「女子才性」、「南北女教異同」及「妒教現象」等三個議題，呈顯六朝女教之特徵及其歷史意義。

「六朝」一詞，有多重說法。從政治、從文化，從定都地點到史家慣例皆有〔註1〕，眾說紛紜。本文所涉「六朝」，採取「魏立」至「陳滅」這一段時期（約為西元220～589）作為本文研究的時代斷限〔註2〕。「女教」議題，自先秦以降，基本上多歸禮學領域：三禮論述，頗涉教育；正史歷述教育制度，亦多置「禮志」之中。所謂女教，用現代語詞而言，即指「婦女教育」，然而「女教」之「實」甚早，其「名」則晚〔註3〕。《禮記．昏義》云：「天子聽男教，后聽女順。」此處以「女順」與「男教」對舉，隱然存有「女教以順」之意，然無「女教」之名。「女教」二字連稱，似出《隋書．禮儀志》：「皇后……從皇帝見賓客，聽女教則服　衣。」將以上二文相核，「聽女順」與「聽女教」

〔註1〕請參閱林文月〈關於文學史上的指稱與斷代——以六朝為例〉（《中國文學的多層面探討．國際學術會議論文集》（臺北．臺大中文系，1996），p.9～24。

〔註2〕至若論及前後時代的流變探討，則不嚴拘此時間斷限。

〔註3〕《隋書．禮儀志》：「皇后一十二等。……從皇帝見賓客，聽女教則服　衣。……臨婦學及法道門，燕命婦，有時見命婦，則蒼衣。」案：前文有「女教」，後文有「婦學」，皇后則須穿著不同服飾，可推知是兩種不同場合，會見的人員也不盡相同。故二詞非為同義。

之間，似能等同。至於《周禮》〔註4〕書中的「婦學」一詞〔註5〕，字面似與「女教」相通，實各有所指。〈天官・冢宰〉:「九嬪，掌婦學之法，以教九御」,「婦學」乃專指九嬪施教、九御受學之宮閨女官宮人教育,《隋書》猶然〔註6〕，直至明清「女教」、「婦學」二詞方行混用，泛指「婦女教育」，不再限以特定階層或教育途徑，〔註7〕本文即採後來通行之義。其次，由於古代女教資料不易取得，中下階層婦女記載更是鳳毛麟爪，基於此種考量，本文研究對象限定於貴族階層的漢族婦女。

談到古代〔註8〕「女教」，往往引發對於「女教有無」之質疑〔註9〕，其實爭議的癥結在於「教育」定義之異〔註10〕。教育的定義與內涵，每因時代、

〔註4〕《周禮》所載雖非古代實際禮制，然而影響成書之後各朝的禮學學者及作為後世制作依據。

〔註5〕「以陰教教六宮，以陰禮教九嬪，以婦職之法教九御，使各有屬，以作二事。正其服，禁其奇怏，展其功緒。」(《周禮・天官冢宰・內宰》)「九嬪，掌婦學之法，以教九御婦德、婦言、婦容、婦功，各帥其屬而以時御敘于王所。」(《周禮・天官冢宰・九嬪》)「治絲麻以成之，謂之婦功。」(《周禮・冬官・考工記》)

〔註6〕《隋書》原文見註3。

〔註7〕《明史・藝文志一・經類十》收錄黃佐《姆訓》一卷，王敬臣《婦訓》一卷，王直《女教續編》一卷，並注「已上女學」。《清史稿・藝文志三・子部》錄:「《女教經傳通纂》二卷，任啟運撰;《女學》六卷，藍鼎元撰;《秦氏閨訓新編》十二卷，秦雲爽撰;《婦學》一卷，章學誠撰。《清史稿・程樹聘妻宋傳》:「程樹聘妻宋，……通經義，好讀先儒論學書，娣、姪皆從講說。病女教不明，乃會通古訓，括聖賢修身盡倫之要，復作詩九百餘言，授娣、姪，令歌習之。」案：此處「女教」內容，括聖賢修身盡倫之要，已用於一般婦女教育。

其中章學誠〈婦學〉，收於《文史通義》書中，觀其文意，則「婦學」也傾於普遍性之婦女教育，而非「宮閨」女教。此際女教、婦學已兼行混用。

〔註8〕特指清末女子學校興起以前。

〔註9〕至於康有為云「中國舊俗，婦女皆禁為學。一則賤女之風，以女子僅為一家之私人，故以無才為德；一則男女既別，不能出于學校以求師。相習成風，故舉國女子殆皆不學。」(《大同書》) 陳東原云:「中國的女子教育是極糟糕的(自然男子教育也很糟糕)。漢代以前，女子就沒有教育。不過不成形的教育或家庭教育，不能沒有。……(漢)楚主侍者馮女能史書、習事，算是女子受書史教育最早的人。……到了班昭才說女子須正式有其教育。(陳東原〈中國的女子教育〉,《中國婦女史論集續集》, p.242) 又所著《中國婦女生活史・自序》云:「中國向來沒有什麼女子教育，她們所有的教育，是和婦女生活發生密切關係的。」案：康氏與陳氏女子無教育之說，正出於以「知識」作為教育主要內容的看法。

〔註10〕「教育有廣狹二義，從狹義來說，是指學校的正式教育；若從廣義方面說，

地域、文化背景不同而有轉移。《荀子．修身篇》云：「教也者，長善而救其失者也。」《禮記．中庸》：「以善先人者謂之教。」許慎《說文解字》云：「教，上所施，下所效也。」「育〔註 11〕，養子使作善也。」〔註 12〕就上面定義來看，教育活動須有二人以上，其中一人施教，一人在其指導之下進行認知、操作或仿效的學習，且其目的在於「求善」〔註 13〕。不過此種定義似有不足，即關於「身教」「境教」、「潛移默化」這類「潛在課程」〔註 14〕的定位問題。它們雖未必具備「一人教，一人學」的形式，卻有教育的作用，因此本文仍將之劃歸為教育範疇。就現代西方教育理論來看，所謂「教育」包涵了「家庭教育」、「學校教育」、「社會教育」〔註 15〕，近來更因「自學教

則任何有益於未成熟者的思想或行為之改善的，都是教育。……在教育廣義的解釋下，教育延伸到生活的每個場所，教育者也增加到每個可能影響下一代的人。」（賈馥茗《教育哲學》p.468～469）

〔註 11〕段注云：「不从子而从倒子者，正謂不善者可使作善也。」

〔註 12〕分別見於《說文解字．三篇下》、《十四篇下》。

〔註 13〕具體來說，「教育活動是社會性的，其中至少包括兩個人：一個是在某方面成熟的（案：聞道在先或術業專攻），擔任教育任務的人；一個是幼稚的，需要教育的人。在活動歷程中，成熟者將知識或經驗藝能，傳給未成熟者，以助其達到成熟。（賈馥茗《教育哲學》，p.362）

〔註 14〕課程可分作「顯在課程」與「潛在課程」。「顯在課程」則指為實現一定教育目標而正式列入課程計畫的教學內容。「潛在課程」屬於非正式的教育內容，是「廣義」的課程一部分，主要特點是「潛在性」與「非預期性」，它不在課程計畫中反映，不通過正式的教學進行，通常體現在日常生活的情境中。包括「物質環境」（如建築、設備）、「文化情境」（環境布置、家學、各種儀式活動）、「人際情境」（師生關係、同學關係、家風、學風、教師態度等）等，通過這些情境對學生的知識、情感、信念、意志、行為和價值觀等方面起潛移默化的作用，促進或干擾教育目標的實現。（田慧生、李如密《教學論》，p.195）

〔註 15〕可參考胡美琪《中國教育史》及賈馥茗《教育哲學》。胡氏云：「中國文化傳統最看重教育，但所看重的是廣義的教育，而不是狹義的僅指傳授智識技能的學校教育而言。所謂廣義的教育，乃是指人生的全部過程。自幼兒以至老死，以及人生的各種活動，包括家庭與社會中，人與人之間的一切交往在內。……中國傳統教育內容，包含社會家庭學校三方面，相互配合而成一教育整體，缺一不可。而此三者最重要的應屬家庭，其次為社會，最後始是學校。……今苟以學校教育單獨可盡全部教育之職責，則恐終無當於中國教育之理想。」案：六朝學校教育不振，家庭與社會教育重要性尤顯。又賈氏云：「目前通用的『教育』兩字的名詞，雖不失其「導引」和「發展身心」等廣義的含義，但是在教育事實又分門別類之後，便有了正式教育和非正式教育之別：前者是學校教育，後者包括家庭教育、成人教育或社會教育等等。……教育這兩字，雖然是從英文翻譯而來，但是在《孟子》中（〈盡心上〉）：「得

育」、「成人教育」、「終身教育」等觀念的涉入，將「教育」的範疇，推向更廣闊的領域〔註 16〕。雖說這是西方文化脈絡下的理解，然若針對中國傳統「教育」的理論面與實際面探究，則可發現所謂西方說法，其實中國早有，即認為「教育」（學〔註 17〕）不侷限在「書本」（教材方面）、「知識」（教育內容）、「學校」（教育場所）三方，更近實的是「教化」、「教養」的觀念。中國人認為人無時（終身）〔註 18〕、無地（在家、離家、出家）、無人（不分男女老少）、無事不可學（知識、品德、技能……），「三人行必有我師焉」說法正是不拘教育時機、施教者及教育場所，特重「長善、發展」教育效果的最佳寫照。若就人類教育歷史來看：教育本是培養人的一種社會活動，從有人類社會便有教育，教育的實施使一切文明的成果得以延續〔註 19〕，自也屬於廣義教育定義。本文所云「教育」，基本上是從「廣義」處著眼〔註 20〕，包含社會、家庭、學

天下英才而教育之」句），便出現這兩個字連用的字句，而在孟子之前，我國早就有了教育事實。即以《禮記・學記》所載，學校教育中的主要活動已經包含在內。……所用的便只有一個「教」字了，而教字的內涵了，不但指知識的學習，更包括品格陶冶，以至於為人處事的方法。於是『教』字便可看作『教育』兩個字的意義，且比目前通用字的觀點更為完備。……我國早就有教育理論和教育觀念」（p.15～16）。

〔註 16〕「成人教育」、「終身教育」詳見黄光雄《教育概論》，p.10～11。

〔註 17〕《說文解字・三篇下》：「斅，覺悟也，……學，篆文斅省。」段玉裁注云：「……教人謂之『學』者，學所以自覺，下之效也；教人所以覺人，上之施也，故統謂之學也。」

〔註 18〕《荀子・勸學》：「學不可以已。學惡乎始？惡乎終？曰：其數則始乎誦經，終乎讀禮；其義則始乎為士，終乎為聖人。真積力久則入，學至乎沒而後止也。故學數有終，若其義則不可須臾舍也。」案：荀子此處言學（教育），明白主張教育是「終身歷程」。

〔註 19〕陳青之《中國教育史》：「教育發生於實際生活的需要，教育也跟當時的經濟情形而變遷。在漁獵時代，他們的教育就是怎樣獵取鳥獸，怎樣採掇果實。在牧畜經濟時代，他們的教育，就是怎樣架設柵欄，怎樣尋逐水草，怎樣餵牛趕羊。勞動即是學習，父母即是教師，獵場與牧地即是學校，教育與生活是一致的。」（p.12）案：初民時代，並無專門的教育場所和專職的老師，年輕的一代是在年長一輩的言傳、身教影響下進行教育的。

〔註 20〕其實，就六朝教育而言，教學形式不是最重要的，重要的在於學習主體的自我成長。如「謝安夫人教兒，問太傅：『那得初不見君教兒？』答曰：『我常自教兒。』」（《世說・德行 36》）《晉書・謝安傳》：「處家，常以儀範訓子弟。」又太尉劉子真清潔有志操，而二子不才，並瀆貨致罪，子真坐免官。客曰：「子奚不訓導之？」子真曰：「吾之行事，是其耳目所聞見，而不放效，豈嚴訓所能變邪？」（《世說・德行 36》劉注案語）案：二例可證六朝人眼中的教育，未必拘於「一對一」的明顯外在教學形式。

校等三方面教育，內容上不但指知識的學習，更包括品格陶冶，以至於為人處事的方法與技能。時間上，是種「終生」的歷程〔註 21〕，地點上，在於生活的每個場所，教育者身分也增加到每個可能影響下一代的人。因此「教育」事實，似乎無須在性別男女、書本有無、學校實施等方面計較。常可聽聞所謂男女教育不平等之說，在某種意義上，並非全然不給予女子以教育機會，相對地，部分時代對於女子教育其實相當重視，只是施教方針與男子教育絕大不同。隨著社會的發展與文明的進步，占人口總數二分之一的女子的社會地位和教育問題引起日益廣泛的關注。女子教育的歷史研究和現況考察，以及未來前景的瞻望，近日來已漸漸成為婦女史、教育史，乃至社會史、文化史的研究焦點。而女教研究，尤其是古代部分，目前似乎仍處於薄弱的階段。本文的撰作，期望能為古代女教研究有番竹頭木屑之用。

一、研究動機

選擇這個題目，自有許多因緣：遠因起於個人長期對女性處境的思考，近則承繼碩士論文之「魏晉教育研究」餘緒〔註 22〕。猶記六年前碩士論文畢業口試之際，師大莊教授建議作者留心六朝女性教育，當時因聞見未廣，腦海僅浮現數篇女教文書，直覺承襲儒理，無甚新意，不想為男尊女卑、無才是德、男剛女柔、三從四德的女教觀再添不必要的註腳，因而擱置有日。近年，接觸六朝文獻漸多，林林總總的想法滲入論題的醞釀中。重讀《世說》，深為〈賢媛篇〉中多位女性動容，她們風神峻朗，辯通多智，既少傳統女性的卑弱自憐，且多一份自信與自尊。觀其與男性辭對爭鋒，毫無遜色，直與今日女子相去無幾，只是時空不同。……隨著閱讀範疇的增廣，接觸材料的日益多樣，正史、筆記、墓誌、詩文、家傳、雜史、類傳〔註 23〕中各色風格形象迥異女子，先後登上心中構築的六朝歷史舞臺，且在眼前展演一幕幕的

〔註 21〕「如果再把教育的對象擴大，不只是指未成熟的一代，則成年人雖然已經進如成熟階段，卻仍然在改變和進步之中。改變和進步的造因之一，仍然是教育。……教育是『終生的歷程』，正好符合我國的俗語，『活到老，學到老』。」（p.470）

〔註 22〕拙撰《魏晉玄佛二家對傳統儒家教育之批評及影響》（臺大中文所碩士論文，1995）除探討魏晉時代各種教育形式外（官學、私學、家學、遊學），也分析當時最重要的三種思想（儒家、道家、佛家）的教育理念及彼此爭鋒交流影響的情況，並以「個性化」作為概括此期教育思想的特色。

〔註 23〕如列女傳、僧傳、道學傳等。

精彩〔註 24〕：

才女智婦，學行兼舉，識鑒超群，化險為夷；

女子授徒，傳承學緒；詩文表心，精絕無匹；

妒忌婦女，情深權重，愛恨分明，全無卑曲；

勇武義女，馳騖疆埸，保國衛民，守城抗敵；

貞節烈女，守身如玉，義不再醮，至死不渝；

佛道法師，清信持戒，定慧雙修，度濟萬民。

此外，正史列女傳從未缺席的賢妻良母與孝女順媳，她們盡心中饋，善事長輩、教育子女、佐助夫婿的劇碼，六朝一樣提供演出。至於在舞臺角落，一群另類形象女性，也吸引人們的目光：

女主稱制，輔佐幼主，權傾朝野，榮顯親族。

健婦持戶，爭訟曲直，車乘塡街，求官訴屈。

貴門女眷，暐曄盈路，周章城邑，習非成俗。

宮閨娥眉，靚妝比豔，歌舞翩翩，千嬌百媚〔註 25〕。

道旁游女，自薦枕席，臨別贈物，男賓貴富〔註 26〕。……

由上看來，六朝女子形象何等多姿多彩！概覽歷朝，似乎少有其倫，〔註 27〕六朝何能如此？六朝女子諸多形象中，「才女」與「妒婦」最能吸引讀者目光，但見她們神采奕奕，盡其在我的姿態！倘若針對才女之「成就術藝」探究，則鮮少不為歎美！在此為期甚長的亂世中，究竟何種因素足以產生如此濟濟才女?十分有個性的「妒婦」，又如何公然登上六朝歷史舞臺，儘管突兀特殊卻又真實存在？人非生而知之，才藝每待學習（教育）而來，則六朝女子才藝之具備養成，或與教育因緣匪淺？本文擬從「教育」角度探究六朝才女之形成因素，同時藉此勾勒六朝女教特色所在，撰作本文動機於焉成形。

〔註 24〕形象不同的女子，在本文後頭將會陸續出現，此處不詳舉例。或可參考本文附表：〈表 1　六朝女性人才概況〉、〈表 2　六朝女子施教表〉、〈表 3　六朝女性著述概況表〉、〈表 8　比丘尼傳的女性資料〉、〈表 9　六朝奉道女性表〉、〈表 10　六朝妒婦故事簡析表〉中所列女性，可明事蹟梗概。

〔註 25〕此類女子多出宮體詩及女性題材辭賦。

〔註 26〕此類女子多出筆記小說。以上兩類女子的形象研究，有多本學位論文涉及，可見本文「參考資料．學位論文」所列書目。

〔註 27〕關於歷朝女子生活及形象可參考陳東原《中國婦女生活史》（臺北．商務，1937）及徐秉愉〈正位於內——傳統社會的婦女〉（錄於《吾土與吾民》，臺北，聯經，1993，p.141～188）以明概況。

二、前人研究概況

近年以來，中外學者對於中國古代女教研究雖少，然有寖增傾向，竊不自量，尚欲於此有所申述。於此先簡介相關研究概況，以利本文取向。

（一）中國女教研究概況

整體來說，目前關於「中國婦女教育」研究多環繞「女教文書」探討，「現實教育」與「追根究柢」的探尋，則仍有發展空間。八年前，最早出版的女子教育史出版，〔註 28〕在此之前，婦女教育的單篇研究多以「女教文書」作為研究材料，如楊向時〈禮記內則中的女子教育〉，專以〈內則〉為討論中心，方向是不錯的，因為〈內則〉乃是論及古代女教最早最重要之資料，早在〈內則〉即已確立「男女有別」的教育原則，並規定女子在日常生活中的進退事人之方；謝康〈中華家庭傳統的女教觀念〉通論古代（先秦至民初）女教規條，如三從、四德、母道、妻道、妾侍之道、姑嫂姊妹妯娌之道、幽嫻貞靜、貞操及節列等教育內容，並對現代女教缺失提出建言與呼籲；陳東原〈中國的女子教育〉〔註 29〕及黃嫣梨〈中國婦女教育之今昔〉〔註 30〕二文，則加

〔註 28〕最早出版的婦女教育史可能是雷良波、陳陽鳳、熊賢君合著的《中國女子教育史》，武漢出版社，1993 出版。

〔註 29〕陳文從中國女子教育的歷史談到當代（民初）女子教育的缺點，文分「漢代教育的缺略及其例外」、「東漢至清末兩千年間的女教」、「維新時代的女子教育」、「教會女塾成績與留學婦女」、「五四以後的女子教育」、「沒有宗旨的現在狀況」六部分內容。他對女子教育的意見如下：a. 中國的女子教育是極糟糕的（自然男子教育也很糟糕）。漢代以前，女子沒有教育。古代女教主要學「四德」，此說一直沿用至清，意下認為女子教育不需書史，只要有道德的訓練及可。庶人之女，連此道德訓練亦無，不過臨嫁由父母庶母戒勉幾而已。由東漢之清末，中間二千年，陳氏認為女子教育無甚改變，只唯一是「事夫主義」。b. 古代女教，大致如此。也有例外，即漢代以下，極少數能接受書史教育者，漢代雖無女子教育的規定，而女子讀書是有的。班昭則是提出女子應受「書傳」教育（正式有其教育）之人。六朝知書女子雖多，但陳氏認為「伊們才辯之學得，都是例外的；伊們之有學問，只能用作談笑，並不要以之『自立』的」。對於女子才辯之用，持消極面。「伊們之有學問，因其生在世家，是環境造成的；而伊們之得用其學，是偶然的。」世學家女的學問，的確有時臣公卿所不及，但若非不得已（如韋逞母宋氏授書乃世主恐經史失傳），仍難破格崇禮。

〔註 30〕黃文分為「引言」、「中國古代的婦女教育」、「今日婦女的教育與生活」、「結語：教育上的解放與其得失評論」四部分。其中「中國古代的婦女教育」部分與本論文較有牽涉：文中首先探討傳統思想與婦女教育的關係，認為中國傳統的倫理思想中的「夫為妻綱」、「柔順卑弱」以及「三從四德」，三者對於

入「女權」觀念及部分史例，作為泛論並批評古代女教制度的依據。基本上二人都為古代「男尊女卑」制度及女教內容之「偏差——事人卑弱」抱屈，批判成份居多。其中陳氏提示了女教內容的階級之別及女才施用的受限，乃為不易之論。然以「事夫主義」概括古今女教，恐有未足，因為六朝有超出此外者。「漢代以前，女子沒有教育」之言，可窺陳氏理念中的「教育」專指「書本」、「知識」教育，然而此義恐與中國古代教育義涵有所出入，「教育」定義討論，可見前文。黃文則進一步探索支配影響女教千年的三原則「夫為妻綱」、「柔順卑弱」以及「三從四德」背後的依據乃是「陰陽學說」影響，從哲學角度為女教原則探源〔註31〕。

1993年以後，大陸地區陸續出了幾本《女子教育史》。雷良波、陳陽鳳、熊賢君合著的《中國女子教育史》與杜學元《中國女子通史》屬於女子教育「通史」，按時代介紹遠古至今各個時代的女教概況、著作與重要思想家。雷書論述魏晉南北朝女教之內容，頗襲陳東原之說，書中討論到六朝女子教育的道德取向、胎教理論的發展、婦女授徒考察及范曄、顏之推的女子教育主張；杜書魏晉南北朝女教之章，討論到婦女胎教、女子四德教育、宗教教育（比丘尼）、婦女在教育中的作用，並分析顏之推的女教思想。至於新出的兩本女教史——閻廣芬《中國女子與女子教育》〔註32〕及曹大為《中國古代女

女性地位的影響甚大，究其本原，則受「陰陽學說」所支配，也成為古代女子教育之指標。其次作者又分「深閨」、「將出嫁前」及「嫁後」三階段說明古代女子受教之內容。最後則針對流傳甚久的女教觀——「女子無才便是德」的概念的源流加以探究，並提出自己的看法——認為古代女子教育，與男子截然不同。「道德」與「家事」為女教主要內容；教育的目的不外乎闡明婦德婦道，以要求婦女達到「賢妻良母」的典範。女子所受的教育，不是從學校而來，只是由她們的父母或貴族家庭中的褓姆日常訓導她們的。禮樂書數之教、治學從政皆非其權利。嫁後又以事舅姑及做家中瑣事為主，絕難有機會接受詩書禮樂的薰陶。

〔註31〕談「陰陽學說」對女性觀念影響的文章相當多，如杜芳琴《女性觀念的衍變》書中有專章討論，又有鮑家麟〈陰陽學說與婦女地位〉。以陰陽學說作為男尊女卑之源，古代中國已然成習，似亦成理。近來劉人鵬引進西方「階序」觀念，認為更能符合中國女性觀念與現實的不平等面的展現，詳見《近代中國女權論述：國族、翻譯與性別政治》的第一章。

〔註32〕閻書前半部以主題式分章通論古代中國女子教育的幾個重要主題，如古代女子的「倫理教育」、「教育的演變及其主要內容」、「教育的主要形式」、「重要讀物」及「古代女子的積極立世精神」；後半部則分期介紹近現代（從太平天國至今）女子教育的發展歷程。

子教育》〔註 33〕，傾向以「主題式」呈現中國女教通古至今的衍變與特色，不刻意斷代分述。兩書作者以相當明顯的「性別意識」進行論述〔註 34〕。不同於前面二本女教通史處，在於後面兩書開始針對某些主題進行較深入的探索〔註 35〕，有「專題研究」意味，而非單純「概論」，且著重開發古代女教中的積極進取精神。

六朝女教問題，1958 年時，錢穆先生在〈略論魏晉南北朝學術文化與當時門第之關係〉文中即已提示方向：六朝因為重家教所以重女教〔註 36〕，無異是宣示六朝女子教育的重要性。近來由於婦女研究的熱門，加上教育研究視野的轉變：「家教的探討」、「婦女對教育的重要性」（主要指母教），也在新出的六朝教育史中有所反映，雖然成果仍相當有限，但總算是開端。他們總在論及家教時，順帶提提「女子對六朝教育的影響」或六朝女教概況，篇幅雖小，但可以算是本文研究的先驅。如卜憲群、張南的《中國魏晉南北朝教育史》中有專節討論「門第及家族教育」；胡美琦《中國教育史》將魏晉定為所謂「門第教育時期」，書中對「門第教育」有專門且具體的介紹。兩書在討

〔註 33〕曹書打通時代間隙，分論中國女子教育的概況，以主題式寫法呈現。以「女神的傳說」作為人類最早的教師，並提及女子在原始教育中的地作用；其次談到「女子教育的社會土壤」、「教育的目的與內容」；至「教育的組織實施」這一章，加入階級概念，再分「宮廷女子」教育、「家族女學」、「社會教化」、「妾婢」的特殊養成教育及「佛道庵觀」的女子教育，並論及佛道儒三家女教的異同及相互影響；接著探討「古代女子教育的教材」（以女教文書為討論中心）及「教育方法」。第九章專論「節烈」問題；此外還討論民間（非正統、中下階層）女教的狀況；末二章分別述古代女子人才概況、探討成才原因及古代「女子教育的社會效益及歷史影響」。整體而言，曹書乃依照現代「教育的觀念」，將女子教育區分為宮廷、宗族、家庭、社會等場域，再依「階級教育有別」觀念加入妾婢家姬的特殊教育一節；此外又針對女子宗教教育費了番功夫，比起杜書較能碰觸到宗教教育的思想核心，而不僅止於外在制度的描述。

〔註 34〕如閻氏在書中 419 頁尚列表說明「性別刻版化印象」對兩性的限制與建構過程，頗能引進新觀念於古代教育探究。

〔註 35〕閻書特意尋找古代女子的「積極立世精神」，以褒揚曾經尋求超越「從屬、卑下、柔弱」而曾積極進取、獨立、剛強的古代女傑並藉以激勵此代女子自尊、自信、自立、自強。曹書也有專章尋覓中國女教中的「悖逆和反叛」（p.341～434），又特別闢一章討論女子「教育方法」；「貞節」的討論尤見費心（p.318～351）；末章還運用人才學的方法，探討古代女子的人才概況與成才原因。

〔註 36〕「因尚孝友，而連帶及於重女教。當時教育，主要在家門之內，兄弟姊妹宜無異視，故女子教育亦同等見重。」（錢穆〈略論魏晉南北朝學術文化與當時門第之關係〉，《中國學術思想史論叢》，p.166）

論門第教育時，略及婦女對家教的作用。將婦女教育列為「專題」則有程舜英主編《魏晉南北朝教育制度史資料》〔註 37〕的「婦女執教」一節。文字簡略，例證僅有四五，但已正視到婦女對六朝家庭教育的重要。鄭雅如《感情與制度——六朝時代的母子關係》論文中，專闢一節談六朝「賢母之教」，較前面諸文用了較多的賢母史例說明母教概況，可對「女才施用」課題有所了解。由於母「子」關係才是作者論文重點，故對女子受教歷程較簡略。新近數年，六朝女教專著陸續出現：山崎純一〈張華女子箴をめぐって——後漢魏晉後宮女性訓考〉專說後宮女教概況，並認為「不妒」與「戒奢」乃後宮女教內容的主體。林素珍〈魏晉南北朝女教概述〉從女誡、女箴、《顏氏家訓》為基礎，探討此代女教的主要內容——主張柔順、摒除私心、提倡貞節、注重胎教以及其所反應之肯定母教、端正世風等時代意義。不過僅只於從女教書上分析，並未與六朝現實結合，較無法呈現魏晉南北朝女教的整體實貌。李憶湘《兩漢魏晉女教「四德」觀研究》將全文分作「先秦女教觀」、「兩漢女教的兩種類型——《列女傳》與《女誡》」、「魏晉婦女對於女教「四德的依違」三大部分論述。論題集中於前後兩代「四德觀」的衍進流變探討，雖無「大量」史料佐證，但依據《世說》與《三國志》、《晉書》的例證，卻能勾勒魏晉女教的特色——對於傳統有所承繼，但又在「才智」教育方面，受到魏晉時代思潮、社會風尚——「自由」、「重才」的影響，開展出較前代面目不同的婦女教育內涵。此外還有一些雖非女教專書，但論文中涉及女教者。如：丁鋼《中國佛教教育》專節討論「比丘尼」教育；山崎純一《教育からみた中國女性史資料的研究——女四書と新婦譜三部書》以討論歷代女教書為主，於其「序章」中概論「中国女性の生活と教育の基調」，討論到「舊中國女性的地位」、「宗法社會的妻職及其人格形成」、「舊中國的女教書撰書概況」及「宗法社會女性的教育及修養課題」，基本上亦是以歷代女教文書所建立起來的觀點。〔註 38〕

〔註 37〕本書以「資料」為主，說明為輔（類似用案語方式來論述），儘管文字不多，網羅未盡齊備，然而不失提挈綱領之效，可提供魏晉教育研究一個分類的參考。全書分為學校教育、選士制度、私人教育、家庭教育、文史科技及「宗教的發展與教育」等方面簡述，其中並針對婦女執教與宗族教育作初步探討。

〔註 38〕第一章「曹大家《女誡》」，主要載錄並翻譯《女誡》全文，簡介成書經過，並無深入的探析。

以上著述，或有幾點可說：首先是諸家選題約有半數屬於女教「觀念」的探討，不過多署為某代教育（似應包含實況）之研究，或許可再「落實」於史。〔註 39〕因為女教文書僅為女教（思想面）的一部分，女教文書內容與思想往往僅代表特定個人、家族的教女方針，縱為官方頒布，也不排除屬於宣教的性質與理想的呼籲，而未必與現實相應。〔註 40〕雖然正史列女傳與女教文書多載「貞節」故事或訓文，未必是此代貞節風氣的反映，或者，史料解讀有可能完全倒反？因而若以前後兩代正史列女傳守貞人數的增減作為貞節教育強弱的例證，或失遽斷。〔註 41〕見錄傳記業經作者意識之篩選，則其所記應當有；然其不載，則未必無，可能只因不符撰作旨趣或體例而被割捨，因此數量之多寡，在詮釋上須十分謹慎〔註 42〕。然若有某種人物典型新出，則須探究其因：是書寫者個人之偏好，還是此人在當代的確開風氣之先。〔註 43〕

〔註 39〕如林素珍〈魏晉南北朝女教概述〉用四篇女教文書與《顏氏家訓》為材料，以論魏晉南北朝女教概況，覈其實似屬「六朝女教文書中的女教主張」之類，故其結論與部分六朝女教現實呈現部分齟齬情形。如主柔順、屏妒心、尚貞節，似與文獻所呈現的婦女形象有別，特別是《世說新語．賢媛》與〈惑溺篇〉、〈假譎〉諸篇之女子形象。關於世說女子形象研究甚多，可依本書「參考資料」所列自取原文參考，此處不復贅言。

〔註 40〕比如「貞節」的強調，是否暗示著當時貞節難得，故須提倡？唐代裴淑英讀《列女傳》，見傳中稱述不嫁者，乃謂人曰：「不踐二廷，婦人之常，何異而載之書？」(《新唐書．列女傳》) 案：倘若貞節已為常人共識，何須書之？此種想法的確為部分人士所接受，倘若刻意標舉或提倡某種道德，是否表示此德當時已少講求，必須宣導？因此似乎在解讀史料之際要考量之處甚多。

〔註 41〕如杜學元《中國女子教育通史》云：「《後漢書．列女傳》中列有列女十七人，晉朝比後漢王朝短四十年，而正史中的列女卻高達 36 位。北朝與東漢王朝一樣長，正史中的列女有 34 人，當然還不包括與之對峙的南朝的列女數……。從這些不帶色彩的數字中，我們看到的不正是對女性貞節教育的加強嗎？……當然這一時期儒家的那套禮制遇到了一度盛行的玄學、佛學、世俗哲學的嚴重挑戰，貞節觀念受到很大衝擊，……不過總的來看，封建貞節教育在魏晉南北朝時期還是很受重視的。」(p.60)

〔註 42〕若能找到六朝人對當女子風尚的概括之言，如「今俗婦女如何如何？」或史料傳記的背景交代之語（如：時女主執政，民不聊生，某某人感歎世風日下……之類），或可作為當時整體風氣的斷定參考。

〔註 43〕如《後漢書》之立「列女傳」，《世說新語》之有「賢媛篇」，此乃開為女子立「類傳」風氣之先。類傳所載女子行為其實無多少同質性，唯一之同是「性別」。但此體例一開，沿用千年未改。列女傳的成立一方面可能代表女子地位之高及表現的出色，令男子不能忽略；或者是代表書寫者女性觀念的轉變？至若《南齊書》將列女載於「孝義傳」中，更明白顯示其選錄女子傳記的唯一標準在「孝義」。南朝諸史皆無「列女傳」，也不代表此時女子無可記者，其次，部分論述雖定題為「女教觀念」的探討，其實僅屬於儒家部分。不可諱言，儒家思想一直是支配中國女教的主要意識型態，然在某些朝代（如六朝），影響女教觀念者可能尚有他家（如玄佛道等），倘若脫略不談，則無法呈顯當時女教思想的全貌。因而在進行某代「女教思想」的研究前，或許可對當時思潮情況加以考察，審核外在思潮影響女教的程度，然後再決定以何者作為此時期女教思想的代表。此外，目前古代女教研究，雖能勾勒當代女教特色所在，然對於導致原因的探析，可能尚有深入之處。

（二）六朝教育研究概況

女教亦社會文化現象之一，故其研究既無法全然獨立於時代現實之外，亦無法與男教全然區隔，因此六朝教育的研究（過去多偏向男性），有助於掌握當時教育現實及整體大勢。在中國教育史的研究中，對於六朝的論述似乎較為「疏」、「薄」，蓋以往教育史研究多以探討官方或學校教育為主，六朝官學不振，論述自少；又教育思想研究向傾儒家，六朝儒學衰微，故相關研究份量自薄。然而時代複雜，政分南北，教制多變，加上玄佛道（教）教育思潮的並興，六朝教育之複雜，可能是一般教育學者不樂從事之由。〔註 44〕直至毛禮鋭、沈灌群主編的《中國教育通史》六大冊出版，六朝教育史方有較詳盡之論述〔註 45〕，此書特色在於「分期」、「分途徑」（官學、私學）、「分種族」（如十六國）撰寫，對於「佛教」之流行及其對教育的作用也有涉及，但對「玄學思潮」與「女教」論題，則未列其中。有鑑於此，筆者乃於六年前以野人之誠撰作《魏晉玄佛二家對傳統儒家教育之批評及影響》論文，書中除探討魏晉時代之官學、私學、家學、遊學等教育外，也著力析論儒家、道家、佛家三大教育思潮之爭鋒交融情況及其影響，最末並以「個性化」概括此期教

可能不符其史例及選錄標準（與政治軍國大事、貞節無涉），或根本就是認為女子乏「善」可陳？《新唐書．列女傳》便認為「彤史職廢，婦訓母則不及於家，故賢女可紀者千載間寥寥相望。……唐興……」案：唐興以下盛讚婦德，則千載間含六朝，作者似乎認為賢女無可紀之因在於女德不逮。

〔註 44〕篇幅往往最少，拙撰碩士論文《魏晉玄佛二家對傳統儒家教育之批評及影響》的「緒論——文獻探討」中曾進行過比較。

〔註 45〕毛禮鋭等人合著的《中國教育通史》，對魏晉教育有較詳盡而深入的說明。此書由社會概況及文化教育特點說起，再從官學、私學、選士制度、儒家經學、佛教的流行及對教育的影響數端探討；末舉儒、玄、佛三家及道教「學者」各一家，論述其教育思想及主張，甚具參考價值，不過未對玄、佛之作用於現世教育有進一步闡發。

育之特色。〔註 46〕而在同年，臺灣文津出版社新出李軍《玄佛道儒教育理論研究》一書，算是大陸地區對六朝玄佛道教育思想的專著，其書採分家敘述方式撰寫，文中將各思想家（劉劭、何王、嵇康、向郭、傅玄、裴頠、劉勰、劉晝、顏之推、慧遠、葛洪）之教育思想順序介紹；然四家思想對現實教育之作用，諸學之間的交流互動，則似乎尚有發揮空間。

（三）六朝婦女研究概況

有部分文獻雖非婦女教育專著，但有助於六朝女教背景（包括政治、社會、思潮、生活、婚姻……）的提供，也頗具參考之效。此類文獻大約包括「女性觀念」、「六朝婦女生活」與「六朝婦女形象」等與女教相關的研究。根據筆者所集，分為三項略述其要：

「女性觀念」研究方面，可再細別為三部份：首先是通論中國女性觀念之作，如杜芳琴《女性觀念的衍變》，堪稱是中國女性觀念探討的大手筆作品，從古至今（原始社會兩性平等→男性中心社會），分「思想流派」（含儒、法、道家、佛教、道教），依次介紹。作者對於原始資料之掌握，思想義涵之解讀掌握，女性觀念背後的哲學根源的探求；將「雅文化」（理論、士階層）、「俗文化」（現實、市井小民）」分別論述，頗見出作者的用心與功力。在女性觀念的探究上，頗能提供讀者「縱——史的觀照」與「橫——異質思想的比較」，並有助於掌握中國女性觀念的整體面貌。關於佛道教女性觀探討：佛教方面有釋恆清《菩提道上的善女人》、釋永明《佛教的女性觀》、古正美〈佛教與女性歧視〉諸作；道教則有孫亦平〈論太平經的婦女觀及其對道教發展的影響〉、李宜芬〈道教傳記中的女性〉、張珣〈幾種道經中對女人身體描述之初探〉及謝聰輝《修真與降真——六朝道教上清經派仙傳研究》中曾針對教主魏華存個案深究修真女性的修鍊過程與困境，第八章中，更以性別角度分析道教上清經典的敘述意識。

「婦女生活」研究方面，以陳東原與李貞德為最詳。陳東原《中國婦女生活史》：提出「婚姻重門第」、「聲妓之盛」、「妒性發達」、「美的觀念」、「後娶雙妻」、「娶婦標準與胎教」、「貞節觀念之保守」、「封爵與授田」及「女子風雅」等女子生活議題，有助於理解六朝婦女的生存處境與社會風尚。李貞德

〔註 46〕另可參閱筆者專文〈魏晉玄學中的教育思想及其特色〉（《中國文學研究》第 11 期）一文，則專論玄學與魏晉教育的關係。

則有“Women and Marriage in China During the Period of Disunion”〔註 47〕及〈六朝婦女生活〉二作，前文乃李氏博士論文，書分五部——「婚姻制度」、「婦女生活」、「婚姻的衝突與終止」、「婚姻法與訴訟」、「傳統思想的折中」。文中提及「婦女的學術與教育」、「妒——南方之罪，北方之德」「婚姻中的宗教教育——佛道」等小節，對於本文的撰作，提供不少初步資料；〈六朝婦女生活〉採用正史、文學作品、考古資料和墓誌等史料探六朝婦女的社交、教育、經濟和家庭生活實況。並提出南北婦女在生活方面的差異。認為此期婦女既不虧人妻母責任，且又參與社交、教育和經濟活動，其生活呈現了豐富的多樣性與活力。

「婦女形象」研究方面，近年稍多，李偉萍十年前即有《南朝文學中的婦女形象》撰作，近日關於各種書寫材料中的女子形象研究紛紛出籠〔註 48〕，其中詩與筆記小說的研究，似乎蔚成流行。其中陳美惠《世說新語所呈現魏晉南北朝之婦女群》〔註 49〕的特色在於運用西方「性別理論——女性主義」進行資料解讀，文末明白揭示「《世說》婦女所標示的時代意義」——「才性意識的強化」、「內涵與時俱變」、「解構性別規範」、「對父權社會的衝擊」及「顯現階層生活」、「對學術文化的貢獻」，基本上已將六朝女子精神面貌與特色勾勒出來。至於單篇討論《世說新語》女性形象之作，數量亦夥，處理方法上各有特色，但「同題」疊作，結論稍同。其間山崎純一《世說新語賢媛篇の女性群像と左九嬪鮑令暉について——六朝における「賢媛」の時代相に関する一試論》及梅家玲〈依違於婦德與才性之間：《世說新語・賢媛篇》的女性風貌〉似乎頗能碰觸到女性問題核心，前者從「歷史」角度著眼，偏重探討討自劉向《列女傳》以下，世說的承先啟後的思想內涵，全文後半，更嘗試從史實間（婦女生活實際面）尋出《世說》觀念新變的源由；梅文則從「婦德」與「才性」切入，探析《世說新語・賢媛篇》的女性風貌，進而論述其於家庭\社會政治之互動轇轕中所呈現出的駁雜情態及其時代意義。總歸來說，二文雖然認為《世說》女性的才智辯通表現已有超出傳統要求之處，（柔順、寡言），

〔註 47〕在此暫譯為《中國分裂時期的婦女與婚姻》。

〔註 48〕詳見本文所附「參考資料」書目所列「婦女形象」部分。

〔註 49〕分作「社會變革對婦女的衝擊」、「《世說》所顯現的婦女風度」、「婦女形象分析」、與《晉書・列女傳》比較傳統與反傳統的女性形象，最後提出「《世說》婦女所標示的時代意義」——「才性意識的強化」、「內涵與時俱變」、「解構性別規範」、「對父權社會的衝擊」及「顯現階層生活」及其「對學術文化的貢獻」。

然實未跳脫父權利益考量的動機，因此，六朝女性（特指《世說》出現人物）的主體自覺固然存在，然在程度上恐怕還是有限的。張淑香〈三面夏娃——漢魏六朝詩中女性美的塑像〉透過對六朝詩作的分析——提出「德行」、「精神」、「形體」三者作為「美女」標準，從此題之中，也可折射出當時的思潮與社會風尚，將六朝婦女的精神特質提示展演出來。不過關於六朝「墓誌」、「方志」(如《華陽國志》)的女性研究目前仍付闕如，此外盧建榮〈從男性書寫材料看三世紀至七世紀女子的社會形象的塑模〉及張紫君《六朝詩歌中的女性書寫》已將「性別意識」帶入女性形象的研究之中，同時注意到「書寫者」意識造作的問題，研究方法上頗有新意。

基於對以上研究的認識，本文試圖延續或補充前人未竟之處，應用來源較為多樣的材料及不同進路研究六朝女教，以期尋繹女子多才藝、有個性之因。欲以幾個關鍵性問題，勾勒出六朝女教的整體面貌；文中既有現實女教制度途徑的介紹，也有抽象的女教思想分析；有私領域的家族女教討論，也將涉及社會大環境對女教的作用情況，最後則嘗試提點此代女教之特色，獲致六朝才女產生之源頭。

三、研究材料

本文以「漢族」「貴門」婦女為主要探討對象〔註50〕，除鎖定六朝女教的三大問題設法解決之外，也企圖描繪六朝婦女教育的常態圖像，限定「漢族」、「貴門」婦女，自有原因。第一部中國婦女史作者徐天嘯曾說：「中國前有的關於女子的書，都是殘編斷簡，無首無尾，如海岸之石，亂堆錯落。……且其所短長褒貶者，無不依據於陰柔卑弱種種之界說，而權衡乎其間。」〔註51〕的確道出婦女研究者面臨史料碎落及男性書寫籠罩的難處。正因婦女材料之「難得」，文獻又多以男性觀點寫成〔註52〕，或為史書體例

〔註50〕為求對照，偶有異族及民間女子涉入。

〔註51〕徐天嘯《神州女子新史．正編．結論》，p.2～3。案：其書初版於民國二年。

〔註52〕據盧建榮的分析：「中古的婦女史書（正史列女傳）書寫在敘述重心上，都將婦女擺在性暴力邊緣以及孀居生活的成就這兩方面；男性作家在為婦女立傳上，對一般婦女常態生活沒有興趣，他們所寫的女性傳記，主要屬於特例中的特例。……男性書寫透過性別意識、國家意識以及漢族中心主義等文化偏見去觀看女性。……所以男性材料中所記載的往往不是婦女的常態與實情，而多屬特例中的特例，多偏從於某種文化想像及理想的形塑。甚至為求符合書寫者所欲宣傳的內容，而在材料上有所取捨改定。」

所限〔註53〕，較少女性的完整資料，因此凡欲從事古代婦女研究者，廣搜博採，上窮碧落下黃泉便是不可避免的工程。也唯有如此，方能在眾沙之中，淘瀝出那一方婦女資料的金屑。貴族婦女已然〔註54〕，遑論中下階層女性〔註55〕，資料的短少破碎，此是本文所以限定於「漢族」「門第」婦女的緣故。儘管研究對象範疇縮小，然而史料的廣遍依然必要，大體而言，本文使用的原始材料來源如下：

1. 經書及經注：傳統經書（十三經注疏）有助於追溯先代禮制依據；六朝經注則往往為六朝人發揮個人思想所在，如王弼《易注》、《論語釋疑》、何晏《論語集解》等，因此從經注中，可以凝聚出六朝人的種種觀念，唯一要注意的是關於「經」「注」之間的分合遠近的拿捏，一段經文，究竟是經書本意，還是注者己意，拿捏判斷之間，甚具難度。

2. 史傳、類傳、史注、地理志：六朝正史自是涉入此代最便捷的方法，正史中的「列女傳」、「后妃傳」婦女材料較集中，此外的婦女材料，須靠通讀取得。漢代劉向已輯《列女傳》、《列仙傳》；六朝所出《妒記》、《高僧傳》、《尼傳》、《神仙傳》等，六朝史學發達，各家所出別史、專傳、家傳、類傳不少，多見於史注、《世說注》徵引。《三國志注》、《世說新語注》也提供第一手史料。地理志則如《華陽國志》、《洛陽伽藍記》、《水經注》等。

3. 子書及注疏：六朝子書，有《人物志》、《傅子》、《抱朴子》、《金樓子》、《劉子》、《顏氏家訓》、《齊民要術》、《文中子》等；而六朝主要子學材料實多見於子書注解之中，如王弼《老子注》、郭象《莊子注》，張湛《列子注》，此外類書中也有不少六朝子書，包括《意林》、《群書治要》及道藏之中所錄六朝子書遺籍。

〔註53〕以記載政治大勢或與權力中心相關的人事為主。

〔註54〕婦女史料的不周全、零散，往往需要的史料不一定有。過去史書中很少看到女性，后妃、外戚、列女傳偶見，但數量少。特定女性才會進入。或與政治權力有關者，或遵循政治權力中心所定的道德標準方能有機會進入史傳之中。

〔註55〕目前的墓葬挖掘中，漸多平民階層婦女的圖像資料出土，加上原有的六朝民歌，或許日後可以嘗試做出相關的婦女研究。不過民歌多無作者，是文人擬代女性口吻所為？抑或民間婦女肆口而成，再經士人潤飾？此關係到作者身份認定的問題。因此本文中所引詩歌，較少民歌樂府，除非作為一代風氣民俗指標則可，若作為特定女子的身份遭遇來落實，則不採用。

4. 文集、筆記及今人選集：六朝不少關於社會問題的討論及思想重要資料，多見於文集之中，其中又以「論體」與「書信體」最多〔註 56〕。本文主要參考《玉臺新詠》、《全上古三代秦漢三國六朝文》及《先秦漢魏晉南北朝詩》等書，《博物志》、《世說新語》、《搜神記》、《俗說》、《語林》、《冤魂志》等筆記〔註 57〕及《文心雕龍》、《詩品》等文論，皆是顯現六朝人所思所想的第一手資料，許多女性書寫的材料，也挖掘自此。此部分史料特別重要，因為較少經過人為意識篩選，造作的成分較低，可信度也高〔註 58〕。另有近人編選《中國古代女作家集》、《古小說勾沉》、《漢魏六朝筆記小說大觀》，採「主題式」蒐羅詩文詔賦，材料集中，對於研究增加不少便利。

5.「道藏」與「佛藏」：六朝重要「道經」與「佛經」收錄於此，宗教傳記、文集、類書，亦見其中。宗教論文集有《弘明集》、《廣弘明集》；宗教類書如《無上秘要》、《法苑珠林》、《雲笈七籤》等。

6. 墓誌及考古文物：目前六朝研究大多根據古籍推測，較少實物方面的考證目前已出版的《漢魏南北朝墓誌集釋》、《漢魏南北朝墓誌彙編》及六朝墓葬的挖掘報告或研究論集，可用作第一手的六朝資料，唯使用時，得留心地域及種族的區別。墓誌銘〔註 59〕限於用途與文體特性〔註 60〕，難免有溢美

〔註 56〕章實齋曰：「文集者，一人之史也。」其實何止文集如此，詩詞歌賦、小說劇本，又何嘗不是歷史資料？而且又何只一人之史，在任何時代的文學作品中，我們都可以找得到作者對當時社會所塗繪的陰影；不過他們所塗繪的陰影，有深有淡而已。所以我以為集部之書，當作史料看，它們正是各時代的社會縮寫，正是各時代人民的呼聲，正是千真萬確的歷史實錄。而且其中的歷史記錄，往往是正史上找不出來的。（翦伯贊《史料與史學》，P.36）

〔註 57〕筆記材料的性質不盡相同，在古代圖書分類上也頗有異同，如《隋書・經籍志》將《魏晉世語》、《妒記》、《道學傳》、《宣驗記》、《冥祥記》、《列異傳》、《述異記》、《異苑》、《搜神記》、《搜神後記》、《靈鬼志》、《志怪》、《齊諧》，《續齊諧記》、《幽明錄》、《旌異記》、《周氏冥通記》、《集靈記》、《冤魂記》、《西京雜記》等列在史部；《風俗通義》、《博物志》、《俗說》歸在「子部・雜家」；《郭子》、《笑林》、《世說》、《小說》則歸於「子部・小說家」。

〔註 58〕筆記多雜神怪的問題，「研究方法」部分再論。

〔註 59〕「碑銘墓誌，看起來似乎與歷史無關，但是其中也往往有珍貴的史料……此外，私人的墓誌，也有時足以補史籍之缺失。……私人的函札，似乎無關大局；但其中也有些足以補史籍之缺失。……宗教經典，……族譜家譜，……只要我們耐煩去搜集，則無往而非史料。」（翦伯贊《史料與史學》，p.41）

〔註 60〕《禮記・祭統》：「銘者，自明也。以稱揚其先祖之美，而明著之後世者也。為先祖者，莫不有美焉，莫不有惡焉，銘之義，稱美不稱惡，此孝子孝心也。……銘者，論撰其先祖之有德善，功烈勳勞慶賞聲名，列於天下。」

情況〔註 61〕。因此選用時要先確立研究論題以決定選材取向——「虛筆」、「實筆」之別〔註 62〕。「虛筆」多溢美，可用於「理想形象」〔註 63〕及作者女性觀念的探討；「實筆」出於「墓誌書寫公式成辭」〔註 64〕之外，多生命史的獨特呈現，對於婦女生活實況有輔助參照之用。此外，部分藝術、美術集（如《中國美術全集》之類），頗多六朝文物圖片刊載（建築、雕塑、壁畫、陶俑及其他墓葬出土之物），對於六朝人生活有具體「記錄」，可作為直接史料使用。

7. 類書、札記、史評：六朝距今久遠，又多戰亂，當時史料多見散佚，後世陸續有輯佚或類書的編纂，使得部分六朝史料得以藉之流存。如《藝文類聚》、《太平御覽》多收今時已經散逸之詩文；《奩史》屬專題性類書，是一本「古代女性資料」類編，頗多中古女性資料錄其間。至於《古今圖書集成》的〈明倫彙編〉的「閨媛典」、「家範典」蒐羅宏富，蘊涵不少有用的女性資料，大有助益；另一類則是古人的札記、史評。本文參考的資料如《西

〔註 61〕漢人蔡邕為郭太作墓誌碑文，既而對盧植云：「吾為碑銘多矣，皆有慚德，唯郭有道無愧色耳。」（《後漢書．郭符許列傳．郭太》）又北朝隱士趙逸云：「生時中庸之人耳，及死也，碑文墓志，莫不窮天地之大德，盡生民之能事，為君共堯舜連衡，為臣與伊皋等跡。牧民之臣，浮虎慕其清塵；執法之吏，埋輪謝其梗直。所謂生為盜跖，死為夷、齊，佞言傷正，華辭損實。」當時構文之士，慚逸此言。（《洛陽伽藍記．城東篇．建陽里東》）范文瀾《文心雕龍》注引《墓誌銘考》所說：「唐宋以下，凡稱文人，多業諛墓，退之明道自任，猶或不免，其他更何足數。」又說：「自文章與學術分道，綴文之徒，起似牛毛，貴室富貴之死，其子孫必求名士獻諛為快，即鄉里庸流，亦好牽率文人，冀依附文集傳世。文人亦有所利而輕應之。」這些現象，在墓誌銘中的確存在，因為墓誌銘，一般都是死者家屬請一些能文之士代筆，並聘以重金，這自然免不了隱惡揚善，以諛墓用來粉飾死者。

〔註 62〕「虛筆」：未涉傳主具體實行，往往僅用「成辭」填充，可經由大量閱讀中，歸納出墓誌公式，「公式」之內，自不能採信。至於「實筆」，有較確定的時地人事物資料，但只能證明某特定事件有可能發生過，但還不能遽以斷言是某人的一貫實行。

〔註 63〕既然溢美，自多理想面的描述，言詞內容自多「應然」，而非「實然」之詞，可作「觀念史」「思想史」的探討。

〔註 64〕大約自兩漢以後，墓誌銘間或有之，但並不盛行，而頌功記事，大抵用碑，自東晉以後，除立碑以外，墓誌銘才逐漸盛行起來。到了唐代，寫墓誌銘已成為風氣。 一成風氣，便免不了變「俗」變「爛」。……墓誌銘包括誌和銘兩部分。誌多用散文記敘死者姓氏、籍貫、生平等，銘則用韻文來概括全篇，是對死者的讚揚、悼念和安慰之詞。有誌有銘，誌為散文，銘為韻文，這是墓誌銘的常規寫法。」（陳必祥《古代散文文體概論．碑誌體散文》，p.187～189）

陽雜俎》、《容齋隨筆》、《日知錄》、《廿二史劄記》、《十七史商榷》、《史通》、《文史通義》等，作者們往往讀史有見，洞察機微，提挈六朝精神或問題根源。

四、研究方法

關於研究方法，「女性研究」學者李又寧曾指出：「與其寫通論，不如做專題；與其創造理論，不如精研史實。……札實的專題如同堅石，可以獨立存在，也可供建造大廈之用。……近年學者已很少撰寫這種綜論，而是傾向斷代研究，或就某一課題進行分析。」〔註 65〕本文研究正是採取斷代專題式的徑路，全文初始由「性別差異」角度解讀文獻，發現不同的「發聲者」（男女）對於相同議題所呈現的異同，探尋六朝「婦女教育問題」所在。具體的研究方法方面，擬分兩部分說明：一是個別資料的處理，二是全文切入角度與解讀方式。

（一）個別資料處理

史料的蒐集與整理，是撰述的準備工作。研究方法上，先廣泛蒐集相關原典資料及近人著述；其次進入資料處理階段。處理上以原典之「解讀」、「歸納」、「分析」為主，又時時輔以「比較」之法，雙線進行。面對卷帙浩繁的六朝原始資料，研究時並無妙方可以取巧，「原典解讀法」是基礎且重要的方法，儘可能讀通、不要誤判，而後藉由「歸納法」，累積材料，也許積少成多之後，發現果然某種現象是存在的，雖然它好像違逆傳統走向（如妒教）。由於同質性資料可能很多，為清眉目，勾取資料中最具意義的部分，本文多處使用「表列法」，可免去文字描述的鉅大篇幅，又能經濟而清晰地呈現大量同質性資料。（如習武女子人數的多寡），期待如此表達，可以迅速掌握要點、一目了然。另外在列表及解決問題的過程當中，也嘗試將籠統的現象或結果，進行更細密的「分析」（如女子「低成就」的真正導因、妒忌現象的進程），促成研究上能有更貼近的瞭解與認知。至於全文大方向的進行，採用的是「問題研究法」及「類型研究法」。架構上，以三個女教問題作主軸，這幾個問題，恰好也是六朝女教的特色。問題解決步驟上，先以「歷史描述法」還原、確立問題，盡力回歸此問題的情境與文化脈絡，接著探求問題起因，廣泛採證相關論述，

〔註 65〕李又寧〈婦女史研究之回顧與檢討〉，《六十年來的中國近代史研究》，p.250。

形成初步假設，證明之，最後再討論此問題的成因與意義——揭露文化背後的深層機制或探尋女教的衍變律則。此外，在每一章中還廣泛用到「比較法」，主要用於「男女兩性」之間的不同思維結果、「前後時代」教育的特色、同時代「不同學派」間教育觀異同以及「南北地域」女教內容異同等等。此外，本文多處還因實際需要，針對某位女性進行「個案研究」，如從魏華存事蹟探尋在家修道女子的教育歷程；或將多位女性歸為一類，進行同質性的研究，姑且稱之為「類型研究法」，如女作家群、妒婦、智婦……。教育的主體是人，對人物的掌握，自然是研究重點之一。

總之，「解讀法」、「歸納法」用於初步工作；「表列法」累積以成立某種現象；「分析法」追本溯源，來龍去脈，要求細緻的內涵與深度；「比較法」用於性別、南北、階層、種族、時代先後等資料的比較；「歷史描述法」還原其情境，回歸其文化脈絡之中，描摹事物近實情態；「類型研究法」：將同質性女子歸為一類而後對其深入研究此「族群」的特色，本文援用的研究方法大致如是。郭佩蘭在批評當前婦女研究時曾提到：「從事經典研究的作者，絕少採用近代解釋學、符號學或女性文學批判等理論，在研究方法上比較保守。……我們不應將經典中有關婦女的部分分開單獨研究，必須結合其他的內容，作全面整體研究探索。」〔註 66〕吾以為然，故本文之中頗引現代教育學之相關理論以佐論，至於目前婦女問題研究者偏好援用的西方文化理論（如女性主義、解構理論等），筆者基本上並未採取此種進路。一來自身寖淫日短，對於文化脈絡相異的兩個「文化」要使其進行對話，其援用分際恐難恰如其份〔註 67〕，因此本文暫採保留態度。

（二）切入角度與解讀方式

本文議題，多為「性別」切入所得；分析解讀方面，則以「書寫意識」探究作為閱讀方式與論述立場。所謂「性別」（Gender），在現代女性思潮中，它具有特定意涵，並與「性」（Sex）有了各自的範疇。「性」是以生理分男女；

〔註 66〕郭佩蘭〈性別研究與中國宗教傳統〉，《性別學與婦女研究》（臺北，稻鄉，1997），p.160。

〔註 67〕不過，西方理論對此文撰作確實有所啟發，比如書寫者意識對書寫材料的滲透，真理乃經由權力與語言之建構，女人不是天生乃出於後天文化形塑，妻職母職未必每個女人天生必經，男剛女柔是性別刻版化的結果……等觀念，這些西方學者的思考成果，使筆者能以新的眼界去「成立」一些有別於傳統女教的議題。

「性別」則指文化建構作用於個體身上的種種行為模式與特質表現。〔註 68〕本文認為後天文化所建構出男女的不同價值觀（行為標準、生活場域），可能造成相同議題上的看法不同，並以此作為教育問題的起點。〔註 69〕對於全文切入角度，本文採用男女異見的性別角度作為每一個問題的切入「始點」。既稱「始點」，意味著「性別」僅負起提挈問題之作用，卻未必是問題的解答與終點。兩性對於教育為何有異見以及異見背後所牽涉到廣泛複雜的社會文化因素，是本文重心所在。而在紛雜表象之中，是否有統緒可循，此亦本文嘗試要去解開的疑惑。且看魏文（男）與甄后（女）對任夫人的兩面評價：

> 魏文帝欲遣任氏，后請於帝曰：「任既鄉黨名族，德、色妾等不及也，如何遣之？」帝曰：「任性狷急、不婉順，前後忿吾非一，是以遣之耳。」后流涕固請之，帝不聽，遂出之。（《魏書》，《三國志・魏書・后妃傳》裴注引）

從甄后與曹丕的對話中，不難看出兩人對於相同「對象」任氏存有明顯異見。他們各從不同的身份（性別、角色）、動機來說話：甄后志欲留人，力舉任氏之長；又以「出身」、「才德」、「容貌」皆過於人，不該被遣；魏文帝曹丕則站在丈夫立場，更強調「溫婉順從」的要件，既然任氏「任性狷急」，甚至敢當面對曹丕發脾氣，握有君權夫權，高高在上的魏文帝，豈容女人放肆輕僭？此條資料也可視作二人對「好女人條件」的討論。表面上談任氏長短，其實兩人說辭中處處有己。同為女人的甄后認為「出身」、「才德」、「容貌」過人是好女人的要件，她自己不也是如此？她和任氏同為魏文后妃，處境相同相危，所謂兔死狐悲是也；何況甄后有德不妒，自期周宣姜后之事，見帝不許，還

〔註 68〕「性別」（Gender）是一種文化概念，而非生理現實。在女性主義理論中，與「性」（Sex）有別。「性」一般被認為是生理上或生物學上的術語，而「性別」則是社會文化的一種建構。更進一步說，性的文化與社會建構，構成了性別的概念。存在主義女性主學者波娃指在《第二性》指出：「女性並非天生而成，而是後天學習而成。」此說奠定了性別觀念的社會、文化構成論。在這種性別概念下，男女的性雖然天生而成，但在文化上的男性或女生身份，卻未必有必然關係。導引出人類特徵範疇，被視為非自然化，而是在社會建構和語言建構中占著優勢地位。因此我們今日得以藉著語言和性別理論的基礎，重新定義女性的自我和主體性。（參考劉秀娟《兩性關係與教育》（臺北・揚智，1998），p.4～7 及林幸謙《歷史、女性與性別政治——重讀張愛玲》（臺北・麥田，2000.7），p.370。

〔註 69〕因為立論若因性別不同而有分別，顯示此理尚有可議空間，遺留著演化制作的齟齬痕跡，可供評價剖析，討論的空間亦相形擴大。

流淚固請：「妾受敬遇之恩，眾人所知，必謂仟之出，是妾之由。上懼有見私之譏，下受專寵之罪，願重留意」，無不以女性角度發言，故有此說。魏文身為男性，傳統賦予他具佔有、享受、支配女子的權利，加上貴為帝王，一旦變心別寵，身邊女子命運將難逆料〔註 70〕。總之，因傳統性別角色的定義與內涵的不同，在某些議題上，基於自我身世的帶入，權衡得失的多方考量，性別色彩於焉顯明。

至於「書寫意識」，則考慮到作者撰作動機與意識型態對書寫的影響。面對資料，必須追問作者撰作動機何在？〔註 71〕背後隱藏的書寫意識（選錄標準）是什麼？能否反映當時社會的文化、人們的內心想望？婦女材料中所顯現的女性觀念、婦女形象，是否因著作者處境與性別（以男性為書寫主體或以女性發聲）的不同，導致書寫結果的出入？若有，如何涉入？其背後涉及的複雜社會文化的真相與制作過程，值得探求，此亦本文所以用探求書寫意識作為閱讀策略的緣由。賈充後妻郭槐，本為一人，但不同書寫材料中所呈現的樣貌，極為多元，因而在此以之作為「書寫意識」運作的舉例：

據《世說新語》載：賈充嘗公餘返家，逗弄乳母懷抱中的幼子，其妻郭槐見後懷疑賈充別愛乳母，憤而殺乳母，後來幼子不飲他人乳，於是餓死。這個事件，使郭槐見錄〈惑溺〉之篇，成為「妒婦」代表〔註 72〕；其次是郭氏會見賈充前妻李婉之事，郭槐挾恃高第及後寵優勢，壯大排場、多將侍婢，本欲給情敵李婉一記下馬威，怎知兩女一見，卻出現戲劇化結果，郭氏震懾於李氏「淑性令才」〔註 73〕及「剛介才氣」的威儀氣度下，腳竟自屈，因跪再拜，敗潰不堪。〔註 74〕郭氏在此兩則記載中，皆以「妒婦」形象出場，被作者書寫。似屬「負面」的女性形象。然在不同書寫材料中，郭氏展現其迥異的面目：

〔註 70〕甄后日後也因郭后之寵、李、陰貴人之愛幸，被讒賜死。原因是「后愈失意，有怨言，帝大怒。」(《三國志．魏書．后妃傳》）不過裴注引《魏書》既云：「后寵愈隆而彌自挹損，後宮有寵者勸勉之，其無寵者慰誨之。」看來並非妒忌之人，其中原因，難以分解，裴松之已致其疑。(裴松之《三國志注．魏書．后妃傳》)

〔註 71〕中國文學研究，早行「知人論世」之法，西方之說並非獨出。

〔註 72〕《世說新語．惑溺 3》:「賈公閭後妻郭氏酷妒，有男兒曰黎民，生載周。充自外還，乳母抱兒在中庭，兒見充喜踴，充就乳母手中嗚之。郭遙望見，謂充愛乳母，即殺之。兒悲思啼泣，不飲他乳，遂死。郭後終無子。」另在《妒記》及唐修《晉書．賈充傳》皆及此事。

〔註 73〕《充別傳》、《晉諸公贊》，見於《世說新語注．賢媛 13》引。

〔註 74〕事見《世說新語．賢媛 13》。

（郭槐）式為性高朗，知（賈）后無子，甚撫愛愍懷，每勸厲之。臨亡，誨賈后，令盡意於太子。言甚切至。趙充華及賈謐母（賈午），並勿令出入宮中。又曰：「此皆亂汝事！」后不能用，終至誅夷。（《晉諸公贊》，《世說新語注・惑溺3》引）〔註75〕

（郭氏）諱槐，字媛韶。……高明柔克，聰識知機，鑒來藏往。二十一，嬪于武公。虔恭粢盛，緝寧邦家。武公既薨，親秉國政。敦風教，明褒貶，導德齊禮。十有餘載，饗兹二邦，仍援妃后。而縞服素裳，顏不加飾。遭家不造，遇世多難，不曰堅乎？弘濟厥艱。（〈夫人宜成宣君郭氏之柩〉，《漢魏南北朝墓誌匯編》，p.7～8）

在墓誌的記載中，郭槐呈現與《世說》全然不同的形象，她成為「剛柔相濟」、「內外兼顧」、「情理皆備」的「好女人」。「高明柔克」與「不曰堅乎」並存；「虔恭粢盛」（內）與「親秉國政」（外）兼行；「緝寧邦家」、「敦風教」、「導德齊禮」知其行事有理，「武公既薨，縞服素裳，顏不加飾」，表露對夫深情。至於《晉諸公贊》所載郭槐的臨亡建言，甚有智慧。但劉孝標深表懷疑：「傅暢〔註76〕此言，則郭氏賢明婦人也。向令賈后撫愛愍懷，豈當縱妒悍，自斃其子？然則物我不同，或老壯情異乎？」劉孝標認為郭槐不正（妒），何足令女？乃以「年齡閱歷不同，見識心境之異」及「物我不同，當局者迷」為作解語。從《世說》、《晉諸公贊》到墓誌銘，不難理解：對同一人的記載，因著材料（文本）的不同，箇中所呈現的形象別若天壤，正是出自不同作者的「書寫意識」，書寫者在書寫時要考慮以下幾點：其一是文體的需要，如史傳志在宣教化、誌政治；墓誌則在流芳子孫，安慰生者之心，致獻哀思；而筆記小說意在軼事談助，褒貶較少；家傳則重在對家族的貢獻……。書寫者懷抱不同的寫作目的，採取不同視角及意識（褒貶）去選擇、剪裁史料，描繪塑造他筆下的人物，面貌因之不同。其二是與傳主的關係：書寫者與傳主的關係，有時

〔註75〕《晉書》所載略同，但因果始末較詳：后母廣成君以后無子，甚敬重愍懷，每勸厲后，使加慈愛。賈謐恃貴驕縱，不能推崇太子，廣成君恆切責之。……宜成臨終執后手，令盡意於太子，言甚切至。又曰：「趙粲及午必亂汝事，我死後，勿復聽入，深憶吾言。」后不能遵之，遂專制天下，威服內外。更與粲、午專為姦謀，誣害太子，眾惡彰著。……及太子廢黜，趙王倫、孫秀等因眾怨謀欲廢后。……后甚懼，遂害太子，以絕眾望。趙王倫乃率兵入宮，使翊軍校尉齊王冏入殿廢后。……倫乃矯詔遣尚書劉弘等持齎金屑酒賜后死。（《晉書・后妃上・惠帝賈后》）案：郭氏預言其後果然應驗。

〔註76〕《晉諸公贊》作者。

也會左右對於人物的評價〔註 77〕，墓誌作者必為傳主家人所倩，或為傳主親友，「歌功頌德」乃其首務。因此「人際關係」也會影響書寫結果。至於史家關心政權隆替大勢與垂鑑後世，女子干政，國家大忌，郭槐「謀立賈妃」，險喪晉室，因累賈后之禍，聲名難美。若賈后為賢妃嘉后，則史書當譽以「賢明母儀」之名，可知母雖以子（女）貴，母亦可能以子（女）敗。三是現實利害的考量，福柯曾提到「各種語言都是權力的競爭結果」〔註 78〕，則記錄的內容也可顯示傳主在某個時期勢力的消長。墓誌作於賈后當權，勢立中天之際，墓主郭氏縱有是非，無人敢揭；後世作傳，則無此慮，賈后已敗，賈氏沒落，無可顧忌。四是觀察角度不同，每種文本各自記錄傳主某一面向的「實情」，儘管中間有矛盾對立、善惡相混，然而真實人性，本然如此。從國家的立場，郭槐處心積慮使賈后入宮，貽害晉室是過：從家族的立場，從子女的立場，勞心勞力，榮顯家族，謀福子女，則是為功，各家記載，各得其情之一。

由此例可知，今日藉由「文字」（語言）材料去重現或建構某一種歷史或人物「實況」，在擬真的信度上，須抱持相當程度的保留態度。面對種種可能性，本文擬以「抗拒性的閱讀」來進行六朝史料的解讀，即不僅只是忠於文字表面所呈現的現象與結果，閱讀之際，更須時時懷抱疑問及溯源態度，追究作者書寫目的何在？他如何說？說了什麼？為何要如此說？讀者又接收到怎樣的訊息？時時與材料保持距離，刻刻深思作者書寫的意識，孜孜探求文本材料所折射出的女性觀念，這是筆者想嘗試的閱讀方式。此外常人容易質疑的「銘誄」、「筆記」，本文頗有援引，應用少自有限度：對於溢美諛墓及語雜神怪的疑慮，本文處理的份際在於以「虛筆」看待，不作「史實」的佐證，僅作當時「觀念」呈顯的資料。「銘誄」既然溢美，必所言內容為當時人的理想典型所在；筆記雖然神怪，然而何以如此書寫，背後所傳達的意識，方是本文探取的重心所在。

五、研究取向與章節安排

六朝是個亂世，朝代更革頻繁，爭戰連年。在如此動盪的局勢下，六朝婦女所生存的環境背景亦相形複雜多變。在政治方面：數百年間，朝代更迭

〔註 77〕或云陳壽《三國志》對諸葛亮評價高下，與二人恩怨有關；又魏收作《魏書》，每須顧忌尚在人世的傳主的權勢、反應，或囿於「傳主」後代的請託利誘威脅，因此其書「實錄」性質頗遭質疑，致有稱為「穢史」者。

〔註 78〕《知識的考掘》，p.19～20，王德威所作「導讀」部分。

頻繁，全國長期處於分裂狀況，中央控制力減弱，政教推行趨減緩；門第權力甚盛，家風禮法更具實效。社會方面：門第社會，士庶貴賤階層分明，大量的部曲客女湧入豪強門第之中，也為貴族之家提供足夠的勞作之力及厚植可觀的經濟實力。民間普遍早婚，貴族慎擇婚姻，家多妓妾，使六朝婦女生活產生部分改變。永嘉之後，南北分治，胡人操持北方政權，胡漢雜居之下，胡風對於傳統習尚造成何種影響？兩地政教之別，隔離有時，漸行南北異俗之說，不管在學風、文藝、民性、經濟、兩性地位、家族禮法各方面，南北特色分明〔註79〕。《世說．文學》有南北學風不同的說法〔註80〕，諸篇中亦多南人北人相爭各論己俗之文；葛洪《抱朴子．譏惑》文中提及「上國」（西晉北人）與「江表」文化異同；北魏楊衒之《洛陽伽藍記．景寧寺》載北人楊元慎與南人陳慶之的意氣之辯，倒也透露南北風俗異同的幾分實情；北齊顏之推的《顏氏家訓》書中更多論及南北風俗不同；後出的《北史．儒林傳》、〈文苑傳〉更明言南北學風、文風區異所在〔註81〕。至於六朝民情風俗異同，則《隋書．地理志》及《通典．州郡》論之甚詳……南北文化不同說似成定論。此種現象，是否反映在女教方面？地域文化因素之外，致令南北女教差別之因，是否猶有他者？而葛洪提及晉世婦女「市也婆娑」、「修周旋之好」、「之適親戚，承星舉火，不已于行」（《抱朴子．疾謬》）與顏之推所言「江南女子略無交遊」（《顏氏家訓．治家》，二人說法中的婦女行徑，又何以相距兩端？思潮方面，儒學失卻獨尊地位〔註82〕，而與玄佛道並行。玄學貴無之風與自然名教之辯，

〔註79〕唐長孺有專章討論，詳見〈論南北朝的差異〉，《魏晉南北朝隋唐史三論》，p.85～244。

〔註80〕《世說新語．文學25》：「褚季野語孫安國云：『北人學問，淵綜廣博。』孫答曰：『南人學問，清通簡要。』支道林聞之曰：『聖人固所忘言。自中人以還，北人看書，如顯處視月；南人學問，如牖中窺日。』」

〔註81〕《北史．儒林傳．序》：「大抵南北所為章句，好尚互有不同：江左：《周易》則王輔嗣，《尚書》則孔安國，《左傳》則杜元凱；河洛：《左傳》則服子慎，《尚書》則鄭康成，《詩》則並立於毛公，《禮》則同遵於鄭氏。……南人約簡，得其英華；北人深蕪，窮其枝葉。」〈文苑傳〉：「蓋文之所起，情發於中。而自漢魏以來，迄乎晉宋，其體屢遷，前哲論之詳矣。暨永明、天監之際，太和、天保之間，洛陽、江左文雅尤盛，彼此好尚，互有異同。江左宮商發越，貴於清綺；河朔詞義貞剛，重乎氣質。氣質則理勝其詞，清綺則文過其意。理深者便於時用，文華者宜於歌詠。此其南北詞人得失之大較也。」

〔註82〕「學者以莊老為宗而黜六經，談者以虛薄為辯而賤名檢；行身者以放濁為通而狹節信，……當官者以望空為高而笑勤恪。……其倚仗虛曠，依阿無心者，皆名重海內。」（干寶《晉紀．總論》，《全晉文．卷127》）

曾帶給當時社會教化、人生追求極大轉變，促成部分個體自覺，對於「男教」產生過多方作用，對女教是否亦有類似情形？六朝女子「才、智、情、妒」的多元形象及勇於表達脫卻溫柔順從的作風，時人態度若何？北魏元孝友曾上書請置妾，文中提到當時父母「嫁女則教之以妒，姑姊逢迎，必相勸以忌」，何以名列「七出」榜上的妒忌卻能跨入六朝女教領域？多元形象與當時思潮有無關係？又六朝文學盛行，史學大興，雜藝流行，清談成風，女教是否也有涉入其間？當年撰作碩士論文，曾針對魏晉教育做過鳥瞰式的探索，文中發現官學、私學、家學及遊學四途。（乃一般男性受教的主要方式）；而婦女在教育途徑及受教內容方面是否與男子等同？文中又得魏晉「家學」發達，母教功不可泯現象，則門第婦女資以教子的學行來源為何？總之，六朝此種政教控制力減弱，學風自由開放，社會價值多元，民族交流頻繁密切，宗教政策寬鬆，南北政經分隔等特殊處境，似乎提供六朝女教一個新變的契機。複雜多變的時代背景下，六朝女教是否產生某種轉化？而六朝女教與才女養成有無直接關係？這些皆是論文未來取向所在。這些紛雜疑問，先後湧現；也慢慢沉澱。藉由性別觀念之切入，歸納比對六朝男女兩性在「女教」相關議題上的出入，竟能映發出三個六朝女教的關鍵議題：首先是對女子才性的認識：此項問題涉及「受教主體本質」（性）的認識及個體後天發展可能性的預期與規限（才），屬「教育理念」領域；其次在理論層面與現實層面上南北兩地女教有何異同？男女對於女教內容看法為何？所以然原因何在？最末是對「妒教」始末作析探，男女立場若何？「妒教」現象乃六朝女教獨有，空前絕後特立於歷朝女教之外，其發生的前因後果，及與教育領域的離合遠近，亦須詳細剖析。整合諸多心中提問與女教關鍵命題，本文章節安排，初擬如下：

第一章　「濟濟女才與六朝女教」：總述六朝女才與女教實況，依次探討「家庭」、「宮闈」、「寺治」三類教育之「施教目的」、「施教者」、「教育內容」及「教育方式」，提示女才與女教之間的初步關涉。末節則嘗試由六朝女教概況中，提點出六朝女教中頗具特色的三個問題，作為以下各章論述中心。

第二章　「六朝女子才性觀」，研討六朝女教思想中涉及「受教主體質性」及「才能施用預期」的相關見解，採由「男女兩性」與「玄佛道儒」二徑進行論析，先行比較男女兩性對「女子才性」看法之差異，從中整理出男、女兩分的「智弱說」及「興家定國說」，探求其說義蘊及此說產生的可能原因；接著分論六朝三大思潮的女子才性觀念，末了探究女子才性觀念對六朝女教可能產生的作用。

第三章　「六朝南北女教之異同」：六朝南北兩地的婦女教育在政教分隔之下，是否存在歧異？本章採行教育理念與實際教材兩徑探討，男女對女子教材的理念及南北女教實施內容，又基於何種原因而產生？而後試圖從門第制度、地域民族、多元思潮三端，探尋影響「女教內容」的究竟成因。

第四章　「妒教現象中的情權之辯」：本章先論六朝妒風及其特盛原因，接著試由不同角度比較六朝人對妒忌的看法，尋繹部份家族以妒為教的原委，探究妒教「情權爭衡」本質，窺見門第權力對女教的操控介入及對女子形塑之建構過程，反映門第涉入女教之深重。

第五章　「六朝女教的歷史意義」：將六朝女教置於廣大時間序列，尋其常理與變因，解釋多才多面婦女產生緣由，提挈影響女教之主要因素，勾勒六朝女教之歷史意義及對現代女教之啟示。

六、預期成果及其限制

從六朝思想史研究來看，本文的撰作或能補充「性別思想」及各思潮之教育作用的部份。近來研究玄佛道儒對教育（男性）影響之著作增加不少，然其對於於女及女教影響的研究，仍有廣闊空間，本文將透過文獻，尋繹六朝女性與上述思潮「相遇」的點點滴滴，探究諸多思潮與女教的關係。從中國教育史來看，本文是斷代女子教育的研究類型，且欲在傳統「女教文書」的歸納研究法之外，採行女教理論實際兩顧的進路。再者，本文雖以「問題」切入，然這些問題，似能折射反映當時女教的通盤精神與面貌。就六朝女性研究來看，在女性文學、生活（婚姻家庭）、人物形象（女主）的研究之外，本文針對「教育」領域著力，可為六朝女性女活全貌補足空缺。若就「六朝門第」研究主題而言，「女性教育」的補足，對於門第學術的全況，士人「啟蒙教育」與「婦女」的關係、門第中人文化學術成就的探究，也有助益。當然，對於六朝女教的種種現況，筆者更急欲想探查其成因始末，進而從六朝女教的「個案」，尋繹出古今女教的規律與變動因素，也許可作今日女教的殷鑑與參考。

然而，本文也有相當的限制性：其一，雖注意到書寫材料的書寫意識問題，然在材料過少情況下，不得不在所謂男性意識下去揀拾勉強可稱為「女性材料」的史料，因為：即使今天標示婦女作品，業已經過男性意識的篩漏；史傳中所聞女性的聲音（如話語、對話），未必不是史家的推臆之想，這是撰史難免且必須的「歷史想像」。不同史家在「重塑現場」時，基於不同的史觀，有意無意加入的教化目的，多少「整齊」、「刪削」了某些原本歧出的聲音，因此今日若能在資料中窺見一絲異見，已令人驚喜，似乎無法再錙銖計較於資料來源的純粹性，或甚至考據某些標為女性作品的真正作者來，此部份只有留待考據專家研究，日後若有定論，方作內容修正；其二是關於材料的「自然性」及「代表性」的斷定，雖然本文已儘量放大蒐羅範圍，然若考慮到「刻意書寫」情況，則「實際少數」會不會成為「文獻多數」（如正史中的貞女事蹟）？部分矛盾衝突或負面材料（如妒忌），究竟是一般情況，還是特例〔註83〕？在判定上，不免有作者主觀的思考在內。就算有數量上的「多」作支持，也不敢斷言必是「當時實況」，僅能說是根據目前所見證據所下的暫時定論；其三，六朝時代綿延兩百年，其間朝代分合、盛衰起伏多變，或地緣萬里，民兼南北，地域之間的小別，本文無力顧及，因此本文在時空的處理上，僅取「大同式」的處理，至於其間區段的消長起伏，地域上的殊別歧出，則賴日後更精詳的研究以補苴。

〔註83〕男性材料中所記載的往往不是婦女的常態與實情，而多屬特例中的特例，多偏從於某種文化想像及理想的形塑。甚至為求符合書寫者所欲宣傳的內容，而在材上有所取捨改定。……中古的婦女史書寫在敘述重心上，都將婦女擺在性暴力邊緣以及孀居生活的成就這兩方面；男性作家在為婦女立傳上，對一般婦女態生活沒有興趣，他們所寫的女性傳記，主屬於特例中的特例。（盧建榮〈從男性書寫材料看三世紀至七世紀女子的社會形象的塑模〉，《國立臺灣師範大學歷史學報》：26，p.1。

第一章　濟濟女才與六朝女教

六朝婦女形象多元，濟濟才女更引人注目。其人數之夥，類型之廣，恐為其他時代女子所難望其項背。本章要旨在於總述六朝女才與女教實況，介紹六朝各種女才類型，詳論六朝女子受教途徑，以提示女才與女教之間的關涉。

第一節　六朝女性人才概況

六朝女性人才概況，由〈表1〉可約略看出：六朝女性人才之數量，甚為可觀，近60人。其成就類型以教育、文學、宗教、識鑒、外事政事與軍事武功等方面，表現最為出色，她們的「成就」類型，早已超越傳統賢妻良母格局之外。下文依成就類型及統計分析二項簡介。

一、成就類型

表 1　六朝女性人才概況

朝代	姓名	家世身份	籍貫南北	才能述要	專長領域												施用情形	資料出處
					文學	教育	思想	藝術	經史	宗教	軍事	識鑒	政事	典章故事	禮儀	其他		
吳	吳夫人	孫權母	吳人	智略權譎									+				其子權少年統業，夫人助治軍國，甚有補益。\策功曹魏騰以迕意見譴，將殺之，士大夫憂恐，計無所出。夫人乃倚大井而謂策曰：「汝新造江南，……吾不忍見禍之及，當先投此井中耳。」策大驚，遽釋騰。	三國志·吳書·妃嬪\注引會稽典錄
	習氏	李衡妻		告夫進退逋處之道。								+					孫休在郡治，衡數以法繩之·妻每諫衡，衡不從·會休立，衡憂懼遂欲 奔魏。 妻告以衡可自囚詣獄，表列前失，顯求受罪·如此，乃當逆見優饒，非但直活而已·衡從之，果得無患。	三國志·吳書·三嗣主/孫休注引〈襄陽記〉

孫氏	徐琨母		預知敵人戰略，告子因應之道							+						徐琨隨孫策討樊能、于糜等於橫江，擊張英於當利口，而船少，欲駐軍更求。琨母時在軍中，謂琨曰:「恐州家多發水軍來逆人，則不利矣。如何可駐耶？宜伐蘆葦以為泭，佐傳渡軍。」琨具啟策，遂破英，擊走笮融、劉繇，事業克定。	三國志·吳書·妃嬪
趙夫人	吳主孫權夫人，丞相趙達妹		善畫，巧妙無雙，能于指間以彩絲織雲霞龍蛇之錦，大則盈尺，小則方寸，宮中謂之「機絕」。				+善畫、刺繡									孫權思得善畫者使圖山穿地勢軍陣之像，達乃進其妹。權使寫九州方岳之勢，夫人以丹青易歇滅，刺繡方帛之上，寫以五岳河海城邑行陣之形。進于吳主，時人謂之「針絕」。	王嘉《拾遺記·卷 8》
吳夫人	劉備夫人	吳	侍婢百人，皆仗劍侍立，先主每下車，心常凜凜							+						才捷剛猛，有諸兄風	劉先主志，《古今圖書集成·閨媛典·卷345》
阮氏	許允妻，阮德如妹，貌奇醜		辯才無礙，料事如神，雅量從容								+				才辯	有識鑑之才，智告夫、子，多次脫難	世說新語·賢媛 7、8，三國志注

魏	薛靈芸（夜來）	魏文帝美人，鄭鄉亭長薛鄴女，居生窮賤，文帝賜名夜來	常山	妙于針工，雖處身帷之內，不用燈燭之光，裁制立成。				+針工									非夜來縫製，帝則不服，宮中號為「針神」。梁蕭綺〈錄曰〉：「夫升名藉璧，因事而來。既而柔曼之質見進，亦以裁縫之妙要寵。榮非世載，取或一朝，去彼疑賤，延此華軒。」	[前秦]王嘉《拾遺記・卷7》
	辛憲英	羊耽妻、魏侍中辛毗之女	隴西	聰朗有才鑒								+					聞魏文帝得立為太子而喜，因而預言魏祚不昌。	晉書・列女傳
	嚴憲	杜有道妻，十八嫠居	京兆	貞淑有識量								+			+		1. 預言何、鄧敗，杜預公卿，傳咸有成 2. 子遂有名於時，女亦有淑德	晉書・列女傳
三國小計					0 a	0 b	0	2	0	0 c	2	4	1	0	1	1		9人

兩晉

朝代	姓名	家世身份	籍貫南北	才能述要	專長領域												施用情形	資料出處
					文學	教育	思想	藝術	經史	宗教	軍事	識鑒	政事	典章故事	禮儀	其他		
晉	夏侯徽	晉景懷皇后	沛國	雅有識度									+			識度	帝每有所為，必豫籌畫	晉書．后妃傳上
	王元姬	王肅女、文明皇后	東海	長於喪服					+			+					1. 父母令攝家事，每盡其理。 2. 預言鍾會必亂	晉書．后妃上
	楊豔	晉武帝皇后	弘農	少聰慧，善書，閑於女工				+								+	性妒，不令晉武納賢，受賄干預立太子妃	晉書．后妃上
	左芬	晉武帝貴嬪		少好學善綴文名亞于兄左思	+												1. 因才德納晉武後修儀。 2. 答兄思詩、書及雜賦頌數十篇，並行于世	晉書．后妃上
	褚蒜子	褚裒女，康獻皇后	河南	聰明有器識									+				穆帝即位，幼沖，臨朝攝政。及哀帝、海西公之世，太后復臨朝稱制，在位凡四十年。	晉書．后妃下

晉	劉惔母			聰明婦人也								+					人未之識，惟王導深器之．後稍知名，論者比之袁羊．惔喜，還告其母．母曰：「此非汝比，勿受之．」又方范汪．惔復喜，母又不聽．及惔年德轉升，論者遂比之荀粲．	晉書．劉惔傳
	陳氏	劉臻妻		聰辯能屬文	+										+		嘗正旦獻椒花頌，又撰元日及冬至進見之儀，行於世．	晉書．列女傳
	王桃、王悅	關索妻、妾	蘄水	1. 王桃與女弟悅，年未字，俱有膂力，精諸家武藝。 2. 每與妹相謂曰：天下有英雄男子而材技勝我者，則相託終身，時絕少匹敵者。							+ +						1. 值兵亂，聚蘆塘、保鄉里 2. 適河東關公長子索，英偉健捷，桃姊妹俱與較，俱不勝，遂俱歸之。遂棄家從關，百戰以終	蘄水縣志，出古今圖書集成·閨媛典·卷341「閨奇部」
	鮑氏	關索妻妾		材行與王桃、王悅似而悍騺差勝，亦歸索。							+						遂棄家從關百戰以終	同上

	鍾琰	潁川		數歲能屬文，及長，聰慧弘雅，博覽記籍，善嘯詠，禮儀法度為中表所則明鑒遠識	+							+			+		1. 禮儀法度為中表所則 2. 為女擇賢夫，鑒識兵家子地寒壽促，乃止	晉書·列女傳、世說·賢媛
	殷氏	殷浩之姊，韓康伯母		賢明婦人也」								+					殷氏聞隱之哭聲，為之悲泣·謂康伯曰:「汝若居銓衡，當舉如此輩人」·及康伯為吏部尚書，隱之遂階清級，果為良吏。	晉書·良吏傳·吳隱之
	陸氏	張茂妻	吳郡								+						夫為沈充所害，陸氏傾家蕩產，率茂部曲為先登以討充。充敗，陸詣闕上書，為茂謝不克之責。帝追茂為太僕。	晉書·列女傳
東晉	衛鑠（字茂猗）	廷尉衛展女，汝陰太守李矩妻，王羲之少時書法老師		「李妻衛氏，出自華宗。……允為中之上。」				+									《書品》列為「中之上」	庾肩吾《書品論四》，全梁文·卷66
	李夫人			「此（十五）人，雖未窮字奧，書尚文情，				+									《書品》列為「下之中」	庾肩吾《書品論八》，全梁文·卷66

				批其叢薄，非無香草。視其涯岸，皆也潤珠。故遺斯紙，以為世玩。允為下之中。」													
	傅夫人			「此（二十二）人，皆五味一和，五色一彩，視其雕文，非特刻鵠，人人下筆，寧止追響。遺跡見珍，餘芳可折。誠以馬丘馳並駕，不逮前鋒，而中權後殿，各盡其美，允為下之下。」				+								《書品》列為「下之下」	庾肩吾《書品論九》
	荀灌	襄城太守荀崧小女		幼有奇節，時年十三，敵兵圍城，灌突圍與敵兵戰，順利搬回救兵。							+					父鎮宛，為賊杜曾所圍．石覽時為襄城守，崧力弱食盡，使其小女灌求救於石覽及南中郎將周訪。灌率勇士數十人，踰城突圍夜出；賊追甚急，督厲將士，且戰且前，得入魯陽山	晉書·列女傳、荀崧傳

1	2	3	4	5	6	7	8	9	10	11	12	13	14	15	16	17
															獲免。自詣覽乞師，又為崧書與南中郎將周訪請援仍，結為兄弟，訪即遣子撫率三千人會石覽，俱救崧……。賊聞兵至，散走，灌之力也。	
韓氏	朱序母		初，丕之來攻也，序母韓自登城履行，謂西北角當先受弊，遂領百餘婢並城中女子，於其角築城二十餘丈。							+	+					子康寧初拜南中郎將、梁州刺史，鎮襄陽。苻丕圍序，序固守，賊糧將盡，率眾苦攻之。……賊攻西北角，果潰，眾便固守新城，丕遂引退。襄陽人謂此城為「夫人城」。	晉書・朱序傳
邵氏	劉遐妻，冀州刺史邵續女	廣平	遐妻驍果有父風。\劉遐亦性果毅，便弓馬，開豁勇壯。							+						遐嘗為石季龍所圍，妻單將數騎，拔遐出萬眾之中及田防等欲為亂，遐妻止之，不從，乃密起火燒甲杖都盡。	晉書 81・劉遐傳
李秀	寧州刺史李毅之女	四川	明達有父風。							+						時五種彝圍州，毅以憂卒。眾推秀領州事，獎勵戰士，堅城固守，糧盡炙鼠，拔草食之。伺彝稍怠，輒出兵擊破之。	四川總志，出自古今圖書集成・閨媛典・卷341「閨奇部」
兩晉小計				4	0 b	0	4	1	0 c	8	5	2	0	2	2		19人

南朝

朝代	姓名	家世身份	籍貫南北	才能述要	專長領域												施用情形	資料出處
					文學	教育	思想	藝術	經史	宗教	軍事	識鑒	政事	典章故事	禮儀	其他		
宋	范氏	太子左率王錫妻		聰明婦人也，有才藻學見	+													宋書·蔡廓\子興宗傳
南齊	韓蘭英			她善文辭、書學、多識	+	+		書學									宋時獻〈中興賦〉受賞入宮。宋明帝時，用為宮中職僚；南齊世祖以為博士，教六宮書學。	南齊書·皇后傳
	婁逞	變服為丈夫	東陽	能奕又解文義													仕至揚州從事，事發始作婦人服。	誠齋雜記，出自古今圖書集成·閨媛典·卷341「閨奇部」
梁	劉氏	劉孝綽大妹、王叔英妻		並有才學	+													梁書·劉孝綽傳
	劉氏	劉孝綽二妹、張嵊妻		並有才學	+													
	劉令嫻	劉孝綽三妹、徐悱妻		並有才學，文尤清拔	+												悱卒，喪還京師，妻為祭文，辭甚悽愴。勉（徐父）本欲為哀文，既睹此文，於是閣筆。	

	蕭氏	劉義隆儀同三司蕭思話弟思度女\南來殷孝祖妻\張宗之妻	南人北上	多悉婦人儀飾故事·										+			太和中，初制六宮服章，蕭被 命在內預見訪採，數蒙賜 賚。	魏書・閹官傳
陳	柳敬言	柳世隆曾孫女\齊高宗皇后		年九歲，幹理家務，有若成人。性謙謹。									+				陳失淮南之地，隋師臨江，有國遭大喪，後主病瘡不能聽政，其時國家大事，雖假以後主之命，實皆決之於后。後屬瘡愈，乃歸政焉。	陳書・卷 7（皇后傳）
	沈婺華	陳後主皇后、儀同三司沈君理女		聰敏彊記，涉獵經史，工書翰。	+			+	+									陳書・卷 7（皇后傳）
	張麗華	陳後主貴妃，兵家女也。家貧，父兄以織席為事		性聰敏，甚被寵遇。才辯強記，善候人主顏色。									+				1. 是時，後主怠於政事，百司啟奏，並因宦者蔡脫兒、李善度，後主置張貴妃於膝上共決之。李、蔡所不能記者，貴妃為條疏，無所遺脫 2. 參訪外事，人閒有一言一事，妃必先知之，以白後主，由是益重妃。內宗族，多被引用。	陳書・皇后傳

	袁大捨等	陳後宮女學士		以宮人有文學者袁大捨等為女學士。	+												後主每引賓客對貴妃等遊宴，則使諸貴人及女學士與狎客共賦新詩，互相贈答。	陳書・卷 7（皇后傳）
梁／隋	冼氏	世為南越首領，冼氏女。梁・高涼太守馬寶妻，南梁州刺史冼挺妹，隋譙國夫人	高涼	幼賢明，多籌略。 p.s. 越人之俗好攻擊，夫家本北燕苗裔，公公及夫皆任牧守							+	+	+				1. 在父母家，撫循部眾，能行軍用師，壓服諸越。 2. 勸善親族信義，苦勸兄長勿侵略旁郡，怨隙止息 3. 每共夫參決詞訟，首領犯法，雖是親族，無所舍縱。自此政令有序，人莫敢違。 4. 勸夫勿應高州刺史李遷仕遣召，因刺史欲詐共為反。數日遷仕果反。 5. 告夫曰：陳都督（霸先）大可畏，極得眾心，我觀此人，必能平賊，君宜厚資之。 6. 廣州刺史歐陽紇謀反，召其子馬僕至高安，誘與為亂，僕遣使歸告夫人，夫人不	陳書、隋書・列女傳

																	從，遂發兵拒境，帥百越酋長，營章昭達，內外逼之，紇徒潰散。 7. 以夫人之功，其子封信都侯，加平越中郎將轉石龍太守。詔使持節，冊夫人為中郎將石龍太夫人。 8. 至德中，子僕亡，陳國亦亡，嶺南未有所附，數郡共奉夫人，號為聖母，保境安民。 9. 歸附楊隋，追贈寶為譙國公，冼氏為譙國夫人，以宋康邑迴授僕妾。冼氏仍開譙國夫人幕府，置長史以下官屬，給印章，聽發部落，六州兵馬，若有機急，便宜行事。	
南朝小計					7	1	0	1	1	0 c	1	0	3	0	0	1		12 人

十六國

朝代	姓名	家世身份	籍貫南北	才能述要	專長領域												施用情形	資料出處
					文學	教育	思想	藝術	經史	宗教	軍事武勇	識鑒	政事	典章故事	禮儀	其他		
前趙	周氏	孟昶妻	北	非常婦人可以語大事								+					傾資產給孟昶軍糧	晉書列女傳
後燕	慕容氏	段豐妻，南燕主慕容德之女		有才慧，善書史，能鼓 琴。				+ +	+									晉書列女傳
北涼	孟氏	沮渠蒙遜妻									+						蒙遜寢于新臺，閹人王懷 祖擊蒙遜，傷足，其妻擒斬之，夷其三族。	晉書·載記·沮渠蒙遜
西涼	尹氏	武昭王李玄盛后	天水	幼好學，清辯有志節									+				玄盛之創業也，謨謀經略 多所毗贊，故西州諺曰：「李、尹王敦煌。」	晉書列女傳
蜀	羅氏	蜀王李特妻，生李蕩與李雄	略陽								+						蕩等屯北營，羅尚遣牙門，左汜黃闓來攻，營中氏苻成隗伯叛應之。羅氏擐甲拒戰，伯手刃傷其面，羅氏奮擊不輟，氣烈益壯，蕩還得免。	十六春秋蜀錄，出自古今圖書集成·閨媛典·卷341

前秦	毛氏	苻登妻	北	壯勇善騎射							+						登為姚萇所襲，營壘既陷，毛氏猶彎弓跨馬，率壯士數百人，與萇交戰，殺傷甚多·眾寡不敵，為萇所執·萇欲納之，毛氏罵萇被殺。	晉書・列女傳
	宋氏	韋逞母	北	家世以儒學稱，幼喪母，家無男，父親授以周官音義		+			+								教子學成名立，官學教生百二十人	晉書・列女傳
	蘇蕙（若蘭）	秦周刺史竇滔妻	始平	夫被徙流沙，蘇氏思之，織錦為迴文旋圖詩以贈滔，凡840字，詞甚淒婉。	+												創回文詩體	晉書・列女傳
十六國小計					1 a	1 b	0	2	2	0 c	3	1	1	0	0	0		8人

北朝

朝代	姓名	家世身份	籍貫南北	才能述要	專長領域												施用情形	資料出處
					文學	教育	思想	藝術	經史	宗教	軍事武功	識鑒	政事	典章故事	禮儀	其他		
北魏	祁氏	北魏桓帝后											+				平文崩，后攝國事，時人謂之女國。	魏書・皇后傳
	王氏	北魏平文皇后															烈帝之崩，國祚殆危，興復大業，后之力也。	魏書・皇后傳
	慕容氏	昭成皇后\前燕慕容元真之女		聰敏多知，沉厚善決斷。								+					專斷內事，每事多從。預言悉勿祈將為弟衛辰所滅，卒如其言。	魏書・皇后傳
	馮氏	文成文明皇后\秦雍二州刺史馮朗女	長樂	1. 性聰達，自入宮掖，粗學書計。 2. 多智略，猜忍，能行大事。性嚴明。 3. 太后以高祖富於春秋，乃作勸戒歌三百餘章，又作皇誥十八篇。\曾與	+								+				顯祖崩，登尊極，省決萬機。自太后臨朝專政，威福兼作，震動內外。	魏書・皇后傳

			高祖幸靈泉池，太后忻然作歌。														
胡氏	宣武靈皇后\司徒胡國珍女	安定	性聰悟，多才藝。姑既為尼，略得佛經大義。幸西林園，自射針孔，中之。與肅宗幸華林園，與群臣各賦七言詩。	+								+				肅宗踐祚，尊為皇太后，臨朝聽政，下令行事。賓覽萬機，手筆斷決。	魏書・皇后傳
魏氏	王椿妻\魏悅之次女	鉅鹿	明達有遠操，多識往行前言。……內足於財，不以華飾為意。										+		+ 外事社交	兄子建在洛遇患，聞而星夜馳赴\尒朱榮妻北鄉郡長公主深所禮敬\撫兄子收情同己子\椿名位終始，魏有力焉。	魏書・恩倖/王椿傳
封氏	中書侍郎清河崔覽妻	勃海	有才識，聰辯強記，多所究知，於時婦人莫能及・										+			李敷、公孫文叔雖已貴重，近世故事有所不達，皆就而諮請焉・	魏書・列女傳
崔氏	房愛親妻，同郡崔元孫之女	清河	性嚴明高尚，歷覽書傳，多所聞知。識度厲物					+					+			子景伯、景先，崔氏親授經義，學行修明，並為當世名士・\景伯為清 河太守，每有疑獄，常先請焉。	魏書・列女傳
元氏	于忠後妻\中山王尼須女		微解詩書					+							+	靈太后臨朝，引為女侍中，賜號范陽郡君・	魏書・于忠傳

李氏	李彪女、世祖婕妤		彪有女，幼而聰令，彪每奇之，教之書學，讀誦經傳。				+	+								世宗聞其名，召為婕妤，以禮迎引。\婕妤在宮，常教帝妹書，誦授經史．	魏書・李彪傳
張氏	李洪之妻		洪之微時，妻助洪之經營資產。												經商	自貧至貴，多所補益。有男女幾十人	魏書・酷吏傳・李洪之傳
孟氏	任城國太妃，尚書令任城王澄母	鉅鹿	子率眾出征，外賊突襲，太妃率軍民抗敵守城。							+						澄為揚州之日，率眾出討，於後賊帥姜慶真陰結逆黨，襲陷羅城。長史為纘計無所出。孟氏乃勒兵登陴，先守要便。激勵文武，安慰新舊，勸以賞罰，喻以逆順，於是咸有奮志。親自巡守，不避矢石。賊不能克，卒以全城。 靈太后敕有司樹碑旌美。	魏書・列女傳
劉氏	苟金龍妻。廷尉少卿劉叔宗之姊。	平原								+						世宗時，夫任梓潼太守，蕭衍遣眾攻圍，值金龍疾病，不堪部分，眾甚危懼。劉遂率厲城民，修理戰具，一夜悉成。拒戰百有餘日，兵士死傷過半。戍副高景陰圖叛逆，劉斬之及其黨與數十人。自餘將士，分衣減食，勞	魏書・列女傳

																逸必同，莫不畏而懷之。於是人心益固・會益州刺史傳豎眼將至，賊乃退散。 豎眼歎異，具狀奏聞，世宗嘉之。	
潘氏	楊大眼妻		善騎射							+						時蠻酋樊秀安等反，詔大眼為別將討平之・潘氏自詣軍省大眼。至於攻陳遊獵之際，大眼令妻潘戎裝，或齊鑣戰場，或並驅林壑・及至還營，同坐幕下，對諸僚佐，言笑自得，時指之謂人曰：「此潘將軍也。」	魏書・楊大眼傳
孟氏	任城王澄之母	鉅鹿								+						澄為揚州之日，率眾出討。後敵帥姜慶真陰結逆黨，襲陷羅城。長史韋纘倉卒失圖，計無所出。孟乃勒兵登陴，先守要便，激厲文武，賊不能克，卒以全城。	魏書・列女傳
趙氏	孫道溫妻	安平								+						萬俟醜奴反圍岐州，趙率城中婦女，負土培城，城竟免。	陝西通志，錄自古今圖書集成・閨媛典・卷341

	劉氏	梓潼太守苟金龍妻， 廷尉少卿劉叔宗之姊．	平原	子病城危，率厲城民堅守。							+						蕭衍遣眾攻圍金龍，值金龍 疾病，不堪部分，情況危 懼。劉遂率厲城民，拒戰百有餘日。人心益固。會益州刺史傅豎眼將至，賊乃退散．豎眼歎異，世宗嘉之。正光中，賞平昌 縣開國子，邑二百戶，授 子慶珍，又得二子出身。	魏書．列女傳
北齊	婁昭君	北齊神武皇后		少明悟									+				神武既有澄清之志，傾產以結英豪，密謀祕策，后恒參預．及拜渤海王妃，閫闈之事悉決焉。	北齊書．卷九
北朝合計					2 a	0 b	0	1	1	0 c	5	0	3	4	0	1		18人
備註	1. 此處人才，胡漢兼採。 2. 晉代女性資料短少，身份多不詳，難以分解者，逕標晉代，不另區別西東晉 a. 此處僅列史傳言及者，至於文學才女的著述及更多的女作家，請參考〈表3〉 b. 此處僅收「宮閨」「官學」教育部分，至於家教，詳見〈表2〉 c. 宗教女傑甚多，佛道請另見〈表8〉、〈表9〉				15 a	重要 b	0	7	5	很多 c	8	10	10	2	3	4	六朝總計	59人

（一）教育領域

六朝婦女在教育領域的貢獻，不可忽視。根據〈表 2　六朝女子施教概況〉看來，婦女無論在家庭教育、宮闈教育、宗教教育，甚至官學教育，皆有參與。家庭教育方面：六朝婦女除了被動接受教育之外，她們也經常主動的參與教育活動。六朝官學不振、男子出仕、從軍〔註 1〕，教育子女的責任大多落在婦女身上。陳寅恪、錢穆的研究都曾指出〔註 2〕六朝學術重心在於家族門第之現象。觀乎此代，官學衰微，雖有設置，成效不彰；重要學術，的確多在門第，若就六朝教育實況加以考察，母親在門第教育中尤其佔有重要的地位：或擔任子女啟蒙之師，或授以特定家學。我們從六朝人的自述或母傳中，不難見到母親施教的記載。如夏侯湛、鍾會、何承天、房景先母親教授經書，魏緝、王僧辯母訓子成德。傳統女子才智無所施用，只有家門之內足以略加展現。門第隆替乃六朝人全心所繫，欲家業興隆，唯藉賢子弟〔註 3〕，故無不重視家教。母親是子女最親近之人，子女是母親一生榮枯所繫〔註 4〕，故為母者無不盡心教育。

〔註 1〕「宣帝從任在外，后常留家治事教子孫。」(《宋書．后妃傳．宣孝陳皇后道止》)

〔註 2〕陳寅恪云有「自漢氏學校制度廢弛，博士傳授之風止息以後，學術中心移於家族」之說（見於《隋唐制度淵源論稿》），又錢穆〈略論魏晉南北朝學術文化與當時門第之關係〉全文皆在證成此說。

〔註 3〕王昕母清河崔氏，學識有風訓，生九子，並風流蘊藉，世號王氏九龍。(《北齊書．王昕傳》)

〔註 4〕子女為婦女一生所寄，所謂母以子貴也，寡母與妾尤然。如裴秀母、鍾會母張氏、周顗母李絡秀皆為妾，以子有成，身份提升。而賈充有左右夫人，李夫人後得祔葬先夫，郭氏女賈后廢，及其女齊獻妃之力也。(《世說新語．賢媛 14》) 而婦女們在不同場合亦直言自己的心願。如謝安嫂王夫人自云：「新婦少遭家難，一生所寄，唯在此兒。」(《世說新語．文學 39》) 周伯仁母冬至舉酒賜三子，曰：「吾本謂渡江託足無所。爾家有相，爾等並羅列，吾復何憂？」(《世說新語．識鑒 14》)「母傅氏，雅有操識。彥深三歲，傅便孀居，家人欲以改適，自誓以死。彥深五歲，傅謂之曰：『家貧兒小，何以能濟？』彥深泣而言曰：『若天哀矜，兒大當仰報。』傅感其意，對之流涕。及彥深拜太常卿，還，不脫朝服，先入見母，跪陳幼小孤露，蒙訓得至於此。母子相泣久之，然後改服。」(《北齊書．趙彥深傳》)

表 2 〈六朝女子施教概況〉

時代	姓名	家世身份	施教者特質	教育行為					教育成果	資料出處
				受教者	教學地點	教學時機	教育方式	教育內容		
三國	張氏	鍾會母	性矜嚴，明於教訓。雅好書籍，涉歷群書，特好易、老子。	子	家			孝經、論語、詩、尚書、易、春左氏傳、禮記		三國志・鍾會傳注引〈張氏母傳〉
	趙母	吳人虞韙妻		女				為婦之道，慎勿為好		世說新語　賢媛
	李婉	賈充前妻		女			著女訓		女為王妃	世說新語　賢媛注引婦人集、晉諸公贊
	阮氏	許允婦		諸子				保身		世說新語　賢媛
	王經母			子				1. 知止之道 2. 忠、孝	1. 未聽 2. 與子俱赴義就死	世說新語　賢媛
晉	嚴憲	杜有道妻，十八嫠居		子、女	家庭			禮度	子遂有名於時，女亦有淑德。	晉書・列女傳
	劉惔母			子		少時	口頭	出處及謙讓之道	及惔年德轉升，論者遂比之荀粲・尚明帝女廬陵公主・	晉書・劉惔傳

	左芬	左思妹、晉武帝貴嬪		同儕				文學		左思〈贈妹詩〉
	羊姬	夏侯湛母	宣慈愷悌，明粹篤誠	群子		齔齒		書學、詩書禮樂		晉書．夏侯湛傳
	湛氏	陶侃母	母湛氏，賢明有法訓。	子		年少		戒約酒失	侃在武昌，與佐吏從容燕飲，飲常有限。	《世說新語．賢媛20》引《侃別傳》
				子	家庭	為縣吏時	書信	為吏清廉之道	侃竟以功名顯	晉書．列女傳
	孫氏	虞潭母		子		幼童	訓示	忠義	子聲望允洽，為朝廷所稱	晉書．列女傳
	劉氏	張蓄妻	能音樂			曹爽伎		音樂		晉書．宣五王傳．梁王彤
	種令儀	淨檢尼	少好學，早寡，家貧	貴族子女				琴書		比丘尼傳
宋	陳道止	皇后		子孫	在家	宣帝從任在外				宋書．后妃傳
	徐氏	何承天母\徐廣妹	何承天五歲時孀居，博學。	子		幼年		訓義	承天漸浸訓義，儒史百家，莫不該覽。	宋書．何承天傳
南齊	韓蘭英	後宮博士	善文辭	六宮				書學	為女博士	南齊書．后妃傳

	謝氏	王融母\臨川太守謝惠宣女	惇敏婦人也	子				書學		南齊書・三融傳
梁	魏氏	王僧辯母		子			責勵、體罰	忠烈	僧辯剋復舊京，功蓋天下。	梁書・王僧辯傳、顏氏家訓
陳	王氏	謝貞母		子			誦讀	論語、孝經	子早慧。八歲，嘗為〈春日閑居〉五言詩，從舅尚書王筠奇其有佳致，……由是名輩知之。	陳書・謝貞傳
南朝	鄭氏	垣文凝母		子		四歲		親教經禮，訓以義方	州里稱美。	南史・卷25・垣護之傳

北朝（含十六國）

時代	姓名	家世身份	施教者特質	教育行為					教育成果	資料出處
				受教者	教學地點	教學時機	教育方式	教育內容		
前秦	宋氏	前秦太常韋逞母	家世以儒學稱，幼喪母，家無男，父親授以周官音義。	子	家庭	年少	邊教逞，邊紡績		逞遂學成名立，仕為太常	晉書・列女傳
				生員百二人	在家設講堂	宋氏八十歲時	隔絳紗幔而授業	周官	周官學復行於世	
北魏	房氏	魏溥妻	房氏婉順高明，幼有烈操・年十六而溥遇病卒，訓導一子，有母儀法度				行動喻示\善誘嚴訓	慎其交友：緝所交游有名勝者，則身具酒飯；有不及己者，輒屏臥不餐，須其悔謝乃食・	子緝出名，孫悅為濟陰太守，吏民立碑頌德。	魏書・列女傳
	崔氏	房愛親妻，同郡崔元孫之女	性嚴明高尚，歷覽書傳，多所聞知。\識度厲物	二子		幼年\為清河太守	講授\諮詢	親授經義\疑獄	子景伯、景先，學行修明，並為當世名士・	魏書・列女傳
	張氏	高謙之妻	明識婦人也	諸子			教勸	勸子從師受業。常誡之曰：自我為汝家婦，未見汝父一日不讀書。汝		魏書・高謙之傳

								等宜各修勤，勿替先業		
	李氏	李彪女、世祖婕妤	幼而聰令，彪每奇之，教之書學，讀誦經傳。	帝之弟妹	後宮			書學、經史	帝聞其名，召為婕妤。後宮師宗之。	魏書・李彪傳
			世宗崩，為比丘尼，通習經義，	諸僧	寺院		法座講說		諸僧歎重之	
	高氏	北海王元詳母		媳婦			杖責	妒忌以檢校夫婿		魏書・獻文六王上・北海王詳傳
	夏侯氏	裴植母，夏侯道遷之姊	性甚剛峻，於諸子皆如嚴君。長成之後，非衣幃不見。	諸子	家閤中	長成，小有罪過時	不引見＼嚴訓	必束帶伏閤，經五三日乃引見之，督以嚴訓		魏書・裴叔業傳
	張氏	高謙之妻	明識婦人也	諸子			教勸	勸子從業受師。常誡之曰：「自我汝家婦，未見汝父一日不讀書。汝等宜各修勤，勿替先業。」		魏書・高崇傳
北齊	元氏	陸卬母＼北魏上庸公主	高明婦人也，甚有志操。	諸子（卬昆季六人）			皆稟痛深，出於天性		動依禮度，並主所生。故邢卲常謂人云：「藍田	北齊書・35・陸卬傳

									生玉，固不虛矣。」	
	傅氏	趙彥深母，彥深三歲，便孀居	雅有操識。家人欲以改適，自誓以死。	子		五歲	口頭提問\動之以情	傅謂之曰：「家貧兒小，何以能濟？」彥深泣而言曰：「若天哀矜，兒大當仰報。」傅感其意，對之流涕。	榮顯報母：及彥深拜太常卿，還家不脫朝服，先入見母，跪陳幼小孤露，蒙訓得至於此。母子相泣久之，然後改服。	北齊書・趙彥深傳
	崔氏	王昕母	學識有風訓	九子					生九子，並風流蘊藉，世號王氏九龍。	《北齊書・王昕傳》
	鄭氏	張宴之母	孀居子幼				教誨		動依禮典	《北齊書・張宴之傳》
	辛氏	裴讓之母，夫喪子幼	高明婦則，又閑禮度。	諸子		幼弱	廣延師友，或親自教授			《北齊書・裴讓之傳》
	夏侯氏	皇甫和母	和十一而孤，母才明有禮則。				親授	經書		《北齊書・皇甫和傳》
備註	1. 本表未收比丘尼傳道說法資料，僅有少數因涉及普通學藝教育而先予列入，比丘尼教學另見〈比丘尼傳中的女性資料〉									

傳統認為母親教子天經地義，教子有成則稱母儀，每受傳者褒贊〔註5〕，而子女也有受教義務。〔註6〕從史傳中我們見到那些模範母親們，不管自己知書與否〔註7〕，無不勸學，對於品德教育，無不重視。督導子女以倫理品德、禮度義方〔註8〕，基本上多以儒範為教，部分母親出自名族，書香門第，本身文化素養極高，便可親授子女。六朝女子施教內容可略分為二：即「經傳學習」與「道德規範」，基本上比男子擔負更多教育子女的任務。經傳學習方面，主要擔任啟蒙教育與初級經籍的教習。啟蒙教育教材主要有二：一是識字課本，教其識字、書法：二是內容較為淺顯的儒家典籍，如《詩》《書》、《論語》、《孝經》等，為其更深一步的學習做準備。史書上載有不少女性往往充當孩

〔註5〕曹丕被立為太子，左右長御賀卞后說：「將軍拜太子，天下莫不歡喜，后當傾府藏賞賜」后曰：:「王自以丕年大，故用為嗣，我但當以免無教導之過為幸耳，亦何為當重賜乎？」(《三國志．魏書．后妃傳》) 案：教子為義務，何須重賜。

此外強調女子德業，亦多由教子有成下手：「彭城武宣王妃李氏（媛華）……及崩城結涕，朝哭欑悲。藐爾諸孤，實憑誘訓。誕此三良，形茲四國，無事斷機，弗勞屢徙，而日就月將，並標聲價，齊名三虎，邁響八龍。」(《漢魏南北朝墓誌彙編》，p.149)「太妃（盧蘭）……七德是備，足以事夫。三徙既成，尤能訓子。既 而魏室多故，喪亂弘多，文貞殉節元戎，忠臣天下。……子安昌宣王，避東陵之酷，奉西遷之駕，又以明略佐時，……而關河阻隔，卅餘年，鋒鏑交橫，死生離別。……有孫孝矩，宦成名立，……緬尋遠事，追戀剪髮之慈；言念抱孫，無忘誦書之訓。」(《漢魏南北朝墓誌彙編》，p.492)「太妃傅操履貞潔，識悟明允。女德母儀，聲表邦國。積善餘福，誕斯公輔。以茲燮理之才，實由義方之訓。」(p.474)

〔註6〕不受母訓，往往為人非議，如向植「多過失，不受母訓，奪爵。」(《宋書．向靖傳》) 又溫嶠不受母諫，強行己意，終身遭受清議不齒：「溫公初受劉司空（琨）使勸進，母崔氏固駐之，嶠絕裾而去。……迄於豪貴，鄉品猶不過也，每爵皆發詔。」(《世說新語．尤悔9》) 溫嶠一直無法入上品，深以為憾，正以不受母教，有失孝道。

〔註7〕（高）謙之妻中山張氏，明識婦人也。教勸諸子，從業受師。常誡之曰：「自我汝家婦，未見汝父一日不讀書。汝等宜各修勤，勿替先業。」(《魏書．高崇傳》) 即令無知識婦女也通過言傳身教對子女進行開導。

〔註8〕「杜有道妻嚴氏，撫育二子，以禮度教植，遂顯名於時。」(《晉書．列女傳》)「垣文凝母鄭氏，四歲便親教經禮，訓以義方，州里稱美。」(《南史．垣護之傳》)「（陸）卬母魏上庸公主，初封藍田，高明婦人也，甚有志操。卬昆季六人，並主所生。故邢卲常謂人云：『藍田生玉，固不虛矣。』主教訓諸子，皆稟痛深，出於天性，然動依禮度，亦母氏之訓焉。」(《北齊書．35．陸卬傳》)「裴讓之母辛氏，高明婦則，又閑禮度。夫喪，諸子多幼弱，廣延師友，或親自教授。內外親屬有吉凶禮制，多取則焉。」(《北齊書．裴讓之傳》)「張宴之，幼孤有至性，為鄭氏教誨，動依禮典。」(《北齊書．張宴之傳》)

子的第一任教師，譬如鍾會、何承天，二人皆由母親進行啟蒙教育。鍾母張氏教鍾會學程如下：從四歲習《孝經》，到十四歲，依序學《論語》、《詩》、《尚書》、《易》、《春秋左氏傳》、《禮記》等經書，十五歲才入太學；何承天幼年喪父，母親教其啟蒙。承天五歲失父，母徐氏，聰明博學。承天幼漸訓義，儒史百家，莫不該覽。〔註 9〕子弟長成若欲深研，則轉由父兄、塾師或私學教師教習。此外，門第世傳之家學或術藝，也以女子傳習教授，如韋逞母宋氏親教《周官》〔註 10〕，王融母、夏侯湛母教其書學皆是〔註 11〕。道德教育方面：母子關係親密，知子（女）甚深，實為母教施行之長〔註 12〕。陶侃母親是六朝有名的良母。〈侃別傳〉云：母湛氏，賢明有法訓。侃在武昌，與佐吏從容飲燕，常有飲限。或勸猶可少進，侃悽然良久曰：「昔年少，曾有酒失，二親見約，故不敢踰限。」（《世說新語．賢媛 19》劉注引）又「既截髮供客，

〔註 9〕教子經傳：「夫人性矜嚴，明於教訓。會雖童稚，勤見規誨。年四歲受《孝經》，七歲誦《論語》，八歲誦《詩》，十歲誦《尚書》，十二誦《春秋左氏傳》、《國語》，十三誦《周禮》、《禮記》，十四誦《成侯易記》。十五使入太學，問四方奇文異訓。」（《三國志．鍾會傳注》引〈母傳〉）「何承天五歲失父，母徐氏，廣之妹，博學。承天幼，漸浸訓義，儒史百家，莫不該覽。」（《宋書．卷 60．何承天傳》）「宗炳母有學義，教授諸子。」（《宋書．隱逸傳》）「屬天下喪亂，宋氏諷誦不輟。其後為石季龍徙之山東，宋氏與夫在徙中，推鹿車，背負父所授書（周官）依膠東富人程安壽，壽養護之。逞時年少，宋氏晝則樵採，夜則教逞，然紡績無廢。……逞遂學成。」（《晉書 96．列女傳．韋逞母》）「謝貞母王氏，授貞論語、孝經，讀訖便誦。」（《陳書．謝貞傳》）「（皇甫）和十一而孤，母夏侯氏，才明有禮則，親授以經書。」（《北齊書．皇甫和傳》）「魏房愛親之妻崔氏，博覽書傳，親自授子景伯、景先經義，二子皆成名士。房景先，幼孤貧，無資從師，其母自授毛詩、曲禮。（《魏書．列女傳》）

〔註 10〕《晉書．列女傳》。

〔註 11〕「母羊姬……，宣慈愷悌，明粹篤誠，以撫訓群子。厥乃我齔齒，則受厥教于書學。不遑惟寧，敦詩書禮樂，孳孳弗倦。」（《晉書．夏侯湛傳》）「王融母，臨川太守謝惠宣女，惇敏婦人也，教融書學。」（《南齊書．王融傳》）案：書學也是蒙學重要內容，常由母親所教。

〔註 12〕「劉惔……其母聰明婦人也，謂之曰：『此非汝比，勿受之。』」（《晉書．劉惔傳》）「（裴）植母，夏侯道遷之姊也，性甚剛峻，於諸子皆如嚴君。長成之後，非衣幝不見，小有罪過，必束帶伏閤，經五三日乃引見之，督以嚴訓。」（《魏書．裴叔業傳》）「王僧辯母魏氏，性甚安和，善於綏接，家門內外，莫不懷之。及僧辯剋復舊京，其母恆自謙損，不以富貴驕物，朝野咸共稱之。又云其母，性甚嚴正，王為將，年踰四十，少不如意，猶捶撻之。之推謂：故能成其勳業。」（《顏氏家訓．序致》）「魏溥妻房氏。訓導一子，有母儀法度。子所交游有名勝者，則身具酒飯，有不及己者，輒屏臥不餐，須其悔謝乃食。善誘嚴訓，類皆如此。」（《魏書．列女傳》）

聞者歎曰：『非此母不生此子。』乃進之於張蘷。」（王隱《晉書》，《賢媛 19》注引）又曾以書信責侃：「汝為吏，以官物見餉，乃以增吾憂。」（《賢媛 20》）直陳其失，然語氣非詈罵暴怒，而乃訴諸一位母親的心聲，柔性勸導，實為善教。〔註 13〕母親與子朝夕相處，聽其言，察其行，其正者多之，其不正者少之。韓康伯母子大寒之日的對答，乍看以為只是記載童子之慧，其實更在於康伯那份體會母親製衣辛勤的孝意，故為辭說。那份母子間體貼的心意，濃郁雋永。文末劉義慶載「母甚異之，知為國器」。正也誇讚韓母之知人，而其基礎正奠定於平日相處。由六朝母教，又可得到「女教實況」及「女子才性」的一些訊息：首先是母親多訓子以禮度、義方，此屬「儒家」範疇，可見當時婦女多受儒家禮教；其次親教之母多為門第女，高官婦，母以子貴，因其子的重要性，故被書寫；三是「為母則剛」，為母教子，多不柔弱〔註 14〕，史傳不少嚴母及堅毅渡困的女性，女子柔弱形象，在母職中未必盡然。四是教授經傳，則須學有所專，於學術方面有相當涵養，方能擔負起子女啟蒙或經師之任。

六朝婦女也有授徒，主要施於官學與宮闈。婦女教授「官學」，歷史上僅見前秦宋氏。宋家世以儒學稱，宋氏幼喪母，其父以家學無男可傳，親授《周官音義》。宋氏適人，戰亂中教子不輟。其子韋逞成人任苻堅太常。因其時《周官》無師，苻堅乃為宋氏立講堂於家中，教授生徒百二十人。至於宮闈教學，有韓蘭英、李彪女等〔註 15〕。另外，也有婦女出門擔任「家庭教師」者，種令儀寡居貧困，藉教習貴族子女琴書以維生（《比丘尼傳．淨檢尼》）；另有張蕃妻劉氏「能音樂，為曹爽教伎」〔註 16〕，教授內容，以才藝為主，且與音樂有關。至於寺治中的高尼女官多有講學傳道，至後文「宗教領域」部分再加詳說。

〔註 13〕劉孝標雖指出此事當為三國吳人孟仁之事，乃後人假為陶母。但益知陶母教子之有名，故聞賢母，便聯想湛氏，故有此誤。

〔註 14〕《隋書．列女傳．史臣曰》：「夫稱婦人之德，皆以柔順為先，斯乃舉其中庸，未甄至極者也。至於明識遠圖，貞心峻節，志不可奪，唯義所在，考之圖史，亦何世而無哉？……忠壯……誠懇……顛沛靡它。志勵冰霜，言逾皎日，雖《詩》詠共姜之自誓，《傳》述伯姬之守死，其將復何以加焉！」案：作傳者認為柔弱婦人，只是中庸常品，未臻至極，唯義所在，貞剛之心，高峻之節更值得讚賞。

〔註 15〕將於後文……再於詳說。

〔註 16〕《晉書．宣五王傳．梁王肜》。

（二）文學領域

書寫是表達自我最好的方式，讀者不受時空限制，故流傳得以久遠。六朝女子不易出戶，則文書之撰寫，便成為其與外界溝通最重要的工具之一〔註17〕。略觀今存六朝女性著述，數量上雖不及男性，然若細評其成就，則部分女子的文學造詣不容抹滅，如左芬、謝道韞、劉令嫺之作，成就似足與男子並列。若遮住作品上之名姓，恐怕讀者難辨性別，不分高下。根據〈表3　六朝女子著述分析〉，其著述約可分為四大類：即文學創作，學術著作、女訓著作及宗教專著。她們藉由著述抒情寫志、或傳承學術或訓誡子女或傳播道法。經由著述，女子自我發聲，表其情達其意。

〔註17〕左思與深宮女弟左芬聯絡全靠書信贈詩、又《顏氏家訓》言江東婦女略無交遊，故須差人致問親友或以書信致意。

表 3　六朝女性著述概況

時代	作者	作品名稱卷字數	文體											內容分類																		思想歸屬	今存字數	資料來源
			詩歌				詔疏	辭賦	書信	論文	頌贊	銘誄祭	其他	抒情		身世				詠物				辯駁議論	訓誡勸諫	傷逝哀悼	教誡子女	列女	聖賢高士	藝能技術	其他			
			四言	五言	七言	雜歌								雜感	愛情	離親	寡居	休棄	疏離	山川	器物	花鳥	節令											
魏	卞后	與楊夫人書							+																	+							145	全魏文
	袁氏一楊修母	答曹公夫人卞氏書							+																						+		139	全魏文
	甄后	塘上行		+															+														140	玉臺新詠2
		奏辭迎詔所在					+																								辭立后		66	三國志本傳主
	郭女王一魏文帝皇后	謝上表					+																										33	三國志本傳主
		敕外親劉斐					+																		+								26	
		敕諸家					+																		+								26	
		敕戒郭孟武等					+																		+								19	

		上孟武厚葬其母					+																		+								23	
	高柔妻	與夫文惠書							+																						贈物		16	御覽688
	丁廙妻	寡婦賦*						+									+																276	藝文 34
	寡婦淑	與兄弟書						+																明貞心									210_	杜預《女記》
吳	趙母—盧韙妻	列女傳注\七卷											傳注																+				0	世說賢媛5注
		賦\數十萬言						+																									0	
三國	孫仲奇妹	臨亡書											+																		明志		23	御覽717
三國小計																										14篇						9人		

時代	作者	作品名稱卷字數	文體											內容分類																		思想歸屬	今存字數	資料來源
			詩歌				詔疏	辭賦	書信	論文	頌贊	銘誄祭	其他	抒情		身世				詠物				辯駁議論	訓誡勸諫	傷逝哀悼	教誡子女	列女	聖賢高士	藝能技術	其他			
			四言	五言	七言	雜歌								雜感	愛情	離親	寡居	休棄	疏離	山川	器物	花鳥	節令											
晉	左芬	左九嬪集\9 卷																																隋書經籍4
		離思賦						+								+																	312	晉書后妃
		涪漚賦						+														+											79	類聚 8
		松柏賦						+														+										遊仙	150	類聚 88
		孔雀賦						+														+											36	類聚 91
		鸚鵡賦						+														+											18	
		鬱金頌									+											+											48	類聚 81
		元皇后誄										+																+					1102	晉書本傳
		萬年公主誄										+																+					313	類聚 16
		納楊后贊																										+					88	

納楊后頌									+																	+					240	
魯敬姜贊									+																	+					32	類聚 18
虞舜二妃贊									+																	+					32	類聚 15
齊義繼母贊									+																	+					32	類聚 18
荊武王夫人鄧曼贊									+																	+					32	類聚 18
孟軻母贊									+																	+					32	類聚 18
巢父惠妃贊									+																	+					32	類聚 36
周宣王姜后贊									+																	+					24	類聚 15
楚狂接輿妻贊									+																	+					24	A
班婕妤贊									+																	+					24	類聚 18
德剛贊									+												+										72	類聚 21
齊杞梁妻贊									+																	+					32	類聚 18

	德柔贊								+												+									易	60	A
	啄木詩	+																		+											32	A
	答兄感離詩		+												+																60	詩紀 30
衛鑠	筆陣圖\一卷								+																						600	全晉文
	與支法師書							+																					薦人		96	A
褚后	答請臨朝詔					+																							+		104	全晉文書
	歸政詔					+																							+		116	
李婉	李扶集\一卷																															隋書經籍 4
	女訓\16卷或稱典式\8篇											女訓														+						世說賢媛注
何法倪—穆章后	下令減膳					+																							+			晉書本傳
陳窈—陶融妻	箏賦						+													+											140+	藝文 44
	陳窈集\一卷																														0	隋書經籍 4

鍾琰	鍾夫人集\5 卷				+		+			+	+																						隋書經籍4
	遐思賦						+						+																			113	類聚 34
	鶯賦						+														+											48	類聚 92
徐氏—太守何殷妻	徐氏集\1 卷																																隋書經籍4
嚴憲—杜有道妻	與從子秦州刺史杜預書							+															+										晉書列女傳
龐馥—成公道賢妻	龐馥集\一卷																																隋書經籍4
王宋—平虜將軍劉勳妻	雜詩		+														+															60	A
楊苕華	勸夫書		+					+																+									高僧傳・竺僧度
孫氏—道士許邁妻	與夫詩							+									+						+									90-	A

魏華存—魏舒女、劉文妻	清虛真人王君內傳\一卷											仙傳																		黃庭經	道教		隋志
	注黃庭經外景經\一卷			+								道經																			道教	1400 -	道藏
	注黃庭內景經\一卷											道經																			道教		道藏
李氏—袁宏妻	弔嵇中散文								+													+						+					全晉文
孫瓊—鈕滔母	孫瓊集\2卷																																隋書經籍4
	悼艱賦						+								+																	192	類聚34
	箜篌賦						+													+												175	類聚44
	公孫夫人序贊									+																	+					144	類聚18
	列女傳序讚\1卷									+																	+						全晉文
	與襲定夫人書							+																			+						

	與從弟孝徵書						+														+												
謝道韞	謝道韞集\2 卷																																隋書經籍4
	登山																+																
	擬嵇中散詠松																		+														
	論語贊									+																							全晉文
楊氏—王倫妻	安石榴賦					+													+													10	A
張君平	與妹憲書						+																									24	A
陳玢—徐藻妻	陳玢集\五卷																																隋書經籍4
	石榴賦					+													+													20	御覽970
于氏—賀僑妻	上表言養兄子率為後				+			+												+								陳情				2600-	通典69
陳璓—劉臻妻	陳璓集\七卷																																隋書經籍4
	正旦獻椒花頌								+										+													32	類聚御覽、初學

	五時畫扇頌								+										+													72	記
	與妹劉氏書*							+															+									200-	
	答舅母書							+																+								159	
	獻春頌								+												+											16	初 3
	進見儀																												+			9	御 30
辛蕭一常侍傳伉妻，一作傳統妻	辛蕭集\一卷																																隋書經籍 4
	燕頌								+											+												56	A
	芍藥花頌								+											+												80	A
	菊花頌								+											+												64	A
	元正詩		+																		+											20	A
	靈壽杖銘								+										+														
	正朔詩		+																		+												
衛瓘女	致國臣書				+			+															陳情										全晉文
劉妙容	宛轉歌二首				+									+																		80	A

	王部之一劉柔妻	王部之集\10卷																																隋書經籍 4
		懷思賦						+								+																	185	類聚 20
		春花賦						+														+											104	類聚 88
		姜嫄頌									+																		+				32	類聚 15
		啟母塗山頌									+																		+				32	類聚 15
		靈壽杖銘										+									+												40	類聚 69
		夫誄										+														+							32	類聚 37
兩晉小計																											84 篇						25 人	

南朝

時代	作者	作品名稱卷字數	文體											內容分類																		思想歸屬	今存字數	資料來源
			詩歌				詔疏	辭賦	書信	論文	頌贊	銘誄祭	其他	抒情		身世				詠物				辯駁議論	訓誡勸諫	傷逝哀悼	教誡子女	列女	聖賢高士	藝能技術	其他			
			四言	五言	七言	雜歌								雜感	愛情	離親	寡居	休棄	疏離	山川	器物	花鳥	節令											
劉宋	牽氏	牽氏集\1卷																																隋書經籍 4

鮑令暉	擬青青河畔草		+											思君																擬作		50	新詠 4
	擬客從遠方來		+											+																擬作		40	新詠 4
	擬自君之出矣		+											+																		50	A
	古意贈今人		+											+																		70	新詠 4
	代葛沙門妻郭小玉作		+											–				+												代作		90	
	寄行人		+											+																		20	類聚 31
	青陽歌曲				+									+																		20	A
	長樂佳				+									+																		20	
	襄陽樂				+									+																		20	
	估客樂				+									+																		20	
	雜詩				+									+																		20	
	前溪歌\2 首				+									+																		45	
	蠶絲歌				+									+																		20	
玉秀—彭城王義康女	露板辭																															41	宋書·劉義康傳

	范氏一王錫妻	與夫弟僧達書																															23	宋書蔡興宗傳
齊	韓蘭英	為顏氏		+														+																A
梁	蕭氏	臨安公主集\3卷																																隋書經籍4
	王玉京一衛敬瑜妻	（連理詩）		+											+																		20	A
	佚名	（孤燕詩）		+													+																20	御覽 922
梁	劉令嫻一孝綽三妹、徐悱妻	劉令嫻集\3卷																																隋書經籍4
		答外詩二首													+																		120	新詠 6
		春閨怨		+											+																		60	新詠 8
		詠佳人		+																								+					50	新詠 6
		答唐孃七夕所穿鍼		+																			+										60	新詠 6
		婕好怨		+																								+					40	新詠 8
		聽百舌		+																		+											40	新詠 6
		有期不至		+																+													20	新詠 6

	摘同心梔子贈謝孃因贈此詩		+														+															20	新詠 10
	代陳慶之美人為詠		+																													20	A
	光宅寺		+																+													20	新詠 10
	題甘蕉葉示人		+												+																	20	A
	夢見故人		+												+														悼亡			20	A
	祭夫徐敬業文										+																					180+	類聚 38
沈滿願—沈約孫女、范靖妻	沈滿願集\3卷																																隋書經籍 4
	晨風行		+											+																		82	詩集 68
	昭君怨		+																														A
	挾琴歌		+											+																		20	詩集 86
	映水曲		+											+																		20	新詠 10
	登樓曲		+											+																		20	
	越城曲		+											+																		20	

		戲蕭娘		+										+																		宮體	40	新詠 5
		詠燈		+																+													40	
		詠五彩竹火籠		+																+													40	新詠 5
		詠步搖花		+																+													40	
		詠殘燈		+										+						+														A
	劉氏—王淑英妻、劉孝綽妹	劉氏文集																																A
		昭君怨		+																								+					40	詩集 59
		暮寒		+																		+											20	新詠 10
		贈夫				+			+										+														24	詩紀 94
陳	沈婺華	沈皇后集\10卷																																隋志 4
		戲贈後主		+																													20	A
		後主哀辭																																A
	樂昌公主	餞別自解		+																													20	A
南朝小計																										54篇							17人	

北方

時代	作者	作品名稱卷字數	文體											內容分類																		思想歸屬	今存字數	資料來源
			詩歌				詔疏	辭賦	書信	論文	頌贊	銘誄祭	其他	抒情		身世				詠物				辯駁議論	訓誡勸諫	傷逝哀悼	教誡子女	列女	聖賢高士	藝能技術	其他			
			四言	五言	七言	雜歌								雜感	愛情	離親	寡居	休棄	疏離	山川	器物	花鳥	節令											
北漢	劉娥劉一聰后、太保殷女	手疏敢救陳元達					+																		+								204	全晉文
前秦	張氏-苻堅妾	諫苻堅疏					+																		+								216	晉書列女傳
	蘇蕙-刺史竇滔妻	迴文詩				+									思夫																		840	晉書列女傳
	蘇伯玉妻	盤中詩				+									思念																		160+	新詠 9
北魏	馮皇后一文明太后	勸誡歌																																魏書·本傳
		皇誥\18篇																																魏書·本傳
		青臺歌				+																+											11	A

		諭群公手詔					+																								+		115	全後魏文
		答復請臨朝詔					+																								+		75	全後魏文
	胡太后	楊白花歌				+									+																		52	A
	張氏－高謙妻	戒諸子											+														+						24	全後魏文 55
	路僧妙	造釋迦像記											+																			佛	64	後魏文 55
	孟阿妃－朱元洪妻	造老君像記						+																								道教	100+	全後魏文
	盧氏－崔浩母	食經\9篇																												+				全後魏文
	謝氏－王肅前妻	贈王肅詩													+																		20	伽藍記
		貽肅書							+						+				+														484	A
	陳留長公主－王肅後妻	代王肅答前妻		+																											逐前妻		20	伽藍記
	崔氏－盧士琛妻	皾面辭				+							+祝詞																		+祝詞		52	全後魏文

北齊	馮小憐	（絃斷詩）		+																											身世		20	A
北周	千金公主	書屏風詩		+																											國仇		80	A
北朝小計																										20 篇						14 人		
備註		1. 未標明出處者，資料直接錄自王延梯《中國古代女作家集》，山東大學出版社，1999.2 2. 部分資料則據謝　量《中國婦女文學史》、梁乙真《中國婦女文學史綱》者，以 A 代表及胡文楷《歷代婦女著作考》所補，此部分僅以 B 代表。 3.《隋書・經籍志》省作《隋志》;《太平御覽》作《御覽》;《玉臺新詠》作《新詠》;《藝文類聚》作《類聚》;《樂府詩集》作《詩集》;《世說新語》省作《世說》。 4. 本文以貴族階層婦女為研究對象，故子夜、孟珠，綠珠、桃葉、翔風、謝芳姿、蘇小小之類民間、倡妓妾媵之詩未收。 5. 婦女有集，隋志載錄，已無全貌，作品字數篇幅無法估計，以「\」符號，代表不可計。今傳作品則計約略之數，以供有心者參考，並明婦女作品傳世狀況；作品上標有（）者，代表有作者兩出、考據未定情況。																																

文學創作部分，女子的成就相當出色。胡曉真曾指出「女性自我呈現的作品極少，對中國女性來說，公然標舉為自傳的作品局絕無僅有，惟有言志傳情的詩教傳統在理論上，頗宜於表達自我、呈現自我。」〔註18〕但詩體規範性極高，讓女性揮灑空間也有限，儘管如此，已為婦女自我呈現的空白之頁，平添色彩。六朝女子著述似乎頗豐，《隋書・經籍志》「集部」收六朝女子別集有：梁武帝妹《臨安公主集》3卷、范靖妻《沈滿願集》3卷、徐悱妻《劉令嫻集》；又有合集：《婦人集》20卷，《婦人集》30卷、《婦人集抄》2卷、《婦人集》11卷、《雜文》〔註19〕又有北魏崔光編過《中古婦人文章錄》(《魏書・崔光傳》，梁徐勉編《婦人集》10卷〔註20〕、宋殷淳撰《婦人集》30卷〔註21〕等。近人胡文楷《歷代婦女著作考》中收女子專著即有31部之多，又近日新出《中國古代女作家集》〔註22〕中：三國有7人；晉代30位；南北朝30位，可見六朝婦女在著述方面的繁盛。對於女子創作，六朝文論著作《文心雕龍》與《詩品》〔註23〕已加以肯定，翻開史傳，部分女性大家，早在當世即已受到史家讚賞。〔註24〕女子作品，多半以身邊事物為題裁，抒情意、

〔註18〕胡曉真〈女作家與傳世欲望——清代女性彈詞小說的自傳性問題〉，《語文、情性、義理——中國文學的多層面探討國際學術會議論文集》，p.403。

〔註19〕《隋書》自注云：「婦人作。」

〔註20〕《梁書・本傳》、《南史》則作《婦人章表集》10卷。

〔註21〕《隋書・經籍志》。

〔註22〕王延梯編，山東大學出版社出版，1999.2。

〔註23〕《文心雕龍・隱秀》：「無欲辨秀，亦惟摘句。「常恐秋節至，涼飆奪炎熱」，意悽而詞婉，此匹婦之無聊也；……『東西安所之，徘徊以徬徨』，心孤而情懼，此閨房之悲極也。」鍾嶸《詩品》也對多位女作家，給予肯定：「漢婕妤班姬：其源出於李陵。團扇短章，詞旨清捷，怨深文綺，得匹婦之致。侏儒一節，知其工矣。」(《詩品・卷上》)「漢上計秦嘉，嘉妻徐淑：夫妻事既可傷，文亦悽怨。為五言者不過數家，而婦人居二。徐淑敘別之作，亞於團扇矣。」(《詩品・卷中》)「齊鮑令暉、齊韓蘭英：令暉歌詩，往往斷絕清巧，擬古尤勝，唯百願淫矣。照嘗答孝武云：「臣妹才自亞於左芬，臣才不及太沖爾。」蘭英綺密，甚有名篇，又善談笑，齊武謂韓云：『借使二媛生於上葉，則玉階之賦，紈素之辭，未詎多也。』」(《詩品・卷下》)

〔註24〕《晉書・列女傳》：「王凝之妻謝氏，字道韞……聰識有才辯。……嘗內集，俄而雪驟下……」案：賦雪冠群兄，善清言，為小叔解危，又有著作。《南齊書・卷2・皇后傳》：「吳郡韓蘭英，婦人有文辭，宋孝武世，獻中興賦，被賞入宮。宋明帝世用為宮中職僚。(陳)世祖以為博士，教六宮書學，以其年老多識，呼為韓公。」《魏書・崔辯傳》：「(崔)巨倫有姊，明惠有才行，……翼納之，……崔氏與翼書詩數十首，辭理可觀。」《陳書・皇后傳》：「以宮人有文學者袁大舍等為女學士，後主每引賓客對貴妃等游宴，則使諸貴人及女

歎身世及詠物之作略多，作品中多半能清晰反映了婦女生活、主體意識、女性觀以及自我女性形象；同時也表露她們的好惡以及嚮往期待。古代賢女、當世名士，都曾是六朝女子的偶像，她們並不一定只想著中饋之事，詩作中有偶見憂生民、窮造化〔註25〕甚至遊仙逍遙之想，並非侷限閨閣而已。當然其中作品的水準、成就，是否一流，與男作家齊驅，在今天性別平等意識較普及、不再以女廢言的今日，女性作品的成就，值得重新評價。〔註26〕左芬的銘誄遠勝男子，〈啄木詩〉之清真超逸；蘇蕙創製「回文」巧篇，謝道韞〈詠松〉氣勢之磅礴與直探造化的哲思，令人激賞；劉令嫻、鮑令暉、沈滿願除有數量甚多的創作外，也勇於在民歌中汲取精華，與男性作家同步創新，再加上女子本有的細膩，造就出抒情詩的另一典型〔註27〕。

術學專著方面，可以衛鑠〈筆陣圖〉為代表〔註28〕。衛鑠本身為六朝著名書法家，王羲之年少曾拜於門下。此文為其簡論書法要訣，為中國重要的藝術論文。六朝婦女不見「子書」著作，也無史書之作。但有女教之文不少，或詠列女、作女訓〔註29〕、或為《列女傳》作注〔註30〕。賀僑妻于氏

學士與狎客共賦新詩，互相贈答，採其尤豔者以為曲詞，被以新聲。」《梁書．27．劉孝綽傳》：「孝綽兄弟及群從諸子姪，當時有七十人，並能屬文，近古未之有也。其三妹適琅邪王叔英、吳郡張嵊、東海徐悱，並有才學，悱妻文尤清拔。悱……卒，喪還京師，妻為祭文，辭甚悽愴。（徐父）勉本欲為哀文，既睹此文，於是閣筆。」《魏書．列女傳》：「陽尼妻高氏，勃海人，學識有文才，高祖敕令入侍後宮，幽后表啟，悉其辭也。」

〔註25〕前見鍾琰〈遐思賦〉詩，後見於左芬〈涪漚賦〉與謝道韞〈松柏賦〉。

〔註26〕關於六朝女性作家作品的研究，近來十分興盛，她們對於女性作品的評價，應有更專業的公斷。研究概況可參看本文「參考書目」所列「婦女與文學」部分的著述。

〔註27〕史玉德在《名媛雅歌》中評論曰：「（梁）文人士夫，正當刻鏤推敲之日，婦女作者，便在放情高唱之時。讀令嫻之詩，滿願之歌，石城之樂，金珠之曲，便知梁代文學之盛，在此而不在彼也。」

〔註28〕惠蒙莊耀郎教授告知：〈筆陣圖〉附於王羲之文集中，有可能是王氏託衛鑠之名所作。因未親見詳細的考證資料，且有鑒於王羲之言論中對魏鑠的失敬言語，個人懷疑：王羲之可能不會去借一個自己不欣賞的人掛名。尤其王羲之成名甚早，對名利又不淡，曾因在意王述權位勝己，憤而隱退，在《世說》中又多次呈現勢利、自傲傾向，無須再附驥尾，託名衛鑠，故暫時不予修改，待他日有更詳實資料再行修正本文。附王羲之〈題衛夫人筆陣圖後〉：「始知學衛夫人書，徒費年月耳，遂改本師，仍於眾碑學習。」（《全晉文．26》））

〔註29〕「賈充前妻李氏淑美有才行，……作〈女訓〉行於世。」（《晉書．賈充傳》）《世說．賢媛4注》：趙母有《列女傳注》行世。

〔註30〕詳見後文〈表7　漢魏六朝女教文書著述概況〉。

為「養子率以為後」的問題上書朝廷，期待以兄子為後，文中列舉禮文繁深，又多深闢之言，實可列為六朝禮學著述之列。〔註 31〕宗教著作則如晉魏華存所出上清經典——《清虛真人王君內傳》一卷〔註 32〕、《注黃庭經外傳經》一卷、《注黃庭內景經》一卷〔註 33〕；南齊智勝尼撰《大涅槃經》義疏數十卷等。

（三）宗教領域

六朝女子在宗教領域的成就，相當亮眼。《比丘尼傳》、《道學傳》（卷 20）中眾多傑出女尼女冠的編輯，可為明證。因為編寫傳記，多為流傳教化，故可推知，時人對於女性宗教家的肯定態度，而其所以受到肯定，由於自身的傑出表現。〔註 34〕根據後文〈表 8　比丘尼傳的女性資料〉及〈表 9　六朝奉道女性表〉得知，她們傳道講論著述，另築女才展現的新舞臺。開創宗派，講學傳道，教化萬民，參與社會救濟，獲得時人尊崇肯定。既已發揮自我才能，也為舊式社會的女性提供一個獨立自主及受肯定的新途徑。〔註 35〕

開創宗派方面，則有晉時魏華存，其出身高門，卻潛心向道，縱任妻母，不捨修行。家庭職任與人生理想兩兼，據道教傳記所載，魏氏終於成仙，受封南嶽夫人，六朝道教之上清經派，據《真誥》所錄，正出於華存之傳經。故一般道教史亦以魏氏為上清開山祖師。這在其他宗教之中，相當難見。即令六朝高尼，也未有人開宗立派，在官方的宗教事務上任職，最高似乎僅止於副首之位。如宋法淨曾任「京邑都維那」，乃助理僧正之職，即全國最高僧官僧正的副手。佛、道教團中女性地位及職份輕重，似與二者教義之女性觀念相牽，第二章的女子才性觀再論。

〔註 31〕《全晉文》收有于氏〈上表言養兄子率為後〉。

〔註 32〕《隋書．經籍志》錄之。

〔註 33〕魏華存著作目錄，摘自胡文楷《歷代婦女著作考》，《道藏》有之，今人所編《道教經典精華》（李德范、林世忠，北京．宗教文化出版社，1999）也有收錄。

〔註 34〕六朝之後，比丘尼傳似乎少見，而南陳馬樞《道學傳》雖僅一卷收錄女冠事蹟，但後世女冠傳記由之起始。簡吟慧認為：中國佛教唯一的《比丘尼傳》在六朝被編纂出來，此應與東晉南朝時期佛教之盛及當時比丘尼的活躍狀況有絕對關係。（詳見〈從《比丘尼傳》看東晉南朝比丘尼所從事之社會活動〉一文）

〔註 35〕「東晉南北朝的尼僧教團，由於內外因素的配合而迅速發展。好的方面而言，比丘尼們積極講經弘法，聚徒授業，賑濟饑寒，遊行教化，發揮了尼眾僧團的宗教與社會功能。」（釋恆清《菩提道上的善女人》，p.125）

講學傳道方面，六朝不少比丘尼在戒行、禪觀、教理方面的精進成果頗受肯定，也執行教化民眾的神聖工作。此外因著方外的身份，比丘尼們更可以合法地公開講學、辯論。翻開比丘尼傳，開講上座之「高尼」不乏其人，遊學、清談、講學亦常有之事。如：晉竺道馨「住洛陽東寺，雅能清談。尤善《小品》。貴在理通，不事辭辯。……比丘尼誦經，馨其始也」；道儀尼「誦《法華經》，講《維摩》、《小品》，精義達理，因心獨悟」；宋法盛尼，「才識惠解，率由敏悟。……晝則披陳玄素，夕則清言味理」；僧端尼堅持禁戒，攝念空閑，似不能言；及辯析名實，其辭亹亹；普照尼，十七出家，住南皮張國寺。後從師遊學廣陵建熙精舍。法勝尼，曾遊京師，進修禪律，該通定慧；慧瓊尼，綱紀寺舍，兼行講說。齊德樂尼，具戒以後，並遊學京師，住南永安寺。篤志精勤，以晝繼夜。窮研經律，言談典雅。……歲建一講。僧蓋尼，與同學法進，南遊京室，住妙相尼寺。博聽經律，深究旨歸，專修禪定；曇簡尼，遊學淮海，弘宣正法；智勝尼受齊文惠接召，每延入宮，講說眾經；淨曜尼曾受竟陵王之請，莅第講《維摩經》；曇徹尼，才堪機務，尤能講說。剖毫析滯，探賾幽隱。諸尼大小，皆請北面。隨方應會，負帙成群。五侯七貴已下，莫不修敬；妙智尼，齊武皇帝敕請智講《勝鬘》、《淨名》。開題及講，帝數親臨，詔問無方。智連環剖析，初無遺滯。帝屢稱善，四眾雅服。梁淨行尼每見事端，已達旨趣；深究淵賾，博辯無窮。……及請講說，聽眾數百人。官第尼寺，法事連續，當時先達，無能屈者。妙禕尼雅好談說，尤善語笑。講《大涅槃》、《法華》、《十地》，並三十餘遍；《十誦》、《毘尼母經》敷說，隨方導物，利益弘多。惠暉尼，於十餘年中，鬱為義林。京邑諸尼，無不師受。法筵頻建，四遠雲集。講說不休，禪誦無輟。王公貴賤，無不敬重。至於女冠的宗教成就，如魏華存為上清經派開門祖師，錢妙真為茅山道經傳人，張元妃造至德館、玄明館，李令稱造華林館，當為其聚徒共修之道場。

社會救濟方面，寺院女尼常發善心，濟助老弱貧病孀婦。如宋法勝尼收留毘陵丞司馬隆之妻山氏，以其夫戰亡，二親早死，復無兒女，勝接待如親。宋善妙尼，其妹婿亡孀居，無所依託。攜一稚子，寄其房內。宋法相尼常割衣食好者施人。可知比丘尼在講經弘法、建立寺院、貴族交往之外，頗能積極開發偏遠之地，及從事社會救濟之活動。至於出家女冠，投身宗教，清靜修法，也經常為人消災解厄，治病濟人，亦屬社會公益的一部分。如李令稱為梁元帝世子治病，暨慧琰救人疾急。

社會地位方面，高尼往往受人尊崇，獲得權位，名尼影響力之大，甚至及於帝王決策。如道容「戒行精峻，善占吉凶，逆知禍福，世傳為聖。……晉明帝時，甚見敬事；及簡文帝，先事清水道師……往後顯尚佛道，容之力也。」六朝女尼往往地位崇高，帝后貴族禮敬。如宋業首尼齊肅徒眾，甚有風規，潘貴妃歎曰：「首尼弘振佛法，甚可敬重。」齊僧猛曾為益州刺史張岱之門師（家中傳授佛法之師），婦女可受佛法。高尼最多的出路乃是擔任「寺主」及中央政府僧官，直與男子並雄。〔註36〕女冠李令稱則為梁元帝徐妃的禮敬，她們皆在傳統賢妻良母角色以外，另立人生成功典型。王室和達官重視佛道二教，是這些女宗教家得以迅速增多的主因，女尼出入宮闈、皇室推崇、官宦襄助。僧基。晉穆對曇備、僧基；宋武對業首；宋文為寶賢、淨賢；宋名為法淨。齊武對妙智、慧緒禮遇。縱觀五代君主，幾乎代代重尼。由於六朝女尼的人數之眾與傑出表現，改變時人觀感，故家長對於女子奉佛習道，多持肯定態度。出家的比丘尼擺脫傳統禮教的束縛，避開婚姻，潛心教育，精進有成，終於受到社會肯定，獲得社會尊敬。《比丘尼傳》中六十五位道行高深女尼，《道學傳》、《墉城集仙錄》中多位女冠們，皆能在傳統女教框架之外，經由宗教徑路，游學追師、公開說法，教化萬民，另闢人生「成就」。

（四）人物識鑒

泛覽六朝女性傳記之際，總對那些識鑒精準的女性產生注意〔註37〕，從〈表1〉觀察六朝女性人才概況，也不難發現能識鑒女子的出色，約略統計，六朝女子精於識鑒者，至少10人以上〔註38〕。她們或觀人善惡壽考〔註39〕，或預言政局得失成敗〔註40〕，提供男性親人（父夫子）出處進退之謀畫〔註41〕，助其渡過危難。這些明鑒遠識勝於男子的女性，是基於怎樣方式獲得這種能

〔註36〕詳見〈表8　比丘尼傳的女性資料〉之「結果與成就」一欄。

〔註37〕請參看〈表1　六朝女性人才概況表〉「專長領域：識鑒」。史籍載其有「識鑒」女性，如李衡妻習氏、許允妻阮氏、韓康伯母殷氏、晉景帝皇后夏侯徽、晉文帝皇后王元姬、羊耽妻辛憲英、杜有道妻嚴憲、王渾妻鍾琰、劉惔母等。

〔註38〕表中尚不包括史傳無具體事蹟，卻有史家讚與「知鑑識」者，否則人數將更多。

〔註39〕杜有道妻嚴憲知傅咸有成，杜預公卿；如鍾琰觀兵家子不壽；韓康伯母殷氏聞吳隱之賢良；晉文帝皇后王元姬預言鍾會將反；杜有道妻嚴憲等。

〔註40〕羊耽妻辛憲英預言魏不終；杜有道妻嚴憲預言何鄧將敗；苻堅妾張氏預言出兵必敗；段元妃預言太子必亡社稷，范陽王將立。

〔註41〕習氏阻夫奔魏，告夫可自囚詣王，當逆見優饒；阮氏教夫「明主可以理奪，難以情求」，又教子避禍；辛憲英教弟以義進退。

力？史傳多云「結果」，而對「獲致過程」多付闕如，略考當世習尚可知當與盛行多時的人物品鑒風氣有關係，而其所用方法不脫「觀人」、「相人」二術。「驟觀符表」屬於「相人」，可知德行、才藝、官祿、壽夭、流年；「審察常度」屬於「觀人」，可知才性、得失、德業。「由形觀質（人）」、「鑒往知來（事）」〔註42〕當是婦女最重要的依據：

> 羊耽妻辛氏，字憲英，隴西人，魏侍中毗之女也。聰朗有才鑒。初，魏文帝得立為太子，抱毗項謂之曰：「辛君知我喜不？」毗以告憲英，憲英歎曰：「太子，代君主宗廟社稷者也。代君不可以不戚，主國不可以不懼，宜戚而喜，何以能久！魏其不昌乎？」（《晉書．列女傳》）

> 王渾妻鍾氏，字琰，……聰慧弘雅，博覽記籍。美容止，善嘯詠，禮儀法度為中表所則。……琰女亦有才淑，為求賢夫。時有兵家子甚俊，濟欲妻之，白琰，琰曰：「要令我見之。」濟令此兵與群小雜處，琰自幃中察之，既而謂濟曰：「緋衣者非汝所拔乎？」濟曰：「是。」琰曰：「此人才足拔萃，然地寒壽促，不足展其器用，不可與婚。」遂止。其人數年果亡．琰明鑒遠識，皆此類也。（《晉書．列女傳》）

> 苻堅妾張氏，不知何許人，明辯有才識。堅將入寇江左，群臣切諫不從。張氏進曰：「妾聞天地之生萬物，聖王之馭天下，莫不順其性而暢之，故黃帝服牛乘馬，因其性也；禹鑿龍門，決洪河，因水之勢也；后稷之播殖百穀，因地之氣也；湯武之滅夏商，因人之欲也。是以有因成，無因敗。今朝臣上下皆言不可，陛下復何所因也？書曰：『天聰明自我民聰明。』天猶若此，況於人主乎！妾聞人君有伐國之志者，必上觀乾象，下採眾祥。天道崇遠，非妾所知。以人事言之，未見其可。諺言：『雞夜鳴者不利行師，犬群嗥者宮室必空，兵動馬驚，軍敗不歸．』秋冬已來，每夜群犬大嗥，眾雞夜鳴，伏聞廄馬驚逸，武庫兵器有聲，吉凶之理，誠非微妾所論，願陛下詳而思之。」堅曰：「軍旅之事非婦人所豫也。」遂興兵。張氏請從。堅果大敗於壽春，張氏乃自殺。（《晉書．列女傳》）

〔註42〕可參可拙著碩論《魏晉玄佛二家對傳統儒家教育之批評及影響》之第四章，文中專論《人物志》的「由形觀質」之法。

苻堅妾張氏與辛憲英，皆從「審察常度」、「鑑往知來」角度，分析人事、天時、地利等條件而立論屬於「觀人」。至於鍾琰騄觀兵家之子，即知其壽促，神乎其技，當屬「相人」之流。處於內室的女子，經過何種訓練而具備此種能力，雖不可確知，但應與人物名理之學有密切關涉。〔註 43〕此外，能行識鑒，知書必不可少，尤其學過龐大「古今成敗例子」以參照、類比、推理，卻是絕對是必要的，因為史傳中雖有不知書而孝義貞行女子，卻似乎沒有不知書而有識鑒能力之智婦〔註 44〕，而當預言出人意表之際，往往亦須說出一番大道理以說服旁人，否則單憑第六感是無法令當事者採行，也不會有今史書上所見的成功事例。

（五）外事政事

在傳統女子才性觀中，認為女子即令有才，仍然不得參與決策與外事。「牝雞之戒」，如影隨形於女子身後。不過賢妃良母，若為丈夫或兒子涉政，則能見諒，如孫權母吳夫人，有智略權譎，其子權少年統業，夫人助治軍國，甚有補益。（《三國志．吳書．妃嬪傳》注）晉景懷皇后夏侯徽，帝每有所為，必豫籌畫（《晉書．后妃傳上》）；孟昶妻周氏，非常婦人，可以語大事，傾資產給孟昶軍糧。（《晉書列女傳》）。時至北朝，女子似乎更能掌權，預決家事：

> 鄴下風俗，專以婦持門戶，爭訟曲直，車乘填街衢，綺羅盈府寺。代子求官，為夫訴屈。此乃恆代之遺風乎？……河北人事，多由內政，綺羅金翠，不可廢闕，羸馬悴奴，僅充而已。（《顏氏家訓．治家》）

> 椿妻鉅鹿魏悅之次女，明達有遠操，多識往行前言。隨夫在華州，兄子建在洛遇患，聞而星夜馳赴，膚容虧損，親類歎尚之。尒朱榮妻北鄉郡長公主深所禮敬。永安中，詔以為南和縣君。內足於財，不以華飾為意。撫兄子收情同己子，存拯親類，所在周洽。椿名位終始，魏有力焉。（《魏書．恩倖．王椿傳》）

「婦持門戶」，「人事多由內政」語，得知女方女性果能當家做主，握有實權，這是在家內；然而，北朝女子還習於「外事」，爭訟曲直，代子求官，為夫訴屈。兄子有難，魏氏星夜馳赴，未假他人。還在外為夫建立人際關係，獲得尒

〔註 43〕待第三章談南北女教異同將再針對六朝女子善鑒之因予以深論。

〔註 44〕值得注意的是：這些女子為何被書寫？與其出言行事對於家族父權之維續曾有大功之故，此外，女才傑出，難以掩滅亦為其因。

朱榮妻子（北鄉郡長公主）的禮敬，王椿因而名位終始，平步青雲！正因「婦持門戶」，北方內謁風行，殆與此多關。不過在北方人士眼中，非但不以「女子與政」為非，且有以之為榮傾向：

> 中書侍郎清河崔覽妻封氏，勃海人，散騎常侍愷女也。有才識，聰辯強記，多所究知，於時婦人莫能及。李敷、公孫文叔雖已貴重，近世故事有所不達，皆就而諮請焉。（《魏書．列女傳》）

> 房愛親妻崔氏者，同郡崔元孫之女．性嚴明高尚，歷覽書傳，多所聞知。子景伯、景先，崔氏親授經義，學行修明，並為當世名士。景伯為清河太守，每有疑獄，常先請焉。（《魏書．列女傳》）

> 薛伯徽……河東汾陰人，……河東府君之孫，尚書三公郎中之長女。……年七歲，特所鍾重。先考授以禮經，一聞記賞，四辨居質，瞥見必妙。及長，於吉凶禮儀，靡不觀綜焉。……于時元氏（夫）作牧秦蕃，夫人起家而居之。至使語及刑政，莫非言成准[準]墨。（〈魏故使持節儀同三司車騎大將軍雍秦二州刺史都昌侯元公夫人薛氏墓誌銘〉，174）

兩位女性，對於典制、刑政各有所長，他們出身於官宦世家，受過良好的教育，多聞強記，擁有政事才能。在引文中，她們分別以師、妻、母的身份，為男性（官員、兒子）解惑，明顯的，兩位婦人才能高於男性，引文中，撰史者並無貶抑之詞，而亟有稱頌意味。此外首二條資料中所顯現對男女之防的鬆綁，亦前朝所不允。李敷、公孫文叔，事有不達，皆就而諮請，恐怕會見次數不只一回；而崔氏治獄〔註 45〕，合情入理，以身作則，導之以德，更令人印象深刻。或許只有女性的包容、耐性與慈悲，才會願意做這樣的處置吧！薛伯徽能成為丈夫的得力助手，「語及刑政，言成準墨」，則早年堅實的禮儀基礎，當有關係。略見女子受教得以施才，其用無量。至於南方女子，則少見外事記載。

〔註 45〕貝丘民列子不孝，吏欲案之，景伯為之悲傷，入白其母，母曰：「吾聞聞不如見，山民未見禮教，何足責哉？但呼其母來，吾與之同居．其子置汝左右，令其見汝事吾，或應自改。」景伯遂召其母，崔氏處之於榻，與之共食，景伯之溫凊，其子侍立堂下，未及旬日，悔過求還。崔氏曰：「此雖顏慚，未知心愧，且可置之。」凡經二十餘日，其子叩頭流血，其母涕泣乞還，然後聽之，終以孝聞，其識度厲物如此，竟以壽終。案：崔氏治獄，出以仁德，以身作則，導之以情，合情入理。

（六）武功軍事

傳統禮教要婦女柔弱，不可外事，然而六朝時代，卻有為數不少女性馳馬拉弓，武藝高強，膽識過人，參決軍事。女子習武練功有成實例，已見於前文「教育內容——藝能」部分。此處專論軍事。三國徐琨隨孫策討樊能、于麋等於橫江，擊張英於當利口，而船少，欲駐軍更求。琨母（孫氏）時在軍中，謂琨曰:「恐州家多發水軍來逆人，則不利矣。如何可駐耶？宜伐蘆葦以為泭，佐傳渡軍。」琨具啟策，遂破英，擊走笮融、劉繇，事業克定。(《三國志・吳書・妃嬪》) 荀崧小女灌，幼有奇節。崧為襄城太守，為杜曾所圍，力弱食盡，欲求救於故吏平南將軍石覽，計無從出・灌時年十三，乃率勇士數十人，踰城突圍夜出・賊追甚急，灌督厲將士，且戰且前，得入魯陽山獲免。自詣石覽乞師，又為崧書與南中郎將周訪請援，乃結為兄弟，訪即遣子撫率三千人會石覽俱救荀崧。賊聞兵至，散走，灌之力也。(《晉書・荀崧傳》) 晉人劉遐之妻驍果有父風，遐嘗為石季龍所圍，遐妻單將數騎，拔遐出於萬眾之中。其後田防等欲為亂事，遐妻止之，不從，乃密起火燒甲杖都盡。(《晉書・劉遐傳》) 朱序「康寧初拜南中郎將、梁州刺史，鎮襄陽。苻丕圍序，序固守，賊糧將盡，率眾苦攻之。初，丕之來攻也，序母韓氏自登城履行，謂西北角當先受弊，遂領百餘婢並城中女子，於其角築城二十餘丈。……賊攻西北角，果潰，眾便固守新城，丕遂引退。襄陽人謂此城為夫人城」。(《晉書・朱序傳》) 又北魏將楊大眼妻潘氏，「善騎射，自詣軍省大眼。至於攻陳遊獵之際，大眼令妻潘戎裝，或齊鑣戰場，或並驅林壑。及至還營，同坐幕下，對諸僚佐，言笑自得，時指之謂人曰:「此潘將軍也。」(《魏書・楊大眼傳》) 這些婦女長於軍事，或為參謀，或親自出征，毫無女兒風氣，與男子並雄，一個時代出現如此多的女英雌，其他朝代所難見。軍事武功才女，尚有多例，可參考〈表 1〉知其詳。

二、統計分析

此處根據〈表 1〉、〈表 2〉、〈表 3〉。進行女性人才的統計分析，擬從「領域類型」、「南北分布」二方面進行。至於階級家庭部分，因為本文初始已預設為貴族婦女，因此表格所錄亦多貴族婦女。六朝女性人才，多出貴族門第，特別在與知識背景（家學）關係密切的文學、教育、禮儀、典章、經史之學項目上。不過也有與知識無涉，而與家庭世業（父與夫的職業）相關情形，特別是軍事勇武婦女這類型人才尤然。女尼則多出於世代奉佛家庭。文學出於家學亦甚明顯，不乏姊妹檔、兄妹檔〔註 46〕，甚至一門之內，數十人有集的情況。

從領域類型看，六朝女性成就，在「文學」方面最為突出，除正史傳記所及的 15 位外，另外尚有〈表 3〉所收今日得見作品或經籍史傳所述有個人別集、詩文者共 63 人。「教育」領域請參考〈表 2　六朝女子施教概況〉，共集 34 位〔註 47〕。其中除卻韋逞母宋氏教授官學，李彪女、韓蘭英任教後宮，大部分的女子仍默默在家擔任子女的啟蒙與身教的施教者。〔註 48〕宗教上的表現由於南方有《比丘尼傳》編輯〔註 49〕，事蹟較詳可資分析，共計 65 人〔註 50〕；北朝因無類似傳記，宗教人才資料缺略故形成南北極大落差，〔註 51〕但值得注意的是北朝后妃出家例子不少。六朝道教女冠資料零散，今據今人所輯《道學傳》佚文〔註 52〕、《墉城集仙錄》加上筆者泛覽六朝史料所輯，製成〈表 9〉，共收女真 19 人。此外六朝尚有經史專才 5 人，軍事 8 位，識鑒 10 人，政事 10 人，典章故事 2 人，禮儀 3 人，其他 4 人，並詳見〈表 1〉。然而思想領域幾無人才、經學也未出大家。文學、宗教、軍事武功、政事典章以及識鑒人才的出現六朝，值得關注。文學方面，幾位女子的成就可與男子匹敵；女子宗教的成就是空前也是絕後。尤其佛教女尼的宗教成就，帝王優禮，門第延請，法筵常開，人間成就，有目共睹。其走出家庭，除卻傳統妻母角色的作法，家人與時人如何看待接納？至若軍事武功與政事典章，實已跨越傳統女教「溫柔處內」「中饋內事」、「不與政事」的樊籬。然而使女子跨越的力量何在？女子識鑒集中魏晉，南北朝以後似乎少見。「高才美辭」曾為六朝女教文書所貶抑〔註 53〕，然而這些女子的

〔註 46〕王、謝為六朝文人大本營之二，累世文人繼出。文學姊妹檔如陳�、陳玢姊妹，兄妹檔如左思與左芬、鮑照與鮑令暉，劉孝標與劉令嫻三姊妹等。

〔註 47〕墓誌銘部分因記事虛實難分，多不列入。

〔註 48〕這部份其實仍尊循傳統女職的指示——相夫「教子」，因而色彩顯得不是那麼耀眼，因為歷代母教仍然繼續進行中，非獨只有六朝。然若有子僅得母教，未就外傳，卻能有成，則此母學行之高深，引人注目。

〔註 49〕作者寶唱為南人（梁人）。

〔註 50〕請直接參看比丘尼傳，本文〈表 8〉主要針對身家背景、出家動機、教育活動及宗教成就等項目分析，並未收全數比丘尼入表。

〔註 51〕雖有《洛陽伽藍記》，但屬地理誌，寫作不以人物為主，故所載女尼無幾。

〔註 52〕由陳國符輯佚，收入《道藏源流考》書中。

〔註 53〕後代對於女子弄文有更加反對的傾向。如宋朱淑貞自言「女子弄文誠可罪」，清人《文史通義．婦學》反對婦人為文弄辭等，第五章將再論。

出言（寫作為另一種語言），何以能為時人接受，甚至進一步肯定讚譽，也須進一步深究。

整體而言，女性人才總數上，南北並無明顯高下，領域類型方面，兩地女性在文學、識鑒、政事、軍事、宗教及藝術領域皆有才人。然而分布的數量上，卻明顯存在南北人才之區域特性。基本上，南女在文學、宗教、藝術上表現勝於北方；北女在軍事武功、典章政事方面最有成就。教育方面，南北兩方數量相仿，局勢相當。女性人才分布的南北差異的確存在，部分領域相差懸殊。南方女子的著述質量遠超乎北，創作人數方面，兩晉南朝合有 41 人，十六國合北朝共 14 人〔註 54〕，創作數量是 138 篇：20 篇，相別天地。另外，南方女子藝術成就超越北方；識鑒智女，永嘉之前甚多，永嘉之後多在南方；三國初期，吳國女子不乏軍事之才，晉後女子軍事人才多出邊郡或兵家；南朝軍事武功人才僅見譙國夫人洗氏，北方則大量出現 8 人。若為南北女子人才取向找出通則，則北方女子似傾於「外事」，而南女則多屬「內職」。外事須走出內室，與人言詞周旋或動手操戈，出入必須相當自由；而北女得以主內政、執典章，也須先取得當時社會具有認可婦女才能的客觀環境下方有可能。且平日見聞、實作須多，方能從事外向型才藝。南方女子相形之下，傾於「內職」才藝，不必出戶，家中多可自為。詩文、書法、史傳、識鑒皆屬運籌帷幄，不須出戶，於是「空間」問題與「地域」文化也牽上關係。其間實情，值得探究。

經由才女類型的初步分析，不難推出「讀書受教」與女子成才的密切關係。鑑往可以知來，讀書教育，正可吸取前人（古人、尊長）智慧與經驗的結晶，事半功倍，在最短的時間內汲取養料與資源，是突破自我才性限制，向無限時空延伸探索的絕佳方式，受教的重要性也在於此。女子受教，知書識字，微解詩書，為其進入其他相關才能訓練的基石與工具。宗教有成，念經說法是必要，讀經須識字，說道法，要旁徵博喻以服眾，口才燦發也須依靠知識的累積與不斷論辯講論的經驗。六朝女子的文學創作風氣十分興盛，也有傲人的成就，得與男子並雄。然而詩文創作，識字之外，詩文舊籍的誦讀

〔註 54〕北朝女性文學人才不多，且此數將詔令、口訣、勸誡文、造像記亦予計算，仍得此數。且其作品多非純文學或藝術價值很高的作品（蘇蕙除外）。北朝文學成就較高者當為民歌，因作者未詳，多為平民之作，與本文設定的研究對象階層不符而未列入討論。

仿作，文史典故與藝術技巧的純熟，思想內涵的提升與深化，以及細密的感受力與文字敏感度……，皆是創作所需，而中間環節多與讀書識字相牽？在教育方面尤然，要教人，施教者必滿腹經綸，不論是道德、智識或藝能教學，更需讀書受教以獲致大量前人的文史智慧與經驗結晶以充教材。思想領域的女性人才極少，要成為思想家，有極為嚴格條件，男子已難，遑論女子。除勤奮讀書、學問淵博外，還要具備極強的悟性、思辨力，尤其思想每為解決現實而生，對於當前世風、社會問題也須要相當的敏感度，方能掌握時代脈動與思想所趨，即令玄學，也須不斷與他人清談交鋒，更多的精思玄想，方易成就體系嚴密精身之論。總是，讀書識字，接受較為正式的文史教育，當是女子人才的充分必要條件。至於軍事、武功，雖未必須讀書方可，但能習書以知兵法，更能在此領域更上層樓。總之，才女與教育的關涉頗高，至於此項推論是非，且從下文開始，以教育角度切入，逐項落實求證，以探尋六朝女才之成因，並以顯此代女教之特色。

第二節　六朝女教途徑

談到女教，東漢史學家班昭曾提出呼籲：「但教男而不教女，不亦蔽於彼此之數乎！」「禮，八歲始教之書，十五而至於學矣。獨不可依此以為則哉！」(《女誡・夫婦》) 從其言中，反映出當時「女教」所存在的兩個問題：一是「不教女」，二是「女教內容」的選擇。至於六朝，是否習於教女？若然，又實施哪些教育內容？六朝男性的教育管道，相當暢通，而且多元，有「家學」、「私學」、「官學」及「游學」等途徑可供選擇〔註 55〕。相形之下，女子受教的途徑便少卻許多，幾以「家庭」為主要受教場所；少部份女性在「後宮」、「佛道寺治」接受教育，至於官學、私學，甚至遊學〔註 56〕，幾無可能。以下且依受教途徑的不同，分作「家庭」、「宮闈」、「寺治」三項，介紹六朝女教概況。又教育活動的構成，基本上會牽涉到「為何教？」「誰來教？」「教什麼？」「怎樣教？」問題，這些問題分屬教育目的、施教者，教育內容及教學方法，在本章各節中也將分別說明。

〔註 55〕詳見拙撰《魏晉玄佛二家對傳統儒家教育之批評及影響》中第二、三章對官學、家學、私學及遊學狀況的介紹。

〔註 56〕「遊學」在比丘尼間倒是常見，但她們已是方外之人，已非尋常婦女，可參考釋寶唱《比丘尼傳》詳之。後文亦將專論佛教與女性教育的問題。

一、家庭教育

家庭是六朝女教的主要施行場所，不過家庭教育的內容，因家而異。若某個家族大部分成員的道德品格言行呈現共通性，且持續有時（數代），即可成為「家風」，經由不同家庭教出的女子，才學德行特質往往有異，呈現不同家風與個人面貌。

> 謝遏絕重其姊，張玄常稱其妹，欲以敵之。有濟尼者，並遊張謝二家，人問其優劣？答曰：「王夫人神情散朗，故有林下風氣；顧家婦清心玉映，自是閨房之秀。」（《世說新語．賢媛30》）

謝遏與張玄分別為東晉僑姓與吳姓大族，兩人互爭姊妹高下，實為家族聲譽之爭，故頗不相讓。此例中，我們見到兩種女性類型——「林下風氣」與「閨房之秀」。兩女一人習染玄學名士之風，得與男子並雄；一是遵奉儒家傳統婦德，閨中之秀。濟尼話語表面上同加稱譽，實則高下有別，也顯現門第施教各有偏重，女子表現由是不同。家有好女，得以增顯家族榮光；相對地，家族「門風」既形〔註57〕，常人論斷，雖未見其面，評價往往已定：

> 初，寔妻盧氏生子躋而卒，華氏將以女妻之。寔弟智諫曰：「華家類貪，必破門戶。」辭之不得，竟婚華氏而生子夏。寔竟坐夏受賂，免官。頃之為大司農，又以夏罪免。（《晉書．劉寔傳》）

> 初，晉武欲為太子取衛瓘女，元后納賈郭親黨之說，欲婚賈氏。帝曰：「衛公女有五可，賈女有五不可。衛家種賢而多子，美而長、白。賈家種妒而少子，醜而短、黑。」（《晉書．后妃傳》）

華家「類貪」，賈家「種妒」，使用「類」、「種」二字，具有「極少例外」、「天生自然」的意味，在上面兩則故事中，根據門風所下預言，最後皆成應驗，其因實與家教有著密不可分的關係。顏之推曾批評尋常婦人「每寵子婿而虐兒婦」，又說「女之行留，皆得罪於其家者，母實為之」（《顏氏家訓．治家》），正是強調教育效能（母教）的重要，母身不正，其女亦罪；又嫁女有父風，事亦平常。劉遐妻邵氏驍果有父風〔註58〕，遐為石季龍所圍，妻單將數騎，拔遐出於萬眾之中。（《晉書．劉遐傳》）又王右軍往謝家看新婦，見諸葛女猶有恢之遺法，威儀端詳，容服光整，歎曰：「我在遣女裁得爾耳。」（《世說新語．

〔註57〕「門風」的形成，植基於多人、長時間的表現，總體歸納而來，再加上環境家教必然習染人格的預設，「門風」觀念於是形成。

〔註58〕劉遐妻，乃冀州刺史邵續女。

方正 25》）皆見六朝人對家教作用的認同。至於華家「類貪」、賈家「種妒」〔註 59〕之說，自與「家教」相關。正因六朝人對於家教效果的深信，故嫁娶時重「門第」，除援結勢力的考量之外，部分家族也重門風（如前文劉智勸止結姻華家），性行門風純良，即令門第稍遜，亦能接受〔註 60〕。不過逕以門風家教取人，未經親見，難免有出入之時：

> 初，帝將納后，訪于公卿。于時蘊子恭以弱冠見僕射謝安，安深敬重之。既而謂人曰：「昔毛嘉恥于魏朝，楊駿幾傾晉室。若帝納后，有父者，唯蘼望如王蘊乃可。」既而訪蘊女，容德淑令，乃舉以應選。……后性嗜酒驕妒，帝深患之。(《晉書．后妃下．孝武定王皇后》)

> 王公淵（廣）娶諸葛誕女，入室，言語始交，王謂婦曰：「新婦神色卑下，殊不似公休！」婦曰：「大丈夫不能彷彿彥雲，而令婦人比蹤英傑！」〔註 61〕（《世說新語．賢媛 9》）

〔註 59〕賈家種妒，始自賈充後妻郭槐（城陽太守郭配女）。郭槐種妒，始自郭家門風。《三國志．魏書．郭淮傳》:「進封陽曲侯，……封一子亭侯。……追贈大將軍，諡曰貞侯。子統嗣。統官至荊州刺史。……子正嗣，賢熙，開建五等，以淮著勳前朝，改封汾陽子。」注引《晉諸公贊》曰:「（郭）淮弟配，字仲南，有重名，位至城陽太守，裴秀、賈充皆配女婿。子展，字泰舒．有器度幹用，歷職著績，終於太僕。次弟豫，字泰寧，相國參軍，知名，早卒．女適王衍。配弟鎮，字季南，謁者僕射。鎮子奕，字泰業。山濤啟事稱奕高簡有雅量，歷位雍州刺史、尚書。」郭氏一門官位榮顯，女兒多適良配，然而性多驕妒暴戾，其因來自後天家教，而影響家教的原因卻在於「權力」。權力使人放縱，目中無人。睽諸史傳，郭家女子少有正面表現者:《晉書．王衍傳》:「衍妻郭氏，賈后之親，藉中宮之勢，剛愎貪戾，聚斂無厭，好干預人事，衍患之而不能禁。」又《晉書．宣五王．武陵莊王澹》:「澹妻郭氏，賈后內妹也．初恃勢，無禮於澹母．齊王冏輔政，澹母諸葛太妃表澹不孝，乞還繇，由是澹與妻子徙遼。」至於「少子」，或與妒忌因果。如北魏顯祖高后，僅有胡后一子留存。妒忌難有妾媵，自然少子。也可能是缺少婦德細心照料，故夭死。《晉書》載郭槐本育有兩子，一子正因郭妒殺乳母導致。至於醜而短黑，與遺傳可能就有關了。不過所謂賈氏僅指郭家遺傳，至於賈充前妻李氏就美而有威儀，所生二女亦淑德，可證「賈家種妒」之說專指郭氏女而言。

〔註 60〕如王濬娶郝普女（《世說新語．賢媛 15》），王武子本欲將妹嫁與有令才之兵家子（《世說新語．賢媛 12》），又「玠妻先亡．征南將軍山簡見之，甚相欽重。簡曰:『昔戴叔鸞嫁女，唯賢是與，不問貴賤，況衛？氏權貴門戶令望之人乎！』於是以女妻焉。」(《晉書．衛玠傳》) 所以並非純然「勢利眼」、「嫌貧愛富」、「看高不看低」心態，若確定才行高美，仍可跨越門第鴻溝。

〔註 61〕孝標注云:「王廣名士，豈以妻父為戲，此言非也。」其實未必，正如許允學謝安鑑於王蘊、王恭之風儀矓望，推想家風一皆如此，即向晉孝武推薦王女，然王女卻嗜酒驕妒；王廣娶妻，入室始交談，即言責新婦之不似乃父。由兩人的意外之情，益見時人對於門風家教的深信與看重。以下介紹六朝家教實況，以期獲取六朝女子事行從出之因及門第女教的整體情況〔註 62〕。擬依施教動機、施教人員、教育內容及施教方式順敘之。

（一）施教目的

「施教目的」是教育者根據社會家族的要求或人身發展的需要，所確定培養人的總方向，它影響著把受教者培養成什麼樣的人的根本問題。六朝門第施教目的，男女似乎有別。教男目的約有五端：欲振家聲，持業恆長；維持身份，不落凡俗；明珠加磨，不敗家風；充實幹才，綢繆仕路；博涉兼通，清談爭鋒等等〔註 63〕。家族不同，偏重處亦各有別，至於教女目的，頗異於男，約略有三：期望興家榮族、避免取辱他族及確保女兒幸福。六朝重才，家有高才賢媛，可為門第添光，延譽家族，在部分六朝人理念裡，女子同樣能興家榮族，如王朗、桓氏、西河長公主等人，都不排斥女子對於延譽家族的可能性。〔註 64〕前舉謝遏與張玄爭其姊妹長短，事關家譽，爭辯乃烈。倘若女子才華出眾，條件出色，則易於結姻勢族，家門多利。晉代并州豪族張宣子，家富於財，欲將女兒嫁與貧賤之子劉殷，其妻怒曰：「我女年始十四，姿識如此，何慮不得為公侯妃，而遽以妻劉殷乎！」（《晉書・孝友傳・劉殷》）可見條件好（姿識）〔註 65〕，結姻高門，的確是六朝家長中心所盼。倘若幸擢「后

行亦佳，仍不免以容取人，幸虧阮氏機智明理，曉以大義，否則疏離難免。古代男女有別，婚前難免以對方家人形象類比配偶形象，待新婚之夜，乍見新娘（郎），不如意、失望者大概不少。

〔註 62〕過去研究僅偏重男子教育部分。

〔註 63〕詳見拙著《魏晉玄佛二家對傳統儒家教育之批評及影響》第三章第二節「家教的目的」部分的分析。

〔註 64〕「后（王元姬）年八歲，誦詩論，尤善喪服，苟有文義，目所一見，必貫於心。……祖朗甚愛異之，曰：『興吾家者，必此女也……。』」（《晉書・皇后傳上》）「后母桓氏夢吞玉勝生后（劉智容），時有紫光滿室，……桓曰：『雖女，亦足興家矣。』……年十餘歲，歸（齊）太祖，嚴正有禮法，家庭肅然。」（《南齊書・皇后傳》）「夫人（薛伯徽）資芳貞敏，蘊彩淑靈，……伯祖親西河長公主，以母儀之美，肅雍閨闥，常告子孫：『顧吾老矣，而不見此女・視其功容聰曉，足光汝門族。』」（（薛伯徽墓誌銘），《漢魏南北朝墓誌彙編》，p.174）第二章再予詳析。

〔註 65〕「姿」天生而成之外，尚靠巧妝扮，「識」則可能需要靠後天教育而具。

妃」〔註 66〕，榮拔親族〔註 67〕，光宗耀祖。左芬以文才見禮於晉武，左思每以令妹自豪〔註 68〕；李彪有女，幼而聰令，嘗竊謂所親曰：「此當興我家，卿曹容得其力」，教之書學，讀誦經傳。彪亡後，世宗聞其名，召為婕妤，以禮迎引〔註 69〕。女可興家榮族，自當善教。其次是為免取辱他族，若說興家榮族屬積極動機，則避免取辱他族乃為消極目的。女子于歸他族，言行舉止皆代表己身家族教養，若女有失行，門第聲名必損 ，故重教女。古代士婚禮中女方父親說辭中有「女未受教」的謙語，益見教女不周，見笑他族，乃是家長最在意且力避之事，無不耳提面命，三復斯言；而女兒們嫁後也「戰戰兢兢，常懼黜辱，以增父母之羞，以益中外之累」（班昭《女誡》）。為保家族顏面，教女自亦不可少。如前文中王蘊之女有微愆，其父惶恐謝罪，倘教女令淑，可少害辱。又六朝人士，好論人物，每以「女德」論地方〔註 70〕、家風；重視女教，也可說是廣義的家族利益考量。最末出於女兒幸福的考量，骨肉親情，教女動機，更在於確保女兒未來婚姻的幸福。教女之前，家長心中多少有個大略規畫，以便逐步將女兒塑造成理想的特質。所謂理想，取決於娘家、婆家兩方的「家族需要」。一言蔽之，「有助齊家」的相關知能德行，皆為女教所取。合於「齊家」目的的女教內容，在「女教文書」中，往往載明女子當為與不當為的具體要求。程曉〈女典篇〉倡言「四德」，缺一不可，至於「麗色妖容，高才美辭」非其所主張，因為怕有傾城亂國之虞。〔註 71〕裴頠〈女史

〔註 66〕六朝女子命名，有以「妃」「嬪」入字，是否正為家長所願，引人玩味，詳見〈附表 4〉。

〔註 67〕《晉書．胡奮傳》：「奮既舊臣，兼有椒房之助，甚見寵待。遷左僕射，加鎮軍大將軍、開府儀同三司。」

〔註 68〕《晉書．后妃傳上》。

〔註 69〕《魏書．李彪傳》。

〔註 70〕《三國志．蜀書．張裔傳》：「諸葛亮遣鄧芝使吳，亮令芝言次可從權請裔。裔自至吳數年，流徙伏匿，權未之知也，故許芝遣裔。裔臨發，權乃引見，問裔曰：「蜀卓氏寡女，亡奔司馬相如，貴土風俗何以乃爾乎？」裔對曰：「愚以卓氏之寡女，猶賢於買臣之妻。」案：買臣為會稽吳人。又《洛陽伽藍記．卷 2．景寧寺》中楊元慎與陳慶之爭南北正朔，楊以「山陰請婿賣夫，朋淫於家，不顧譏笑，卿沐其遺風，未沾禮化」貶抑南人無禮。

〔註 71〕「丈夫百行，以功補過。婦人四教，以備為成。婦德闕，則仁義廢矣；婦言虧，則辭令慢矣;婦工簡，則織絍荒矣。是以《禮》有功宮宗室之教，《詩》有牖下蘋藻之奠，然後家道諧允，儀表則見於內。若夫麗色妖容，高才美辭，貌足傾城，言以亂國，此乃蘭形棘心，玉曜凡[瓦]質。在邦必危，在家必亡。（程曉〈女典篇〉，《全三國文．卷 39》）

箴〉則倡教女形正譽清，再三強調行端德美之重要，以獲上天賜福。〔註72〕王廙〈婦德箴〉則特別戒女浮豔，以七出為戒。專事婦德，不愧屋漏。〔註73〕上述見解大量沿襲先代禮文，多主「四德」，以之作為女教目標及內容。除卻上述幾篇承襲傳統女教內容的「女史箴」、「女訓」外，因為現存女教資料之寡，或可採行變通曲折的方式知悉——即由時人為女命名中看出端倪，而上述三個教女目的，也在六朝命女用字中，有所反映。

名字雖然只是一個符號，但往往寄寓家人教育期望，未必率爾為之。六朝文集中每有細論子女命名用意之文，如王昶〈戒兄子及子書〉〔註74〕、陶潛〈命子詩〉〔註75〕、魏文郭后命字來由〔註76〕及何楨〈玄壽賜名敘〉〔註77〕等，即能證明此種傾向。從〈表4　六朝女子命名用字舉例〉中，可略見家長對自己女兒，有著怎樣的期望〔註78〕。由命女用字，或可作為探查女教目的之佐助資料。基本上，六朝命女有「重德」傾向，因為「婦德」與「女訓」的相關字，使用頻率頗高；〔註79〕其次是對於女子特質的期望，如富「貴」、「聰」

〔註72〕膏不厭鮮，水不厭清，玉不厭潔，蘭不厭馨。爾形信直，影亦不曲，爾聲信清，響亦不濁。
緣衣雖多，無貴于色，邪徑雖利，無尚於直。春華雖美，期於秋實，冰璧雖澤，期于見日。
浴者振衣，沐者彈冠，人知正服，莫知行端。服美動目，行美動神，天道祐順，常與吉人。
（裴頠〈女史箴〉，《全晉文・卷33》）

〔註73〕「團團明月，魄滿則缺；亭亭陽暉，曜過則逝。天地猶有盈虧，況華豔之浮孽。是以淑女鑒之，戰戰兢兢，相彼七出，順此治言。懼茲屋漏，畏斯心垣。在昧無愧，幽不改虔。」（王廙〈婦德箴〉，《全晉文・卷20》）

〔註74〕《三國志・王昶傳》：「欲使汝曹立身行己，尊儒者之教，履道家之言。故以玄默沖虛為名。欲使汝曹顧名思義，不敢違越也。」

〔註75〕陶淵明〈命子詩〉：「卜云嘉日，占亦良時。名汝曰儼，字汝求思。溫恭朝夕，念茲在茲。尚想孔伋，庶其企而。……既欲其生，實欲其可。人亦有言，斯情無假。」

〔註76〕《三國志・魏書・后妃傳》載文帝郭皇后少時，父親郭永奇之曰：「此乃吾女中王也。」遂以「女王」為字。

〔註77〕〈玄壽賜名敘〉：「新婦荀氏所生女，以歲在丁丑四月五始時出生。……玄髮素顏，婦人之上姿也；壽考無疆，先民之至願也。故賜名曰玄壽焉。」（《全晉文・卷32》）

〔註78〕參考劉增貴〈漢代婦女的名字〉所用方法，見於《新史學——女/性史專號》7：4，p.33～94。

〔註79〕命名者希望這個女孩，日後可以「婉順柔嫕」，「靜貞敬和恭穆端莊」，遵從「道德仁義孝」，在言行上能一循女「訓」，自我「脩」束，表現合於女「憲」

「明」、長「壽」、美貌（「姿」、「儀」、「豔」、「媚」、「容」）之類，此外「才智」類用字不少，顯示六朝重才風潮下，家長亦期女兒有才；但與美貌相比，比例稍遜〔註80〕；又門第「興家榮族」企圖也有反映，命女為「崇祖」「愛親」，期待女子發揮安定宗族、「和」「合」家人、家道長久之效。而重男〔註81〕與佛道二教涉入〔註82〕現象，亦有呈現。基本上，此表舉例，雖非精密，但「德化」、「女化」〔註83〕（性別化）傾向為其主軸，少部分「聰慧明智」的用辭，表現部分家長對於女兒才性的期待未因性別而有分別；「貌美姿豔」、「如花似玉」則是「婦容」方面的普遍願望。

表4　六朝女子命名用字舉例〔註84〕

用意分類	例字提要	名字舉例
道德	婉順柔嫕	順華（375、490）、婉華（490、161）、柔華（490）、婉戀（328）、淑婉（331）、婉（55）、令婉（宋）、尚柔（梁）、令嫕（梁）、玉婉（梁）、婉（晉）、柔（徽音、7）、

的行為；其次命名也有直接用古代賢女才女之名者，如「孟母」、「齊媯」、「憲媛」、「文姬」之類。

〔註80〕「美貌」用字最多，是否意味著美女際遇較好，為人所愛，也在一定程度上顯現常人的女性觀念——「郎才女貌」。即使佛教勸人奉佛，以世人至願「誘之」時，提及生女的好條件時亦偏美貌，而非高才令德，與生男存有明顯區別，如六朝頗為流行的《觀音經》便載：「若有女人設欲求男，禮拜供養觀世音菩薩，便生福德智慧之男；設欲求女，便生端正有相之女。」案：六朝用「端正」一詞，每指形貌，而非行為。在正史列女傳有多例。尤其在六朝尚美好色之風下，容貌美色妝飾的學習亦相形重要，所以左思二女平素亦習妝飾。

〔註81〕寄望生男的命名也不難看到，如崔氏有女七人，分別命為德相、和上、瑰兒、阿停、五男、六止、[?]（467），生到第六個女兒仍再接再厲想再舉得男，惜亦落空，也可看生兒子對女人的重要。而命名中的「停」、「止」生女，「五」舉得「男」；有些家族更直接以「男」字命女，期望帶來「生男好運」，這些皆已明白反映重男輕女的習尚。

〔註82〕宗教詞語的滲入可明，如「舍利」、「僧兒」、「仙姬」之類，正可作為六朝佛道二教興盛的側面旁證。

〔註83〕此外，命女用字中，還有比例不小的標示女性身份用字，如「女」、「姬」、「娥」等。此外用「美玉」、「好花」及「令辭」也不少見。基本上，這些女名直至今日，仍被使用之中，不難理解到：千年以來的女兒，被寄予的期望似乎無多新變。

〔註84〕此表凡例：「舉例」中不附姓氏，以利取義；名字之後的括弧：「數字」代表趙超〈漢魏南北朝墓誌彙編〉一書的頁碼：「國字」表示朝代。

	靜貞敬和恭穆	元靜（418）、靜媚（431）、靜勝（68）、靜研（68）、貞姬（138）、貞風（晉）、敬容（24）、敬言（陳）和（韶音）7、和之（19）、和上（467）、恭（惠音）7、穆之（晉）
	道德仁義	道止（齊）、道韞（晉）、德相、義（4）、樂尚（北魏）、華仁（122）、孝明（321）、
女式規範	式訓憲脩端莊	女式（19）、女暉（24）、貫閨（37）、簡訓（7）、敬訓（72）、自儀（北周）、憲（晉）、憲英（晉）、端臨（10）、惠端（齊）、惠庄（6）、脩娥（432）、脩密（346）、脩明（宋）、令脩（16）、
儀容	姿儀豔媚容	娥姿（周）、顯姿（120）、媛姿（161）、仲儀（331）、妙儀（488） 豔（晉）、豔華（347）、蕣華（南齊）、英媚（宋）、休顏（161） 玉容（109）、容姬（宋）、妙容（陳）、獻容（晉）、媛容（晉）、陵容（晉）、孟容、仲容、叔容、季容（167）、鳳容（223）、稚容（19）
聖賢女儀	女神文學女範聖人	洛神（218）、恆娥（223）、文姬（35）、文君（晉） 秀姜（19）、元姜（65）、善姜（68）、遺姜（68）、 憲嫄（宋）、齊嬀（宋）、伯姒（宋）、孟母（晉）、舜（隋）
特質命運	聰慧明智壽貴	貴華（17）、季聰（352）、文壽（晉）、玄壽（晉）、容（齊）、韶明（齊）、慧命（214）、慧姬（24）、惠端（齊）、惠昭（齊）
家國		安宗（宋）、崇祖（宋）、歸女（晉）、季望 148、合會（35）、愛親（宋）、伸王（123）、玖家（晉）、和上（467）
招弟望男	男	令男（212）、昭男（414）、將男（490）、思男（454）、迎男（122、331）僧男（124）、欣男（宋）、榮男（宋）、惠男（宋）、男玉（北魏）、男胤（晉）、男姊（16）、興弟（宋） p.s.李琮客妻崔氏有女七人：德相、和上、瑰、懷兒、阿停、五男、六止、？（467）
遭遇	憐愛	憐（晉）、玉憐（319）、始憐（68）、止憐（68）、道憐（晉） 翁愛（120）、隆愛（120）、神愛（晉）
宗教	佛道仙	法珠（110）、法容（宋）、法慧（晉）、法倪梵（晉）、境（宋）、道安（宋）、舍利（北）、僧兒 184、仙姬（185）、普賢（北）

性別用字	女姬娥〔註 85〕媛	女郎（122）、孃孃（407）、建女（123）、遺女（122）、阿女（114）、江女（83）、女勝（北魏）、玉女（24）\太姬（宋）、容姬（宋）、令姬（北魏）、光姬（晉）、媛姬（晉）、元姬（晉）、簡姬（晉）、壽姬、安姬（122）、遺姬（131）\祖娥（北魏）、英娥（宋）\令媛（127）、媛華（148）、稚媛（331）、媛韶（8）、淑媛（24）、英媛（宋）、靈媛（晉）、媛姬（晉）
	妃嬪〔註 86〕	長妃（148）、稚妃（148）、幼妃（475、352）、景妃（157）、洪妃（157）、仲妃（161）、阿妃（361）、靈妃（301）、貴妃（11）、季嬪（331）
其他好字	美玉	琰、珮、珪、玉、瑛、琇……
	好花	華、英、蘭、芷、芬、芳……
	令辭	徽、光、韶、妙、暉……

（二）施教者

常態之下，家庭是女子生活的主要場域；而與男子不同的是女子須經過「于歸」過程，而後成為他姓之人。因而討論家庭教育，自須涵括二姓之家。女子一生，幾乎都在受教與學習：在家受教於父母尊長，嫁後聽受於舅姑丈夫，持家主事之後，仍由男子當家施令（夫、子）。若施教內容為「知識」，則學優識多者自為優先的施教人選，不限於家人。因此女子教育，可說一種終身的教育，且學習內容隨其生命歷程及角色轉變而更新〔註 87〕。

婦女未嫁之前，皆在娘家受教。施教之人主要有「家人」與「外人」兩類。家人施教以父母、兄姊為主，其他尊長（如伯叔、祖父母、嫂……等）為輔。外人施教則有塾師家教、女師傅母、門師尼媼等。教女人選，母親為首，女兒好壞，常人每歸母教：

> 婦人之性，率寵子婿而虐兒婦。寵婿，則兄弟之怨生焉；虐婦，則姊妹之讒行焉。然則女之行留，皆得罪於其家者，母實為之。至有諺云：「落索阿姑餐。」此其相報也。（《顏氏家訓．治家》）

〔註 85〕姬，古代對婦女的美稱，也作美女代稱。娥，美好，美女也。媛，本義為「美女」，《說文》：「媛，美也。」

〔註 86〕「妃」「嬪」現今用法中，易令人起「宮闈」之想，其實在上古或者僅是尋常女子性別身份用字，《說文》：「妃，匹也。」段注云：「妃本上下通稱，後人以為貴稱耳。」故妃本義為配偶。嬪，婦也，妻也。《爾雅．釋親》：「嬪，婦也。」或作女官之名。六朝命女，或許兼有二者之意。

〔註 87〕此處援用廣義的「教育」定義，婦女嫁後學習活動多非學問知識。

> 夫人（趙氏）少稟家風，長垂令範。并州主簿王憐之妻也。琴瑟未幾，便失伉儷，唯有一女，甫就口食。及長，適穎川陳氏。值大齊肇構，陳有力焉，除光州刺史。妻封襄城郡君。而郡君政訓陳門，恩逮眾妾，肅穆閨闈，皆趙夫人慈育之所致也。（北齊〈趙氏墓誌〉，《漢魏南北朝墓誌彙編》，p.399）

顏之推認為：女兒嫁前，讒虐嫂嬸；女兒嫁後，母愛女婿，兄弟不平。女兒如此招怨兄弟，其失在母——婚前婚後過寵其女所致：反之，若女兒淑令，相夫教子有成，常人亦多歸功其母。如趙氏之女嫁於陳姓，其後丈夫榮顯，治家有成，墓誌作者便歸功於趙氏之教。其實，這樣的看法相當合理。自小，女孩便追隨母親，時時向母親學習模仿〔註 88〕，經由不斷的性別教育過程〔註 89〕，開始認同女性的身份與角色，學習婦功，逐漸具備所謂「女性特質」。家庭女教，自幼實施，直至出閣前夕臨嫁，母親（父親也會）還會叮嚀幾句。這些話語儘管簡要，卻可能是母親畢生處世心得：

> 趙母嫁女，女臨去，敕之曰：「慎勿為好！」女曰：「不為好，可為惡邪？」母曰：「好尚不可為，其況惡乎？」（《世說新語．賢媛 5》）

趙母，穎川人，是漢末吳地桐鄉令虞韙之妻，才敏多覽，賦作數萬言，對女教亦有心得，曾作《列女傳解》。曾受詔入宮，又諫吳王自征公孫淵，實為賢智婦人。〔註 90〕其女臨嫁，趙母以「慎勿為好」教之，本是「過來人」的經驗甘苦談，且提示女子隻身嫁入夫家後面臨複雜人際的因應之道。女教經典《女誡》也是班昭在女兒臨嫁所作〔註 91〕，亦當為昭一生為婦心得集成。母女心傳是女教相當重要的環節，或許如此，此項習俗沿襲至今〔註 92〕。至於父親

〔註 88〕如左思二女幼年學母親化妝，又學習烹飪，見左思〈嬌女詩〉。

〔註 89〕如顏氏家訓載江南有「抓周」習俗，所置物品便已根據男女分職不同而有差異，可算是早期性的性別教育，詳見《顏氏家訓．風操》。

〔註 90〕見於《世說新語．賢媛 5》劉注引（皇甫謐）《列女傳》。

〔註 91〕《女誡．序》云：「鄙人愚暗，受性不敏，蒙先君之餘寵，賴母師之典訓年十有四，執箕帚於曹氏，于今四十餘載矣。戰戰兢兢，常懼黜辱，以增父母之羞，以益中外之累。夙夜劬心，勤不告勞，而今而後，乃知免耳。吾性疏頑，教道無素，……但傷諸女方當適人，而不漸訓誨，不聞婦禮，懼失容它門，取恥宗族。吾今疾在沈滯，性命無常，念汝曹如此，每用惆悵。閒作女誡七章，願諸女各寫一通，庶有補益，裨助汝身。去矣，其勗勉之!」

〔註 92〕此俗先秦早有，《儀禮．士昏禮》：「父送女命之曰：『戒之敬之，夙夜毋違命。』母施衿結帨曰：『勉之敬之，夙夜毋違宮事。』庶母及門內施鞶，申之以父母

教女，亦多所聞：

吾家兒女，雖在孩稚，便漸督正之；一言訛替，以為己罪矣。（《顏氏家訓．音辭》）

韋逞母宋氏，家世以儒學稱。宋氏幼喪母，其父躬自養之。及長，授以《周官》音義。（《晉書．列女傳》）

彪有女，幼而聰令，彪每奇之，教之書學，讀誦經傳。（《魏書．李彪傳》）

元公夫人薛氏……諱字伯徽，河東汾陰人，……尚書三公郎中之長女。……年七歲，持所鍾重，未嘗逕阿傅之訓，已有成人之操。先考授以禮經，一聞記賞。（《漢魏南北朝墓誌彙編》，p.174）

以上所言父教，偏重之處各有不同：顏之推在言語訛誤上督正兒女；宋氏之父及李彪親教女兒經史書學，另有虞喜及張宣子則在女兒嫁前囑以夫妻相處之道：

會稽虞喜隱居海嵎，有高世之風。晷欽其德，聘喜弟預女為妻．喜戒女棄華尚素，與晷同志，時人號為梁鴻夫婦。（《晉書．孝友傳．孫晷》）

（張宣子遂以女妻劉殷）宣子者，并州豪族也，家富於財，……誡其女曰：「劉殷至孝冥感，兼才識超世，此人終當遠達，為世名公，汝其謹事之。」張氏性亦婉順，事王母以孝聞，奉殷如君父焉。」（《晉書．孝友．劉殷》）

例中兩位準女婿並皆貧賤，幸得二父獨具隻眼，能鑒高德，且在婚前誡女在先，否則二女能否識人，從夫素志，決然棄置榮華，久續良緣？還是從世俗之見，貪慕榮華，嫌棄夫婿，終至仳離？尚不可知，故此實為父親對於女兒「夫妻之道」的教誡。門第聚居，伯叔施教有之，〔註 93〕手足之間亦有切磋。門第聚居，伯叔、祖父母及其他親戚平日相處甚密，故對晚輩親屬，亦能盡心施教：

之命，命之曰：『敬恭聽宗爾父母之言，夙夜無愆，視諸衿鞶。』《白虎通義．嫁娶》：「父母親戒女者何？親親之至也。」

〔註 93〕六朝門第，兄弟親族同居，伯叔親如己父，故亦常施教姪輩。六朝每號伯叔為「諸父」，或逕稱「父」可知。如《世說新語》載「江左殷太常父子，並能言理」，雖云父子，實為「叔姪」可證，至於伯叔施教，由《世說》所多載謝安與子姪事可見。

> (袁)袞兄女芳將嫁,美服具矣。袞刈荊筥為箕帚焉,詔諸子,集之於堂,男女以班,而命芳來。曰:「汝少孤,汝逸,汝豫,不汝疵瑕。今汝將適人,事舅姑,灑掃門庭內,婦人道也;故賜汝以此。匪器之美,欲汝之溫恭朝夕,雖休勿休也。(王隱《晉書》〔註 94〕)
>
> 叔父安嘗問:「毛詩何句最佳?」道韞稱:「吉甫作頌,穆如清風。仲山甫永懷,以慰其心。」安謂有雅人深致。又嘗內集,俄而雪驟下,安曰:「何所似也?」安兄子朗曰:「散鹽空中差可擬。」道韞曰:「未若柳絮因風起。」安大悅。(《晉書・列女傳》〔註 95〕)

袁袞教兄女以婦道,謝安試兄女以文學,皆為女教範疇。至於手足之間的學習,以兄姊教弟妹模式為主,或教習經典,或切磋詩文,或規諫言行。就事實而論,兄姊因出生較早,已先受過父母或長輩的教育,以其所知所能來教弟妹,一則為父母分勞,一則可以自己作為具體範例,更因年齡接近,易於溝通表達之故。劉聰妻劉氏「每與諸兄論經義,理趣超遠,諸兄深以歎服。」(《晉書・列女傳》)左芬〈感離詩〉中提到:「何時當奉面,娛目於書詩?」知左思兄妹經常一起切磋詩文;陳　妹曾作〈先君誄〉〔註 96〕,引《老》《莊》之文嘉讚先父。陳　建議其妹,父親生前雖潔身隱逸,但以儒立身。若引用「老莊」為誄,既失先君志意,又非名教所取,實宜改之,則為以姊教妹之例。

在家教女,除由家人施教之外,亦有外人參與。如塾師、家教、女師、尼媼門師等,主要源於力有未逮或易子而教〔註 97〕的考量。力有未逮可能包含心力、體力及學力各方面的不能配合,如此則須延請外人充任:

> 裴讓之母辛氏,高明婦則,又閑禮度。夫喪,諸子多幼弱,廣延師友,或親自教授。內外親屬有吉凶禮制,多取則焉。(《北齊書・裴讓之傳》)

〔註 94〕《太平御覽・人事部・鑒戒》引王隱《晉書》。

〔註 95〕詠絮之事,《世說新語・文學》先出,本當引用;然因《晉書》加載「毛詩何句最佳」事,益見伯叔教導之常,故採行之。

〔註 96〕詳見陳珍〈與妹劉氏書〉,《藝文類聚・卷 22》。案:六朝人每以夫姓加於「姊妹」之上,如陶淵明為文,稱其妹為「程氏妹」,表示其妹嫁於程姓。

〔註 97〕語出《孟子・離婁上》,親子間當以恩愛為主,教育必求長進勤習,父母親教易於傷恩害義;或如漢儒所說,言《詩》多涉男女,父母不便在場較不尷尬,如《白虎通・卷 6・辟雍》「父不教子條」:「父所以不自教子何?為泄瀆也。又授之道當極說陰陽夫婦變化之事,不可父子相教也。」就現代教育觀點及經驗顯示:親教有時會有「親、師難分」,子女學習不力(易賴皮)的情況。

由上看來，辛氏自教，絕對有能力勝任，而她果然也曾自教，若有事（遭夫喪、理家務、育諸子）則採「廣延師友」方法加以解決。倘若家族受教人數達到一定數量，則有在家設立書館的需要。在家立學，固定讀書，稱作家館（或稱教館、坐館）。請得起教師入家教授者，大多為富人或官宦人家，為子弟將來，不惜重金延聘教師。由於家館的學生來源是本家子弟，因孩童年少又在家中，便給予女子讀書之機會：

> 李繪年六歲，便自願入學，家人以年俗忌偶，約而弗許，伺其伯姊筆牘之間，而輒竊用，未幾遂通《急就章》。（《北齊書．29．李渾傳》）
>
> 元華光……澄儉端響，柔廉術塾。（《漢魏南北朝墓誌彙編》，p.166）

李繪所處時地，其俗對於入學年齡有所限定，即男忌雙、女忌只（單）之說。由「伺其伯姊」之文得知，其姊也在學中，這說明女子入學情形的確存在。且其家館教學內容是《急就章》之類的啟蒙識字教材，「啟蒙」階段的家館〔註 98〕，男女所學似無二致，另一女元華光似乎也上過家塾，否則無須以「術塾」作文，而沿用一般墓誌公式（如「內外」「閭里」「遠近」……）即可。此外，也有家族延聘教師到府教授（家教），與塾師、女師不同的是這類可能是「定時」教授，並非長住，《比丘尼傳》載：「檢少好學，早寡，家貧，常為貴遊子女教授琴書。」淨檢尼，俗名種令儀，本為太守之女，家世不錯，故少時有機會深研琴書；然婚後卻遭夫喪，家貧之故，淨檢便以薄技謀生，時常應邀至貴族府第教授琴書，可見女性家庭教師也是存在的，且貴族女子亦得受教。另一類外人施教，有傅母、乳母、師傅、女師〔註 99〕，士族之家當有此職，負責子女的教、養相關事宜。傅母隨侍小姐，總攬大小事務，鉅

〔註 98〕「蒙學」一般是指幼童階段的教育與學習。大致可以分為請人教育和自己親自教兩種。中國古代蒙學的施行方式約可分為四種：（一）家教：由尊長、父母、兄長施教；（二）教館或坐館：：在家設學館，聘請教師來家教授；（三）家塾或私塾——教師在自己家內設塾，招收學生；（四）義學或義塾——由地方出錢或集資聘請教師，在地方上設立學校；（五）社學——官辦與公助相結合的地方性學校，帶有濃厚的官學色彩；（六）族塾——用宗族財產設立的學校，主要為本族子弟開設，子弟入學多免費。（浦衛忠《中國古代蒙學教育》，p.4～31）案：後三項在教育史上發展較晚，約在宋代才發展成熟，所以六朝蒙學施行方式仍以前三種為主。

〔註 99〕「太妃門籍舊風，庭稟師訓，早稱貞靜，夙擅幽閑。」（《漢魏南北朝墓誌彙編》，p.472）「薛夫人……漸慈傅之訓，其奉夫也良；資承親之孝，其事姑也謹。」（《漢魏南北朝墓誌彙編》，p.490）「王令媛……尊敬師傅，鑒識圖史。」（《漢魏南北朝墓誌彙編》，p.358）

細靡遺，包辦小姐生活需要並施以教養，即便出嫁亦往往隨行，彼此感情深厚。正因為乳母、傅母經常隨侍，若見小姐言行偏差或可議，便會隨即提出指正〔註 100〕：

> 邢阿光……出入帷房，能溫師氏之誥；施設俎豆，不違傅母之則。（〈北齊故是連公妻邢夫人墓誌銘〉，《漢魏南北朝墓誌彙編》，p.411）
>
> （前趙）劉聰妻劉氏，名娥字麗華。偽太保殷女也。幼而聰慧，晝營女工，夜誦書籍，傅母恆止之，娥敦習彌篤。（《晉書．列女傳》）

傅母出於愛護之心，認為女工固不可廢，讀書似可免除，又恐劉娥日夜操勞，有礙身心，故恆止之。儘管女子該不該讀書的問題尚待商榷，不過傅母出於教訓責任在身，逕以自己價值觀阻止小姐讀書，實亦盡職表現。此外，前文提到裴讓之母辛氏廣延「師、友」，故除家庭教師外，「友」也有施教之實，只是地位屬於同儕。左思〈悼離贈妹詩〉云「翼翼群媛，是瞻是慕。匪惟見慕，善誘善導。斟酌諸姬，言成典誥」，提及左芬善教同儕詩文，或即屬於以友輔「文」的例子。

至於「門師」，指在家傳授佛法之師。隨著佛教興盛，信奉之家寖多愈深，有將僧尼迎往家中供奉，提供家人佛法諮詢者〔註 101〕：

> 僧猛……行己清潔，奉師恭肅，疏糲之食，止存支命。行道禮懺，未嘗疲怠。說悔先罪，精懇流淚，能行人所不能行。益州刺使吳郡張岱，聞風貴教，請為門師。（《比丘尼傳．齊僧猛尼》）
>
> 慧緒尼……志節勇猛，……戒業具足，道俗所嗟。……齊太尉大司馬豫章王蕭嶷，……知其有道行，營請入內，備盡四事。……緒既善解禪行，兼菜蔬厲節，豫章王妃及內眷屬，敬信甚深，從受禪法。（《比丘尼傳．齊慧緒尼》）
>
> 法宣尼……經律遞講，聲高于越。……寫經鑄像靡不必備。吳郡張援，穎川庾詠。汝南周顒，皆時之名秀，莫不躬往禮敬。齊巴陵王

〔註 100〕《詩．周南．葛覃．毛傳》：「師，女師也。古者為師，教以婦德、婦言、婦容、婦功。」

〔註 101〕《高僧傳．唱導第十．釋道照》：「披覽群典以宣唱為業。音吐寥亮，洗悟塵心。指事適時，言不孤發。獨步於宋代之初。……臨川王道規從受五戒，奉為門師。」北朝佛教亦盛，也有門師。如《高僧傳．譯經中．曇無讖傳》：「時有涼州沙門釋慧崇，是偽魏尚書韓萬德之門師」、「時有沙門曇曜，亦以禪業見稱，偽太傅張潭伏膺師禮。」

> 蕭照胄出守會稽，厚加供待，梁衡陽王元簡到郡，請為母師。(《比丘尼傳·齊法宣尼》)

上面三例可能屬於個別家族情況，但從許榮上疏與〈讓婚表〉〔註102〕看來，則尼媼早在晉、宋即已相當普遍。許榮疏曰〔註103〕：「僧尼乳母，競進親黨，又受貨賄，輒臨官領眾。」文後又提到「尼僧成群」，看來僧尼已走入民間家中，普渡大眾，未必全然遠離塵囂，獨自清修。〈讓婚表〉提到：

> 宋世諸主，莫不嚴妒。……姆嬭爭媚，相勸以嚴；尼媼競前，相諂以急。第令必凡庸下才，監子皆葭萌愚豎，議舉止則未閑是非，聽言語則謬於虛實。姆嬭敢恃耆舊，唯贊妒忌；尼媼自倡多知，務檢口舌。(《宋書·后妃·孝武文穆王皇后》)

〈讓婚表〉雖是男子尚主的不平之鳴，然文中透露女教引進尼媼之原因在於「耆舊」與「多知」，故足以教導女子。又前文引張玄與謝遏爭論姊妹高下例中，為兩家調停的濟尼，當因往來兩家，深入閨中，與二女都有接觸，故能下斷語，判分二女特質〔註104〕。又晉代《高僧傳》、《比丘尼傳》提到每多士女、通家(大家)、富貴、后妃敬事諮問，亦可窺知當時奉佛婦女之多。由此看來，尼媼門師雖未必皆為道行高深，也不免雜有敗類，但的確曾對當時家族教育及社會教化產生過作用，故尼媼門師得以成為女教施教者。

至於嫁後，女子承姑教導最多，其次夫婿。姑教媳，禮制明訂，《禮記·內則》提到「子婦未孝未敬，勿庸疾惡，姑教之；若不可教，而后怒之；不可怒，子放婦出，而不表禮焉。」〔註105〕稱「子婦」，則施教者為舅姑身分。

〔註102〕宋明帝命近臣所作。

〔註103〕《晉書·簡文三子傳》：「于時朝政既紊，左衛領營將軍會稽許榮上疏曰：『今臺府局吏、直衛武官及僕隸婢兒取母之姓者，本臧獲之徒，無鄉邑品第，皆得命議，用為郡守縣令，並帶職在內，委事於小吏手中；僧尼乳母，競進親黨，又受貨賂，輒臨官領眾。無衛霍之才，而比方古人，為患一也；臣聞佛者清遠玄虛之神，以五誡為教，絕酒不淫．而今之奉者，穢慢阿尼，酒色是耽，其違二矣；夫致人于死，未必手刃害之。若政教不均，暴濫無罪，必夭天命，其違三矣；盜者未必躬竊人財，江乙母失布，罪由令尹。今禁令不明，劫盜公行，其違四矣；在上化下，必信為本，昔年下書，敕使盡規，而眾議兼集，無所採用，其違五矣。尼僧成群，依傍法服，五誡粗法，尚不能遵，況精妙乎！而流惑之徒，競加敬事，又侵漁百姓，取財為惠，亦未合布施之道也。』」

〔註104〕《世說新語·賢媛30》。

〔註105〕「子婦」似分指「子」與「婦」二人（如王夢鷗《禮記今註今譯》便作二人解），不過媳婦亦含其中，故仍可作為姑教媳之例。

兩漢也有杜泰姬、楊禮珪二位婆婆留下訓誡媳婦之文，可為明證〔註 106〕。六朝俗諺有：「教婦初來，教兒嬰孩。」(《顏氏家訓・序致》) 可知媳婦是要教的。姑教媳其實也有其現實需要。新婦嫁入，初來乍到，對夫家內部尚未熟悉，卻須擔任家中許多勞作任務，加上「家有家規」，來自異姓的媳婦，自需有人牽引指點。毛漢光研究唐代婦女生涯時指出女子早婚，有助於婆婆施教〔註 107〕，其實六朝亦當如是。據李貞德統計 269 則女性墓誌資料得出：六朝女子婚齡大約是 17.4 歲〔註 108〕。在當家主事前的多年學習，有助於了解並融入夫家，且有益於他日承接「主婦」之職，延續家業家風。姑教媳既屬正當，因此能順姑教，也為人稱許：

> 妃（常季繁）祗侍慈姑，緝釐陰教，夙夜無違於婦道，終始不愆於禮度。是使柔政光被於遠邇，美化洋溢於邦國者，誠由厥姑嚴誨之有經，抑亦妃贊諧之所致也。(《漢魏南北朝墓誌彙編》，p.133）

> 馮令華……動中典禮，言必稱於先姑。脩德苦身，以為子孫之法。(《漢魏南北朝墓誌彙編》，p.375）

常季繁之柔政美化，誠由厥姑嚴誨之有經；馮令華聽受姑教，言必先稱於姑，皆受時人讚揚。婆媳關係〔註 109〕，錯縱微妙，正史列女傳多見孝媳事蹟，慈姑故事則相形較少〔註 110〕。千古以來，婆媳立場之異，加上種種錯縱複雜且微妙的心理作用，恩怨情仇，管教相處〔註 111〕，也往往成為家庭難題。至於夫婿教妻，禮有明文。《大戴禮記・本命篇》云：「女者，如也。……女子者，

〔註 106〕杜泰姬為犍為太守趙宣之女，教五子皆有成，有〈戒諸女及諸婦〉一文；楊禮珪，成固陳省妻、楊元珍女，有〈敕二婦〉之文，二文同出《華陽國志・卷 10》。

〔註 107〕毛漢光〈唐代婦女家庭角色的幾個時段：以墓誌銘為例〉，《中國婦女史論集・四集》(臺北・稻鄉，1995)，p.145、151。

〔註 108〕見於李貞德〈六朝婦女生活〉一文，《婦女與兩性學刊 4》(臺北・臺大人口研究中心婦女研究室，1993.3)，p.62。

〔註 109〕《顏氏家訓・治家》云婦人之性多虐子婦，〈歸心〉篇說到當時有舅姑有以嫁妝太少而詈罵子媳者。

〔註 110〕然亦有所聞，如晉賀僑妻于氏無子，娘家母兄群從，以于犯七出，數告賀氏自請出離，然其姑薄氏慈惠通達，以「無子歸之天命，婚姻之好義無絕離」，不使于氏出離，反令其夫多立側媵，解決難題。詳見于氏〈上表言養兄子率為後〉，《全晉文・卷 144》。

〔註 111〕《晉書・刑法志》：「時有大女劉朱，撾子婦酷暴，前後三婦自殺，論朱減死輸作尚方。」

言如男子之教而長其義理者也，故謂之婦人；婦人，伏於人也。」傳統禮教主張男主女從、夫唱婦隨，又俗以男子多聞廣見〔註112〕，故夫當教妻，而妻則須順服男子之教。女子嫁後，除接受姑教，亦常因夫所好所長，學習新藝或接受新思維。如梁武帝信佛，丁貴嬪從之奉佛，敬信有得，尤精《淨名經》〔註113〕；劉令嫻丈夫曾親教其琴書〔註114〕。而此種歷程，也可視為一種廣義的教育。

（三）教育內容

六朝女教的內容相當多樣，有承襲先朝，也有此代衍生的新內容，以下且依道德教育、知識教育及藝能教育三項說明，並可參考〈表5　六朝女教內容表〉明其梗概。

〔註112〕此說起因下章再予詳論。

〔註113〕譯《梁書．卷7》，案：《淨名經》乃《維摩詰經》的別譯。

〔註114〕「二儀既肇，判合始分。簡賢依德，乃隸夫君。外治徒舉，內佐無聞。幸移蓬性，頗習蘭薰。式傳琴瑟，相酬典墳。」（劉令嫻〈祭夫文〉，《藝文類聚．卷38》）

表 5 六朝女教內容表

時代	姓名	家世身份	受受教年紀	教教育場所	G施教者	據教育方式	知識教育													藝能教育													德育		結果	資料出處
							識字啟蒙	禮儀內則	經書	詩書	史傳	詩文	列女傳圖	女誡內則	家訓女訓	玄學黃老	佛教典籍	道教典籍	其他	衣食女工	書法	會計	祭祀	禮儀法度	文學創作	政事典章	知人識鑒	音樂	清談言語	弓馬武藝	醫藥	其他				
三國	虞氏	吳人虞蹉女，趙母之女	臨嫁	家庭	母										+																		為婦之道			世說·賢媛 5
	賈女合	賈充前妻女		家	母	作女誡									+																				才明，為齊王妃	《世說新語·賢媛14》及注
西晉	王元姬	王肅女、晉文皇后	8	家庭	父、祖				喪服	詩論																	+								1. 父母令攝家事，每盡其理。 2. 預言鍾會必亂	晉書·后妃上
	楊豔	晉武皇后																		+	+															晉書·后妃上
	左芬	左思妹			父、兄				易			+				+																			為武帝貴嬪，以才見禮	晉書·后妃上

	紈素、蕙芳	左思二女	幼少	家庭	父母	實習為多	+													+	+							+				妝飾				左思〈嬌女詩〉
	魏華存	魏舒女						三傳	五經							莊老		+	百氏													服食			教養二子成立任官，然後成仙	南嶽魏夫人傳
	杜韡	嚴憲女		家庭	母																				+											有淑德。	晉書·列女傳
東晉	鍾琰	鍾繇玄孫，王渾妻														+			記籍					+			+								禮度為家人法	晉書·列女傳
	謝道韞	謝安姪，王凝之妻		家內	叔謝安	討論發表										+										+									道韞曰：「未若柳絮因風起。」公大笑樂	世說新語·言語77
	諸葛氏	諸葛恢女、謝裒子婦																															威儀		猶有恢之遺法。威儀端詳，容服光整。	世說新語·方正25

時代	姓名	家世身份	受教年紀	受教育場所	G施教者	據教育方式	知識教育													藝能教育													德育		結果	資料出處
							識字啟蒙	禮儀內則	經書	詩書	史傳	詩文	列女傳圖	班昭女誡	家訓女訓	玄學黃老	佛教典籍	道教典籍	其他	衣食女工	書法	會計	祭祀	禮儀法度	文學創作	政事典章	知人識鑒	音樂	清談言語	弓馬武藝	醫藥	其他				
	某家貴族子女			家	種令儀																書法							+琴								比丘尼傳
	李如意	王獻之保母														老	釋				草書				+											保母磚志，全晉文27
小計							1	1	3	1	0	1	0	0	2	4	1a	1b	2	3	4	0	0	2	1	1	2	1	1	0	0	2	2			
南齊	劉智容		8	家庭					喪服	詩論																									父母令攝家事，每盡其理。	南齊書·皇后傳
	六宮	宋武帝六宮		後宮	韓蘭英																+															南齊書·皇后傳

梁	丁令光	梁武貴嬪、昭明太子母															+																			梁書·卷7·（后妃）
	郗徽	梁武皇后、國子祭酒孫女	幼年								+									+	+															梁書·卷7·（后妃）
陳	章要兒	散騎侍郎女、陳武帝后							詩經			楚辭										書計														陳書·卷7
	沈婺華	陳後主皇后、儀同三司沈君理女							+		+						+				+															陳書·卷7
小計							0	0	3	1	2	1	0	0	0	0	2 a	0 b	0	1	3	1	0	0	0	0	0	0	0	0	0	0	0			

北朝（含十六國）

時代	姓名	家世身份	受教年紀	教育場所	施教者	教育方式	知識教育													藝能教育													德育		結果	資料出處
							識字啟蒙	禮儀內則	經書	詩書	史傳	詩文	列女傳圖	班昭女誡	家訓女訓	玄學黃老	佛教典籍	道教典籍	其他	衣食女工	書法	會計	祭祀	禮儀法度	文學創作	政事典章	知人識鑒	音樂	清談言語	弓馬武藝	醫藥	其他				
後燕\	慕容氏	段豐妻，南燕主慕容德之女也									書史																	鼓琴					有才慧		其父欲嫁之，守節自縊而死	晉書·列女傳
前秦	宋氏	韋逞母，家世儒業	及長	家庭	父	諷誦		周官																											教子學成名立，官學教生百二十人	晉書·列女傳
前趙	劉娥	太保女、劉聰后							經義																										勸阻君殺諫臣	晉書·列女傳
	劉英	太保女、劉聰后																	博敏涉學																文詞機辯，曉達政事	晉書·列女傳
北魏	元氏	于忠後妻\中山王尼須女								+																									靈太后臨朝，引為女侍中，賜號范陽郡君	魏書·于忠傳

李氏	李彪女、世祖婕妤		家庭	父			經傳													+														世宗聞其名，召為婕妤，婕妤在宮，常教帝妹書，誦授經史．	魏書·李彪傳
王子、公主	世祖弟妹		後宮	李婕妤				經史												書法															魏書·李彪傳
劉氏	宋王劉昶女、北海王詳妃		夫家	婆婆																												妒忌			魏書·北海王詳傳
元氏	盧道虔妻															老子													+					甚聰悟，常升高座講《老子》，道虔從弟元明隔紗帷以聽焉。	北史·盧玄傳
石婉	魏尚書江陽王次妃															+																		秉性妍華，資性聰哲，學涉九流。……其辭曰……學既採玄，才亦成篇。	彙編，p.55

	李氏	魏大將軍陽平幽王之妃														+														+					談玄簡妙，雅論飛聲	彙編，p.100
	元氏	鮮卑人\馮邕妻，昭成皇帝曾孫							+	+	+				+					+															長息向冠，台府垂辟；二女未笄，皇子雙娉	彙編，129
	高氏	勃海高颺女							書典					女戒及儀						+															言行自高，物所宗慕。及歸韓氏，禮風方扇，進退折中，動成規矩。	彙編，153
北齊	崔夫人	博陵郡君，太姫														+																			神衿爽悟，□問知幾，小大以情，幽□咸照。……愛好沖虛，崇尚黃老。	彙編，p.475
小計							0	2	4	2	2	0	0	1	1	4	0 a	0 b	1	2	2	0	0	0	0	0	1	0	2	0	0	2	0			
備註	a：六朝學習佛教婦女甚多，原文註解引用已多，不再詳列 b：修習道教經典之女性，詳見〈表 9〉																																			

道德教育方面，女子他日多須出嫁，待字期間，家長必須教養使之合乎未來夫家標準，方易良配。娶婦標準，自古以來，「德行」為先。《大戴禮．保傅篇》云「謹為子孫娶妻嫁女，必擇孝悌世世有行仁義者。如是則其子孫慈孝，不敢淫暴，黨無不善，三族輔之。」娶妻孝悌仁義，日後其子孫自能慈孝，不敢淫暴。夫家的考量實亦基於家族利害而為。六朝女教，在正式的女教文書中，無不強調女德之重要。既重「德」，此「德」又是誰家之德〔註 115〕？是儒是道是佛？就典籍綜觀得知，似仍沿襲前代「三從、四德、五倫、六禮、七教、禮義」〔註 116〕等儒家道德條目，具體的行為要求便是仁義、孝友、柔順、謙和、勤儉、敬慎、貞節、慈愛、不妒……等。女教文書大力強調柔順、不妒、貞節、胎教四者。〔註 117〕至於才學，似未重視，反應出女教重德的傾向。墓誌雖多溢美之詞，然而付托在墓主身上的嘉德懿行，雖然未必曾經「實」行，但也代表著時人心中的理想「女德」範式。墓誌言女子有德，往往以合「禮」為證〔註 118〕，此德自屬儒家之德。

〔註 115〕玄佛道儒各有不同的世界觀、人生觀及言行規範。

〔註 116〕女性墓誌中「四德」(「四教」) 尚有「四行」、「四訓」、「四善」等異稱，幾乎無誌不用。此外「遵禮」(「行禮」、「習禮」)、「六行」亦居出現次數前矛；「七教」(「七行」、「七儀」、「七德」)、「五教」(「五倫」、「五行」) 等詞出現有不少。案：「六行」指孝友睦婣任恤六種善行，語出《周禮．地官．大司徒》;「七教」指父子、兄弟、夫婦、君臣、長幼、朋友、賓客，語出《禮記．王制》。「寶宙起自伯陽，哲人之後，弈葉官華。……，顧史自脩，問道鍼闕，五禮既融，四德兼朗。……談玄簡妙，雅論飛聲。」(〈李氏墓誌〉《漢魏南北朝墓誌彙編》，p.100)「世家豪贍，禮教相承。……郡君資性矛[柔]靜，……立身婉順，少習女功，長成婦德。四行既充，六禮云暨。始自笄年，言歸茂族。」(〈郡君吳輝墓誌〉，《漢魏南北朝墓誌編》，p.384)「酌禮而言，吐辭為範。」(〈昝雙仁墓誌〉，《漢魏南北朝墓誌彙編》，p.181) 案：「六禮」為冠、昏、喪、祭、鄉、相見；「七教」：父子、兄弟、夫婦、君臣、長幼、朋友、賓客。二詞出於《禮記．王制》。案：「七教」與「五教」皆與「人際」相處之德有關，班昭《女誡》多篇 亦多論人際「夫妻、婆(公)與媳、叔妹……」，足見「人際關係」的處理實為女性生活中重要行事。

〔註 117〕林素珍〈魏晉南北朝女教概述〉，《國文學誌》(彰化師大國文系，1998.6) 第二期，p.105。此文以「女教書」為討論中心，並未涉及到六朝女教的實際層面，如「妒心」、「貞節」在當時並非定論及所有家教所取，還有以「妒」教女者。

〔註 118〕「勤執婦道，率禮不越，竭心朝夕，恭謹如也。」(華芳，《漢魏南北朝墓誌彙編》，p.13)「動中典禮，言必稱於先姑。脩德苦身，以為子孫之法。」(《漢魏南北朝墓誌彙編》，p.？)「妃（常季繁）祇侍慈姑，緝釐陰教，夙夜無違於婦道，終始不愆於禮度。」(《漢魏南北朝墓誌彙編》，p.133)「夫人率下行為達德育目標，父母尊長常以隨時訓導方式教之，或令其女閱讀「女教文書」或觀覽「列女圖」。女教書包括《禮記・內則》、劉向《列女傳》、班昭《女誡》，或〈女史箴〉等文、書，使其見賢思齊，熟識禮規。北魏將軍夫人元氏「家誡女傳，逕目必持，凡所聞見，入賞無漏。每覽經史，睹靖女之峻節，覿伯姬之謹重，未始不留漣三覆，慕其為人也。」〔註 119〕刺史妻高氏「時有暇日，兼悅書典。女戒及儀，常委膝席，言行自高，物所宗慕。」〔註 120〕據墓誌所載二女讀後果生慕賢之心，言行自高。除卻誦讀女傳，也有藉由圖畫故事〔註 121〕，或口耳相傳列女事蹟，進行女傳之教。左芬〈離思賦〉云：「生蓬戶之側陋兮，不閑習於文符。不見圖畫之妙像兮，不聞先哲之典謨。」（《晉書・后妃上・左貴嬪》）賦中將「見圖畫」與「習文符」、「聞典謨」等正式教育內容並立，略知「見圖畫」當為女教內容與教育方式之一。今存六朝文物之中仍見「列女圖」（詳見《中國美術全集——繪畫 1》p.154～155），列有北魏〈屏風漆畫列女古賢圖〉及晉人顧愷之〈女史箴圖〉、〈列女傳圖〉（詳見《中國歷代婦女妝飾》p.43、p.58、p.210、《中國古代服飾史》161～162），可為佐證。而六朝墓誌敘及女墓主的學習經歷時，每每強調其對班昭《女誡》及列女圖傳之熟悉〔註 122〕，表示婦女觀習列女圖傳，更能顯現女教之完備與德行之充美。

己，非禮不動。」（〈元阿耶〉，《漢魏南北朝墓誌彙編》，p.339）「及歸韓氏，禮風方扇，進退折中，動成規距。（高氏，《漢魏南北朝墓誌彙編》，p.153）

〔註 119〕〈北魏直閣將軍輔國將軍長樂馮邕之妻元氏墓誌〉，《漢魏南北朝墓誌匯編》，p.129。

〔註 120〕《漢魏南北朝墓誌匯編》，p.153。

〔註 121〕《晉書・藝術傳・佛圖澄》：「季龍造太武殿初成，圖畫自古賢聖、忠臣、孝子、烈士、貞女。」
酈道元《水經注》（段熙仲點校本 p.779）：「山形峻峭，冢前有石祠、石廟，四壁皆青石隱起，自書契以來，忠臣、孝子、貞婦，孔子及弟子七十二人形像，像邊皆刻石記之，文字分明。」《華陽國志・卷 10 上・先賢士女總讚論》有「二姚見靈，……郡縣圖象府庭」及「峨峨淑媛，表圖銘旌」之語。案：注云：「言此十二女，皆圖象列傳。」

〔註 122〕「爰總四德之勢，顧存七編（案：列女傳有七篇）之旨。」（《漢魏南北朝墓誌彙編》，p.432）「三德必脩，四行無爽。該覽圖傳，備聞內則。」（馮季芳，《漢魏南北朝墓誌彙編》，p.156）「早練女訓，四光自整。」（于仙姬，《漢魏南北朝墓誌彙編》180）「居閑女訓，歸習婦容。」（元洛神，《漢魏南北朝墓誌彙編》219）「太妃（盧蘭）令淑夙聞，珪璋早茂。就學女史，覩圖內則。」（北周・盧蘭，《漢魏南北朝墓誌彙編》p.492）

儘管六朝女教德育傾向「以儒立教」，然於思想多元，風氣較為開放的六朝，部分儒家「女德」要目，似有鬆動。在部分書寫材料中〔註 123〕，記錄了女子義正辭嚴反駁丈夫奚落嘲諷以及嚴妒制夫的事例，此與「婦順」有所背離；七出之一的「婦妒」，在六朝部分門第之中竟成「教女」內容，實為中國女教的異數。〔註 124〕至於貞節，秦代開始提倡，獎勵女子夫喪不再醮，經過漢代的大力提倡獎掖，已成部分家族家風門規。六朝時代，禮法稍弛，對婦女的束縛力儘管稍弱，但仍有部分婦女表現貞節。南北兩地帝王多次下令地方上報獎勵貞女，六朝正史中的「列女傳」或「孝義傳」不吝特寫守貞之女。然而六朝部分家長視女兒再嫁為常，甚至強逼女兒改嫁。孀婦性行若美，門第出身若高，依然為人接受，甚至無礙為后妃命婦，由〈表 6〉多載六朝后妃公主再嫁之例，自不難明白貞德要求在此代的寬鬆。然而時人對於執志守貞之女，亦不吝褒獎。對於孀婦，除少數家族為標榜門風外〔註 125〕，並未強制守節。女子不以再醮為恥，男子不忌娶再嫁之女。儘管正史「列女傳」極力書寫貞節〔註 126〕，

〔註 123〕如《世說》、《妒記》及部分正史的側面呈現。

〔註 124〕本文第四章「妒教現象中的情權之辨」中將予專論。

〔註 125〕《北齊書．羊烈傳》:「烈家傳素業，閨門修飾，為世所稱，一門女不再醮。魏太和中，於兗州造一尼寺，女寡居無子者，並出家為尼，咸存戒行。」

〔註 126〕「蕭寶贊妻壽陽長公主，尒朱兆入洛，為城民趙洛周所逐。公主被錄還京，尒朱世隆欲相陵逼，公主守節被害。」(《魏書．蕭寶贊傳》)「彭城劉氏，勃海封卓妻也。成婚一夕，卓官於京師，後以事伏法，劉氏在家，忽然夢想，知卓已死，哀泣不輟。諸嫂喻之不止，經旬，凶問果至，遂憤歎而死。時人比之秦嘉妻。」「魏溥妻市房氏，婉順高明，幼有列操。年十六而溥遇病而卒，及大斂，房氏操刀割左耳，投之棺中以示守節之心。乃慮父母未量至情，覬持此自誓。」「張洪初妻劉氏，年十七，夫亡，遺腹生子，三歲又沒。奉舅姑如禮無違。兄矜其少寡，欲奪而嫁之。劉氏自誓弗許，以終其身。」「董景起妻張氏，夫早亡，張年十六，痛失少喪，哀傷過禮。永不沐浴，蔬食長齋。無兒息，獨守貞操，期以闔棺。」「貞女涇州兕先氏，許嫁彭老生為妻。聘幣既畢，未及成禮。率行貞淑，居貧，常自舂汲，以養父母。老生輒往逼之，不屈而死。」另有「刁思遵妻魯氏」之事，正文將引。(以上六人並見《魏書．列女傳》)又三國夏侯令的女兒嫁曹文叔，不久曹亡，其女無子，父親要她改嫁，她就割去雙耳以示不嫁決心。後來父母見其無依無靠，又令其改嫁，此次她自割其鼻，表示不願。(皇甫謐《列女傳》)「韓靈珍妻卓氏守節不嫁，慮家人奪其志，未嘗告歸。」(《梁書．顧憲之傳》)魏敬瑜妻十六亡夫，公婆勸其改嫁，她乃截耳為誓守節，政府褒之。(《南史．孝義傳》)「貞婦萬晞者，少孀居無子，事舅姑尤孝，父母欲奪而嫁之，誓死不許。憲之賜以束帛，表其節義。」「吳康之妻趙氏，嫁康之，少時夫亡，家欲更嫁，誓死不貳。」「蔣俊之妻黃氏，夫亡不重嫁，逼之，欲赴水自殺，乃止。」

但「道德楷模的行為恰恰是罕例」〔註 127〕，也有可能與人們的普遍行為相反，衡諸六朝事蹟，此言似有合情之處：庾亮兒遭蘇峻難遇害，諸葛道明女為庾兒婦，既寡將改適；與亮書及之。亮答曰：「賢女尚少，故其宜也；感念亡兒，若在初沒。」（《世說新語・傷逝 8》）例中媳婦再嫁，公公儘管商情，但無異議；諸葛恢之女文彪，乃庾會婦，既寡，自誓「不復重出！」此女甚正彊，無有登車理，恢既許江思玄婚，乃移家近之。初，誑女云：「宜徙。」於是家人一時去，獨留女在後。比其覺，已不復得出。江郎暮來，女哭詈彌甚，積日漸歇。……（《世說新語・假譎 10》）此例中娘家之人為使文彪改嫁，百般使計，雖余嘉錫先生質疑此事非真，但被書寫出來，顯示類似現象可能存在當時，只是人名有所出入；而《世說》作者對此，亦不非難。《魏書・列女傳》載榮陽刁思遵妻，魯氏女也。始笄，為思遵所娉，未踰月而思遵亡。其家矜其少寡，許嫁已定，魯聞之，以死自誓。父母不達其志，遂經郡訴，稱刁氏吝護寡女，不使歸寧。魯乃與老姑徒步詣司徒府，自告情狀。普泰初，有司聞奏，廢帝詔曰：「貞夫節婦，古今同尚，可令本司依式標牓。」婦女新寡，執志守貞，父母不許，告上官府，云夫家強留女兒，不肯放歸；若非魯氏與其姑上官府說明原委，恐怕真得吃上官司。可見再嫁為常，夫家不可強難，否則有違法之嫌。又楊舒妻，乃武昌王和之妹，……舒早喪，有一男六女，及終喪而元氏頻請別居。舒兄楊椿乃集親姻泣而謂曰：「我弟不幸早終，今男未婚，女未嫁，何便匆匆求離居？」元氏不聽，遂懷憾焉。（《魏書・楊椿子昱》）但椿亦無可奈何。蓋時俗並未強人貞節，加以楊舒妻貴為王侯妹，當禮法遇上權勢，尤顯無力。〈表 6〉顯示公主以改嫁為常，二嫁、三嫁甚且有之，權位與貞節之相關，耐人尋味。

表 6　六朝改嫁后妃公主舉例

朝代	姓　氏	家世身份	前　夫	改嫁原因	後　夫	資料出處
曹魏	甄后	魏文帝后、太常女	袁熙	夫死被掠	魏文帝曹丕	三國志・魏書・后妃傳
孫吳	徐夫人	孫權夫人	陸尚	夫死	吳主孫權	三國志・吳書・妃嬪傳

「丁（倪翼之母也）長子婦王氏寡，執志不再嫁。」（以上四例出自《南齊書・孝義傳》）

〔註 127〕蘇冰、魏林《中國婚姻史》，p.153。

	孫魯班	孫權女\公主	周瑜子循		全琮	三國志，吳書·妃嬪傳
	孫魯育	孫權女\公主	朱據		劉纂	三國志·吳書·妃嬪傳
蜀漢	穆氏	劉備夫人	劉瑁	夫死	蜀主劉備	蜀書·二主妃子傳
晉	羊獻容	羊玄之女，晉惠皇后	晉惠帝	懷帝即位，洛陽敗，沒于劉曜，曜僭位，以為皇后，為生二子。\曜、彌等遂陷宮城，逼辱羊皇后。城府蕩盡，百官及男女遇害者三萬餘人。	前趙劉曜	晉書·后妃上\晉書·王彌傳
	鄭阿春	河南滎陽鄭，世為冠族，太守女	田氏	生一男而寡，帝本欲納表姊吳氏，見鄭更賢，改納之。	晉簡元帝	晉書·后妃下
宋	劉欣男	宋武帝女，豫章康長公主	徐喬	不詳	何瑀	宋書·后妃
	劉英媛	宋文帝女，臨川長公主	王藻	公主性妒，因讒於帝，夫下獄死，與王氏絕婚。	太守庾沖遠，未及成禮而庾卒。	宋書·后妃
北齊	斛律氏	左丞相光之女，北齊後主皇后	北齊後主	父誅，被廢，帝令為尼。齊滅	再嫁開府元仁	北齊書·皇后
	胡氏	胡太后姪女，隴東王女，北齊後主皇后	北齊後主	得罪太后，太后大怒立剃其髮，遂令還家。後亦改嫁	不詳	北齊書·皇后
北周	元氏	北魏公主、周文帝后	張歡	前夫貪殘，遇后無禮，殺后侍婢，訴之魏孝武帝，帝執殺之	北周文帝	周書·皇后傳
	尉遲熾繁	周宣帝后，本西陽公妻	西陽公宇文溫	以宗婦例入朝，帝逼幸之。舅謀逆，前夫被誅，進后入宮	周宣帝后	周書·皇后傳
	司馬令姬	周靜帝后、滎國公司馬消難女	周靜帝	父叛逃於陳，被廢為庶人。	隋刺史李丹	周書·皇后傳

此外，佛道二教也逐漸滲透到婦女德育體系之中。據史料顯示：六朝女子在家奉佛〔註 128〕奉道，研讀宗教經典者不少，多半出於家庭薰習，無論子女，往往跟隨家人信教。〈北朝母子禮佛圖〉（詳見《中國美術全集——繪畫1》麥積山第 142 號窟正壁右側影塑母與子供養像．北魏）中，只見母親手攜幼子，虔誠禮佛，六朝子女自小耳濡目染或跟隨父母禮拜，長成後每多敬信；北魏文明馮太后，少時受出家姑母薰染，亦信佛教。（《魏書．皇后傳》）則女子信教，多受家人影響所致，而宗教也提供婦女另類的教育選擇。六朝信佛女子甚多，無分南北，除散見史籍之外，墓誌銘中則有較多的反映〔註 129〕。北朝后妃尤多奉佛出家者，翻閱北朝諸史「后妃傳」即可得知；至於張玉憐、高夫人、元純陀、馮太妃、趙夫人、太妃華、郝夫人等則見於墓誌，且身份多為北方女子（甚且為鮮卑女）；南女奉佛，可參考〈表 5　女教內容表〉外，《比丘尼傳》、《高僧傳》的側面觸及及六朝筆記〔註 130〕中有較詳細的記載。女子修習佛教，其出世之想、輪迴果報、因緣和合、轉身成佛諸說，促使女子對於自身生活及道德有不同思考。

至於道教在東晉南北朝有繁盛發展，據陳寅恪先生考據六朝天師道世家有琅邪王氏、高平郗氏、吳郡杜氏、會稽孔氏、義興周氏、陳郡殷氏、丹陽葛

〔註 128〕「內教多途，出家自是其一法耳。若能誠孝在心，仁惠為本，……不必剃落鬢髮。」（《顏氏家訓．歸心》）

〔註 129〕「推尚佛法，深解空相，大悲動心，惟慕慈善，聞聲見形，不食其肉，三長六短，齊[齋]誡不爽。」（張玉憐，《漢魏南北朝墓誌彙編》，p.319）（案：以下僅標頁數，不標書名，乃出同書。）「夫人以無生永逸，有陋將危，志騰苦海，舟梁彼岸，故裁謝浮虛，敬仰方直。於是金花斷意，寶蕤離心，物不中度，未曾觀攬。」（高夫人，p.154）「及車騎謝世，思成夫德，夜不洵涕，朝哭銜悲．乃歎曰：吾一生契闊，再離辛苦，既慚靡他之操，又愧不轉之心，爽德事人，不與他族，樂從苦生，果由因起．便捨身俗累，託體法門，棄置愛津，栖遲正水，博搜經藏，廣通戒律，珍寶六度，草芥千金。」（元純陀，261）「兼以信向大乘，遨遊眾善，翹到不已，依止無倦。」（馮太妃，377）「夫人精心練行，遍覽諸經．臨終遺屬，委財三寶．朔望奠祭，不得輒用性靈。」（趙夫人，399）「擯落囂塵，袪洗累或，投心覺寶，束意玄門，潔齋靜處，六十餘載．雖光次悲泉，齒踰大耋，貞情苦行，未之或改。」（太妃諱華，474）「恒以四德為基，六行為本，兼妙崇內相，洞識真如。」（郝夫人，487）另有 p.102、146　、214、418（尒朱元靜）等，數量甚多，不勝枚舉。

〔註 130〕如《宣驗記》、《冥祥記》、《述異記》、《靈鬼志》、《志怪》（祖台之）、《幽明錄》等，雖雜神怪，但書寫時詳述人名身份籍里，似頗有據，時人並不全以為虛妄，《隋書．經籍志》頗列為史部，可見時人對於筆記事績的看法如何。

氏、東海鮑氏、丹陽許氏、丹陽陶氏、吳興沈氏等〔註 131〕。不過直接記載女子習道的資料並不多，或可採用曲折方式得其概況，如文獻提到女子好《黃》《老》、有服食之術〔註 132〕，或作「造像記」〔註 133〕，皆可作為習道佐證。據此筆者整理出〈表 9　六朝奉道女性表〉，可供了解六朝奉道女子概況，至於佛道教育內涵及對傳統女教的轉化，將於後文再予論析。

知識教育方面〔註 134〕，六朝女子接受的知識教育，基本上多以儒典為主，行有餘力，方習諸子（如三玄、佛經）或文學。施教儒典，以《論語》、《孝經》、《詩經》等蒙學教材最為常見；部分女子熟稔禮學，至於較深的經典，則僅有少數女子因家學淵源或特殊理由方有研修機會；此外承自先代女教的胎教常識、女教文書及史學，並是六朝女教的重要知識教育內容。六朝女子多習儒典，且以《禮》為先。從〈表 5〉可知，六朝女子所受知識教育，多宗儒學。門第女子，因為「地利」之故，對於家傳儒學，也有修習機會。我們由史傳所載不難證明：晉文皇后王元姬，乃經學家王肅之女，出自書香門第，幼學《詩》《論》，後通《喪服》；陳武帝后章要兒讀過《詩經》；陳後主后沈婺華，涉獵經史；北魏李彪教女讀誦經傳、《禮》經；大監劉阿素「幼履宮廷，但志心儒質」〔註 135〕。其次，由六朝女子施教內容〔註 136〕，也可略知當時女子素習內容，如三國鍾會母張氏自教《孝經》、《論語》、《詩經》、《尚書》、《易》、《左傳》、《禮記》……；夏侯湛母羊姬教其《詩》《書》《禮》《樂》；南

〔註 131〕陳寅恪〈天師道與濱海地域之關係〉，《陳寅恪史學論文選集》（上海．上海古籍出版社，1992），p.164～183。

〔註 132〕《晉書．王恭傳》：「淮陵內史虞珧子妻裴氏有服食之術，常衣黃衣，狀如天師，道子甚悅之，令與賓客談論，時人皆為降節。」晉泰和中，有女人楊令辯，篤信黃老，專行服氣。先時人物，亦多敬事。（《比丘尼傳．竺道馨》）《梁書．鄧元起傳》：「鄧元起初為益州，過江陵迎其母，母事道，方居館，不肯出。元起拜請同行。母曰：「貧賤家兒忽得富貴，詎可久保，我寧死不能與汝共入禍敗。」「至於神衿爽悟，□問知幾，小大以情，幽□咸照。……愛好沖虛，崇尚黃老。」（北齊〈故太姬崔夫人之銘〉，《彙編》p.475）《真誥》載南嶽夫人魏華存為上清派道教開山祖師。魏氏為晉魏舒之女，劉文之妻。另外唐．杜光庭《鏞城集仙錄載》所載六朝得道女性分別有：晉．鮑姑、李奚子，劉宋．梁母，隋．徐仙姑等。

〔註 133〕如《全魏文．卷 5》有孟阿妃（朱元洪妻）的〈造老君像記〉。

〔註 134〕學習的主要成份是以文字為媒界，這就是通常所說的知識的學習，也就是當前所稱的「智育」。（賈馥茗《教育哲學》，p.321）

〔註 135〕《彙編》，p.114。

〔註 136〕可參考〈表 2　六朝女子施教表〉。

朝謝貞母王氏教其誦讀《論語》、《孝經》，垣文凝母鄭氏親教經《禮》；北朝方面：韋逞母宋氏教《周官》；房景伯、景先母崔氏，親授經義；皇甫和母夏侯氏，亦親授經書。上述母親既能授子，必定習過諸書。〔註 137〕而六朝女性墓誌，也反映同樣的情形，多宗儒學〔註 138〕，讀禮為常〔註 139〕。女子習禮，成果出色者不少，甚至男子不及，紛紛請益：晉鍾琰「理儀法度，為中表所則」〔註 140〕，陳璆撰有〈進見儀〉，傳於當世；前秦韋逞母宋氏以《周官》教授官學，北魏張宗之妻蕭氏（本為南人）多悉婦人儀飾故事，初制六宮服章，被命在宮，預見訪採；崔覽妻封氏聰辯強記，多所究知，「李敷、公孫文叔雖已貴重，近世故事有所不達，皆就而諮請焉」；薛伯徽蒙父親授以禮經，一聞記賞，「及長，於吉凶禮儀，靡不觀綜焉」〔註 141〕，皆女子治禮有成之例。

六朝史學甚盛，人物傳記大量出現，史學家不少，然多男性，此代似未出現如班昭之流的女性史學家，但仍有不少「知」史女性。在許多文獻中提及女教內容時，時常與儒家「經」書並提的便是「史」學，「經史」之學乃是是六朝女教相當重要的教材組合方式之一，如北魏將軍夫人元氏「每覽經史」〔註 142〕，北魏李婕妤（李彪女）在後宮教皇帝弟妹經史〔註 143〕等。讀史、善史之女子也有所聞，如梁高祖皇后郗徽「讀史傳」；後燕段豐妻慕容氏「善書史」〔註 144〕；北魏文獻王妃王令媛「鑒戒圖史」〔註 145〕，岐州刺史趙郡王故妃馮會「善於書記，涉攬文史」〔註 146〕等，皆可窺出史學在女教領域所受重視。

〔註 137〕以上資料及出處詳見附表〈1.2 六朝女教內容表〉、〈1.3 六朝女子施教概況〉。

〔註 138〕如「五禮既融，四德兼朗」（《彙編》，p.100）、「習禮明詩，鑒圖訪則」（公孫甑生，《彙編》，p.321）、「詩書禮辟，經目悉覽。」（《彙編》，p.261）等。

〔註 139〕六朝長於禮度者，如鍾會母張氏、杜有道妻嚴憲、垣文凝母鄭氏、裴讓之母辛氏等。

〔註 140〕《晉書・列女傳》。以下舉例出處詳見表格〈表 5　六朝女教內容表〉、〈表 2　六朝女子施教表〉及〈表 1　六朝女性人才概況〉所列出處，此處不一一詳示。

〔註 141〕〈魏故使持節儀同三司車騎大將軍雍秦二州刺史都昌侯元公夫人薛氏墓誌銘〉：「夫人諱字伯徽，河東汾陰人，尚書之玄孫，雍秦二州之曾孫，河東府君之孫，尚書三公郎中之長女。」（《彙編》，p.174）

〔註 142〕〈北魏直閣將軍輔國將軍長樂馮邕之妻元氏墓誌〉，《漢魏南北朝墓誌匯編》，p.129。

〔註 143〕《魏書・李彪傳》。

〔註 144〕《晉書・列女傳》。

〔註 145〕〈魏故黃鉞廣陽王妃銘〉，《漢魏南北朝墓誌匯編》，p.358。

〔註 146〕《彙編》，p.85。

玄學興於正始，風靡六朝朝野，上自帝王將相，下至小兒婦人，亦多談者，清談已然成為社交必備藝能。當時門第中人多半能談，家教之中亦有此道〔註 147〕。清談內容在於三玄，而修習三玄（玄學）乃部分家族作法，南朝陳顯達曾戒子「麈尾蠅拂自是王謝家物」，非其當學〔註 148〕；晉陳珍〈與妹劉氏書〉中反對《老》《莊》；又見當時許多儒者對談者的撻伐，知玄學並非六朝全面普行的女教內容。女子修玄直接記載甚少，僅能以間接推求，長於談辯者，以玄入詩者，儀形風度名士化者，撰文推崇談玄者，皆可能為修玄女子。修習三玄，清談論辯，為研討玄學最常被採用的方式，而六朝婦女行之，南北皆有〔註 149〕：

> 王凝之妻謝氏，字道韞，安西將軍奕之女也。聰識有才辯。……凝之弟獻之，嘗與賓客談議，詞理將屈，道韞遣婢白獻之曰：欲為小郎解圍，乃施青綾步鄣自蔽，申獻之前議，客不能屈。(《晉書·列女傳》)

> 自爾嫠居會稽家中，莫不嚴肅。太守劉柳聞其名，請與談議。道韞素知柳名，亦不自阻，乃簪髻素褥，坐於帳中。柳束修整帶，造于別榻。道韞風韻高邁，敘致清雅。先及家事，慷慨流連，徐酬問旨，詞理無滯。柳退而歎曰:「實頃所未見，瞻察言氣，使人心形俱服。」道韞亦云:「親從凋亡，始遇此士，聽其所問，殊開人胸府。」(《晉書·列女傳》)

> 道虔妻元氏……甚聰悟，常升高座講《老子》，道虔從弟元明隔紗帷以聽焉。」(《北史·盧玄傳》)

上文載有道韞清談二事，從文字間明顯看出：道韞談技，勝乎男子；縱令獻之高才，亦有屈伸，道韞解圍，客不能屈；又劉柳問旨，詞理無滯，足見道韞才學之淵深通熟。北朝則少玄學，但修玄女子仍零星可見：如北魏末年盧道

〔註 147〕可參考拙撰《魏晉玄佛二家對傳統儒教教育之批評及影響》第三章「家學」部份的說明。

〔註 148〕《南史·陳顯達傳》。

〔註 149〕一般以為北方無玄學，其實玄學在北朝後期（特別是魏孝文帝）漸受重視，帝王公卿頗有好之者，且長於談論。六朝時代儒道（甚至亦習佛三修）兼綜頗多，六朝學風，以兼通為能，重意尚理，不在乎所出何家，亦促成玄學之興。

虔妻元氏及墓誌所載採玄之女，如石婉、李氏、崔夫人〔註 150〕，皆是女子修玄的事例。

王僧虔《誡子書》提到「談何容易」，上場清談必須該熟專書論注數十種之多，其中又以三玄及注為先；道韞能談，且據勝場，三玄自熟。又張湛《列子注・序》曾提及王弼之女流傳《列子》之事〔註 151〕：張湛校注《列子》，參酌王輔嗣女婿趙季子家六卷，王婿之書，當為王弼之女所有，王弼得自粲，因無子，後當傳女。弼女擁書，當有修習，嫁後亦攜書同往趙家，故趙家得有王家之書。由於古史傳記本少婦女，又多貞孝為旨，女子學術活動記載較少，但由女子詩文著述言語，仍可透露修習《易》《老》《莊》《列》的訊息。即女子修玄可由「援玄入文，清遠高逸」、「立論說理，三玄是依」推知。創作出言為學行的輸出表現，前文提及劉臻妻陳氏反對妹劉氏引《老》《莊》之文入父誄，知妹劉氏嘗習《老》《莊》。又《晉書・列女傳》載涼武昭王李玄盛后尹氏，幼好學，清辯有志節。尹氏謂其子士業「知足不辱」之道家明誡，《老子》之文肆口而出，知其《老子》甚熟；另外詩文援引三玄，或文資玄理，亦其習玄之佐證。援玄入詩文如：鍾琰〔註 152〕〈遐思賦〉:「于是周游容與，逍遙徬徨。悲民主之局促，願輕舉之遐翔。」〔註 153〕；左芬〈德柔贊〉:「神以知來，知以藏往」等。又謝道韞、左芬詠物詩篇，往往能探求現象之外，求索「本原」，除增添詩作氣勢，盡去兒女風氣，也多分哲思與其間：

> 峨峨東岳高，秀極沖青天。岩中間虛宇，寂寞幽以玄。
> 非工復非匠，雲構發自然。氣象爾何物，遂令我屢遷。
> 逝將宅斯宇，可以盡天年。(謝道韞〈登山〉)

〔註 150〕「夫人諱婉，字敬姿。……秉性妍華，資性聰哲，學涉九流。……其辭曰……學既採玄，才亦成篇。」(〈魏尚書江陽王次妃石夫人墓誌〉,《漢魏南北朝墓誌彙編》p.55)「太妃李氏，……魏故使持節大將軍陽平幽王之妃。……乃作銘曰：……談玄簡妙，雅論飛聲。」(《漢魏南北朝墓誌彙編》, p.100)「至於神衿爽悟，□問知幾，小大以情，幽□咸照。……愛好沖虛，崇尚黃老。」(北齊〈故太姬崔夫人之銘〉,《彙編》, p.475)

〔註 151〕湛聞之先父曰：吾先君與劉正輿、傅穎根，皆王氏之甥也，並少游外家，舅始周、始周從兄正宗、輔嗣，皆好集文集，先得仲宣家書，幾將萬卷。……先君所錄書中有《列子》八篇。及至江南，僅有存者,《列子》唯餘〈楊朱〉、〈說符〉、〈目錄〉三卷。比亂，正輿為揚州刺史，先來過江，復在其家得四卷。尋從輔嗣女婿趙季子家得六卷，參校有無，始得全備。(張湛《列子序》)

〔註 152〕《晉書・列女傳》:「琰……博覽記籍。美容止，善嘯詠。」

〔註 153〕《藝文類聚・卷 34》。

覽庶類之肇化，何涪漚之獨靈。秉陰精以運景，因落雨而結形。

不繫根于獨立，故假物以資生。……亡不長消，存不久寄。

其成不欲難，其敗亦以易也。（左芬〈涪漚賦〉）

二詩詠物，一山一物，在描繪物事本身特質現象之外，還思索物類消長之理；詩意能從本源處思考，不留止於外形之工筆，詩理因之以深邃，氣勢因之以磅礡。此外有些詩作則雜名士之風，清逸出塵。如謝道韞〈擬嵇中散詠松詩〉：

遙望山上松，隆冬不能凋。願想游下憩，瞻彼萬仞條。

騰躍未能升，頓足俟王喬。時哉不我與，大運所飄颻。

隱逸之想，時運之思，皆女子少見。左芬亦有詠松之作，〈松柏賦〉用語高逸，一如魏晉名士品題用語：「玄」澗、「素」波、「幽」靄、氣「肅肅」以清冷、稟「天然」之貞勁。〔註 154〕賦末「若君子之順時，又似乎真人之亢真。赤松遊其下而得道，文賓餐其實而長生。」亦發遊仙隱逸之想，飄然清舉之氣/盈溢。以上皆援玄入文，以為詩助之例。又立論說理，亦有以玄理為據者：

《婦人集》載桓玄問王凝之妻謝氏曰：「太傅東山二十餘年，遂復不終，其理云何？」謝答曰：「亡叔太傅先正，以無用為心，顯隱為優劣，始末正當動靜之異耳。」（《世說新語‧排調 26》劉注）

謝氏意謂，謝安以無為心，出處顯隱無別，清心不變，不因地而改。一與郭象《莊子注‧逍遙遊》：「夫聖人雖在廟堂之上，然其心無異山林之中」說同，且道謝以「本末動靜」解之，明顯運用玄學思維方式。其次由女子「名士化」的形象，亦為修玄佐證。「林下風氣」，清雅風度，用於女子，多了一份「精神美」。人之美有多方，肉體美、道德美皆是，然在六朝則重風神。謝遏、張玄互爭姊妹高下，濟尼作調停之說，云謝道韞：「神情散朗，有林下風氣」；張玄妹則是「清心玉映，閨房之秀」。〔註 155〕兩種婦女形象並列，益見其差異。「林下風氣」專指玄風，六朝男子亦多具之。但道韞因修玄之故，亦染玄風，受過玄學薰陶的婦女的確在外表風度氣質上有所不同。而林下風氣、神情散朗多用於男子，則道韞之玄學，正使其躍升與男子同倫的憑藉之一。「名士化」的風神清雅，也成為描繪女子特質的用語，如：

〔註 154〕名士品題常用字有「清神朗率達雅通簡真暢俊曠遠高深虛逸超詣……等字，又常見頗具創意的疊字形容詞，如肅肅、稜稜、岩岩、察察、亹亹、濯濯、落落、穆穆、亭亭、羅羅、窟窟、軒軒……等。詳見王能憲《世說新語研究》第三章。

〔註 155〕《世說新語‧賢媛 30》、《晉書‧列女傳》。

睿性自高，神矜孤遠。風儀容豫，……若夫汪汪沖操，狀　淵而獨邃，英英瑤質，似和璧而起照。(〈太妃李氏墓誌〉,《匯編》, p.100)

文中所用形容語句，與男子幾近，此當受六朝名士及玄風之影響。此外，六朝對於「雅量」〔註 156〕的崇尚，女子也有習染；部分書寫在描述女子儀形時，已脫離傳統女子專用的柔順、富麗形象，而有向男子靠攏傾向。如《世說新語》中寫賈充前妻李氏，言其「剛介有才氣」(《世說新語．賢媛 13》),「剛」向為男子專利，「才氣」則男子未必俱有。至於女子臨危不亂的雅量，有李勢妹遇桓溫妻南康長公主前來問罪，「姿貌端麗，徐徐結髮，斂手向主，神色閑正，辭甚悽婉」。公主於是擲刀前抱，後遂善之。(《妒記》,《世說新語．賢媛 21》注引）又王戎未經通報，逕入「突襲」女兒閨房，「裴從床南下，女從北下，相對作賓主，了無異色。」王戎的任誕，女兒女婿的從容雅量，亦見平日內蘊與風度，當是玄學之助。其三尊崇道家人物，為之傳贊或辯誣，亦可作修玄之證。玄風之興，使部分婦女向道家型人物認同，左芬為贊稱接輿及其妻；

接輿高潔，懷道行謠。妻亦冰清，同味玄昭。

遺俗榮津，志遠神遼。(左芬〈楚狂接輿妻贊〉)

詩中充滿對於「清行」的企望，左芬〈啄木詩〉藉物自喻，更表明此種內心的理想：「南山有鳥，自名啄木。飢則啄樹，暮則巢宿。無干於人，唯志所欲。此蓋禽獸，性清者榮，性濁者辱。」又史學家袁宏之妻李氏有〈弔嵇中散文〉〔註 157〕盛贊嵇康賢智，德行奇偉，風韻劭邈，為命世之傑。其「能好人，能惡人」非但不為病，且是其高德之風的呈現。然「雖智周萬物，不能違顛沛之難」，李氏「慨達人之獲譏，悼高範之莫全」，故為文以為辯誣。全文一無傳統男子所定義的「婦女風氣」。可知玄風對於婦女的個性、形象、理想的塑造的

〔註 156〕《世說新語．雅量》篇多載臨危不亂，穩然安定事跡，六朝以為此必胸中有大蓄積，德量淵深，方能致之。因此對於「雅量」之人，甚為欽慕心儀。

〔註 157〕宣尼有言曰：「惟仁者能好人，能惡人，自非賢智之流，不可以褒貶明德，擬議英哲矣。」故彼嵇中散之為人，可謂命世之傑矣。觀其德行奇偉，風韻韶邈，有似明月之映幽夜，清風之過松林也。若夫呂安者，嵇子之良友也;鍾會者，天下之惡人也。良友不可以不明，明之而理全;惡人不可以不拒，拒之而道顯。夜光非與魚目比映，三秀難與朝華爭榮，故布鼓自嫌於雷門，礫石有忌於琳瑯矣。嗟乎！道之喪也。雖智周萬物，不能遺絕糧之困;識達去留，不能違顛沛之難。故存其心者，不以一眚累懷;檢乎跡者，必以纖芥為事。慨達人之獲譏，悼高範之莫全。凌清風以三嘆，撫茲子而悵焉。聞先覺之高唱，理極滯其必宣。候千載之大聖，期五百之明賢。聊寄憤於斯章，思慷慨而泫然。(《全晉文．卷 144》、《太平御覽．596》)

確有其作用，清雅峻朗或從容大度，順從無己的婦女風氣似被沖淡，直可與男子並「雄」。

儘管修玄女子似乎不少，然而，修玄女子必習儒典。因為玄學雖盛於社會，然家族內部教育子女，仍採儒學。即使是男性，甚至反名教的玄學家，多半在儒學允備的情況下，行有餘力，方始學玄〔註158〕。女子習玄亦然：鍾琰「聰慧弘雅，博覽記籍。……禮儀法度為中表所則」，謝道韞聰識有才辯，謝安問以「毛詩何句最佳？」，應聲而答。〔註159〕鍾之長於《禮》，謝有得於《詩》，並見二女的儒學根柢，因此「既習儒風，亦暢玄旨」，是六朝女子習玄的一般情形。

文學之風，興自曹魏，七子有名於前，三曹父子以在位之姿，致力於創作。文章也由雕蟲小技，壯夫不為，轉變為「經國之大業，不朽之盛事」〔註160〕。文風大盛，女教亦染其風，左芬少好學「善綴文」且常與女伴們經常以文會友，切磋作品〔註161〕；晉鍾琰數歲能屬文；陳武帝皇后章要兒，曾讀《詩經》、《楚辭》，前秦竇滔妻蘇蕙「善屬文」等。女性習文，常因門第尚文之故，如鍾琰「數歲能屬文」，自是家人早教之故；又兄妹檔之出現更顯現家庭以文施教，故能多出文才，如左思左芬兄妹、劉孝綽與三個妹妹、鮑照與鮑令暉皆是；尤其女子習文須才，但指導修正便得靠父兄家人。若有志學文，卻與家風不合（如重視女功，輕鄙文學）或缺乏相關人才指導，仍然難有成果。因而身處內室的女性，學習文學，全然是拜家庭之賜。

養胎教子之學（胎教），先代早有〔註162〕，但六朝之前，似乎未被刻意

〔註158〕如嵇康、阮籍，少年皆曾志於儒學，也有心在經世濟民，但後來有鑒於政治黑暗，名教虛偽，故而起而反名教。戴逵〈竹林七賢論〉早有說明。

〔註159〕二人資料出於《晉書．列女傳》。

〔註160〕「自魏之三祖，更尚文詞。忽君人之大道，好雕虫之小技。下之從上，有同影響，遂成風俗。于是閭里童昏，貴游總丱，未窺六甲，先制五言。捐本逐末，流遍華壤。(《李諤書奏》,《文獻通考．選舉考》引)

〔註161〕左思〈悼贈離妹詩二首〉。

〔註162〕如《大戴禮．保傅篇》:「周后妃任成王於身，立而不跂，坐而不差，獨處而不倨，雖怒而不詈，胎教之謂也。」〈保傅篇〉又引《青史氏之記》:「古者胎教，王后腹之，七月而就宴室，太史持銅而御戶左，太宰持斗而御戶右。比及三月者，王后所求聲音非禮樂，則太師緼瑟而稱不習，所求滋味者非正味，則太宰倚斗而言曰:『不敢以待王太子。』」又《列女傳．母儀．周室三母》:「大任者，文王之母，……及其有娠，目不視惡色，耳不聽淫聲，口不出敖言，能以胎教。溲於豕牢，而生文王。文王生而明聖，大任教之，以一而識百，卒為周宗。君子謂大任為能胎教。古者婦人妊子，寢不側，坐不邊，立不蹕，不食邪味，割不正不食，席不正不坐，目不視於邪色，耳不聽於淫

強調；然在六朝，因重視夙慧天才，主張早教，於是主張「教」自胎中、嬰稚，加上家族「興家榮族」之望，無不慎重子嗣品質，期望賢良繼出，因此在女教之中，「胎教常識」的灌輸也被強調。六朝墓誌中有將墓主之德業之高，歸於胎教之功者，如元瞻墓誌云：「既昭灼於芳鯉，亦蟬聯於胎教。」（《彙編，227》）顯示六朝人對於胎教的認識已經成共識，才有此語之出。漢末蜀地杜泰姬即已對其女兒與新婦，針對教子問題，提出胎教之訓：

> 吾之妊身，在乎正順。及其生也，思存於撫愛。其長之也，威儀以先後之，體貌以左右之，恭敬以監臨之，懃恪以勸之，孝順以內之，信以發之。是以皆成，而無不善。汝曹庶幾勿忘吾法也。（杜泰姬〈戒諸女及婦〉，《華陽國志．卷 10》）

西晉張華也論及胎教原則及胎教目的：

> 婦人妊娠，不欲令見醜惡物、異類鳥獸，食當避異常味〔註 163〕。……席不正不坐，割不正不食。聽誦詩書諷詠之音，不聽淫聲，不視邪色。以此產子，必賢明端正壽考，所謂父母胎教之法。故古者婦人妊娠，必慎所感，感於善則善，惡則惡矣。（《博物志．雜說下》）

張華指出：胎教目的，正為生出「賢明名端正壽考」之子〔註 164〕，而「慎所感」是所有胎教措施的總原則。經現代醫學證明，透過外在環境改變，引起母親內分泌的變化，的確會影響到胎兒身心發展。所以古代胎教儘管部分禁忌充滿神秘迷信成分，但基本原則卻是合理的。至於北朝顏之推則是基於「早教」原則，提倡胎教：

> 古者，聖王有胎教之法，……凡庶縱不能爾，當及嬰稚。識人顏色，知人喜怒，便加教誨，使為則為，使止則止。必及數歲，可省笞罰。（《顏氏家訓．序致》）

聲。夜則令瞽誦詩，道正事。如此，則生子形容端正，才德必過人矣。故妊子之時，必慎所感。感於善則善，感於惡則惡。人生而肖萬物者，皆其母感於物，故形音肖之。文王母可謂知肖化矣。」

〔註 163〕不欲令見熊羆虎豹及狂鳥、秩秩（鳥名）、雉，不食牛心、白犬肉、鯉魚頭。

〔註 164〕當然胎教效果也不是必然的，在同篇中，張華另引《異說》云：「瞽叟夫婦凶頑而生舜；叔梁紇，淫夫也，徵在，失行也，加又野合而生仲尼，其在有胎教也？」案：儘管未必有效，但試過總比不試好，有機會生子「賢良端正壽考」，總得一試，至於結果，盡人事而後聽天命。我想這也是大部分懷孕母親的心情。

早教之效，一如醫學上所說「預防勝於治療」，早歲教誨，勝過長大重罰與嚴教。然而胎教固然要做，出生之後的教育，更是長久大計，二人也在提倡胎教之餘，更強調兒女落地後教育。杜泰姬五子，長皆通達，任職高官，為人所稱，成為母儀佳話〔註 165〕；顏之推子孫，奕代光華，盛及唐代。或許與其家族重胎教優生及家庭教育不無相關。

女子藝能教育方面，亦在六朝有長足發展。藝能學習，或可由左思的〈嬌女詩〉中，略窺概況：

吾家有嬌女，皎皎頗白皙。小字為紈素，口齒自清歷。……
明朝弄梳臺，黛眉類掃跡。濃朱衍丹唇，黃吻瀾漫赤。……
握筆利彤管，篆刻未期益。執書愛綈素，誦習矜所獲。
其姊字惠芳，面目　如畫。輕妝喜樓邊，臨鏡忘紡績。
舉觶擬京兆，立的成復易。玩弄眉頰間，劇兼機杼役。
從容好趙舞，延袖像飛翮。上下絃柱際，文史輒卷襞。
顧眄屏風畫，如見已指摘。丹青日塵闇，明義為隱賾。……
並心注肴饌，端坐理盤　。翰墨戢閑案，相與數離逖。
動為鑪鉦屈，屣履任之適。心為茶荈據，吹噓對鼎　。
脂膩漫白袖，煙薰染阿錫。衣被皆重地，難與沈水碧。……

左思截取二女日常生活的片斷，加以描繪，紈素與惠芳天真爛漫與生動形象，躍然紙端。雖詩中未見施教活動，然由二人的行事中，可以推知其受教之實。因為藝能的學習，含「教」與「學」兩部分，施教者的講解示範過程之外，「教後」的練習與熟稔更不可缺，因而此詩可謂提供了六朝女子童年生活及學習的第一手素描。就詩中所見：兩女受教地點，未出家庭，學習活動融合於日常生活之中。做中學，生活即教育，二女涉及的教育內容當有：習字、篆刻、誦習文史、紡績、音樂、書畫欣賞、烹飪〔註 166〕、化妝（女容：畫脣、畫眉、上妝……），學習內容十分多樣〔註 167〕。詩中落墨最多的是關於「中饋」、「婦

〔註 165〕詳見《華陽國志．卷 10》。「泰姬五男，俱登郡守牧伯。」(《彙編》，p.374)
〔註 166〕廚房重地兒童不宜擅闖，二女親執中饋，必母親令之實習，否則若只是遊戲，必不會持續如此長久的時間。「脂膩漫白袖，煙薰染阿錫」知二女開伙，有成品上桌。
〔註 167〕至於舞蹈，筆者以為可能不是正式的習舞，只是自發的手舞足蹈，左思以「趙舞」喻之。

容」〔註 168〕的描述，二女專注投入程度（「並心」、「端坐」、「立的成復易，……劇兼機杼役」），亦勝過其他項目。大致來說，女工、書法、音樂、書計、武藝皆為六朝女教藝能領域所常見之學習內容，這些內容，先代多有，何以盛於六朝，第三章「藝能教育多樣」部分，方予細論。值得注意的是女子習武現象，傳統性別教育中，女子自當端莊文靜、從順溫柔〔註 169〕，魏晉以前，婦女習武亦不多見。但六朝時代，習武騎射女子已然多見。晉時蘄水女子王桃、王悅姊妹，年未字，俱有膂力，精諸家武藝。姊每與妹相謂曰：「天下有英雄男子而材技勝我者，則相託終身。」時絕少匹敵者。後值兵亂，聚蘆塘、保鄉里。有河東關索，英偉健捷，桃姊妹俱與較，俱不勝，遂俱歸之。後棄家從關，百戰以終。〔註 170〕劉遐妻邵氏，乃冀州刺史邵續女，驍果有父風。嫁後從夫遠戍。劉遐嘗為石季龍所圍，妻邵氏單將數騎，拔遐出於萬眾之中。後來田防等欲為亂，遐妻止 之，不從，乃密起火燒甲杖都盡。高梁冼氏，生於梁時至隋代。在父母家，撫循部眾，能行軍用師，壓服諸越。嫁後，每共其夫參決詞訟，首領犯法，雖是親族，無所舍縱。夫死，廣州刺史歐陽紇謀反，召其子馬僕至高安，誘與為亂，僕遣使歸告夫人，夫人不從，遂發兵拒境，帥百越酋長，營章昭達，內外逼之，紇徒潰散。〔註 171〕至於北方，女子習武更多，漢族女性亦然：

李波小妹字雍容，褰裙逐馬如卷蓬，左射右射必疊雙，婦女尚如此，男子安可逢？（〈李波小妹歌〉，《魏書・李安世傳》）

廣平李波為地方豪強，其妹李雍容，武藝精湛，射御無雙，英姿颯爽，雖男子未必可及。又魏將楊大眼妻潘氏，「善騎射，自詣軍省大眼。至於攻陳遊獵之際，大眼令妻潘戎裝，或齊鑣戰場，或並驅林壑。及至還營，同坐幕下，對諸僚佐，言笑自得，時指之謂人曰：「此潘將軍也。」（《魏書・楊大眼傳》）又六朝多位女性，為父為夫為子，復仇者〔註 172〕、臨危守城、統率軍民者

〔註 168〕也許「化妝」只是模放仿遊戲的一部分，但父母未加阻止，實為「不教之教」，若是男孩模仿母親化妝，恐怕早被制止。放任女孩做屬於女孩子的事，已是一種性別的教育。

〔註 169〕班昭《女誡・敬慎》：「陰陽殊性，男女異行。陽以剛為德，陰以柔為用，男以彊為貴，女以弱為美。故鄙諺有云：『生男如狼，猶恐其尪？生女如鼠，猶恐其虎。』」

〔註 170〕〈蘄水縣志〉，錄自《古今圖書集成・閨媛典・卷 341》「閨奇部」。

〔註 171〕《隋書・列女傳》。

〔註 172〕「張茂妻陸氏，吳郡人，夫為沈充所害，陸氏傾家蕩產，率茂部曲為先登以討充。充敗，陸詣闕上書，為茂謝不克之責。帝追茂為太僕。」（《晉書・列女傳》）

〔註 173〕，史不絕書，其能成就功烈，所憑藉正是「勇武」。雖文獻多半未明言其學習獲致武藝的歷程，但既能信用於倉促現實間，平日的蓄積訓練自不會無。由上可見，六朝女教，似乎對於傳統女教內容有頗大的超越，主內尚柔教條，在六朝似有鬆脫。

（四）教學方式

一般而言，家庭教育特性有三：一是當然性，二時機性〔註 174〕，三是繼續性〔註 175〕。此種特色自然也反映在教學方式上。父母尊長教導幼少，此責任之必然，不因勞瘁而趨避；在家教育，施教者與受教者朝夕相處（特別是女子），可隨時掌握受教者的動向及教導的關鍵時刻；此外，家教實施，終其一生，父母之教，可謂死而後已。六朝女教的教學方式，隨機而多元，主要是

「平原鄃縣女子孫氏男玉者，夫為靈縣民所殺。追執讎人，男玉欲自殺之，其弟止而不聽。男玉曰：『女人出適，以夫為天，當親自復雪，云何假人之手！』遂以杖毆殺之。有司處死以聞。顯祖詔曰：『男玉重節輕身，以義犯法，緣情定罪，理在可原，其特恕之。』」（《魏書．列女傳．平原女子孫氏》）

〔註 173〕《晉書．朱序傳》：「子康寧初拜南中郎將、梁州刺史，鎮襄陽。苻丕圍序，序固守，賊糧將盡，率眾苦攻之。初，丕之來攻也，序母韓氏自登城履行，謂西北角當先受弊，遂領百餘婢並城中女子，於其角築城二十餘丈。……賊攻西北角，果潰，眾便固守新城，丕遂引退。襄陽人謂此城為『夫人城』」。《魏書．列女傳》載任城國太妃，尚書令任城王澄母，澄為揚州之日，率眾出討，於後賊帥姜慶真陰結逆黨，襲陷羅城。長史為韃計無所出。孟氏乃勒兵登陴，先守要便。激勵文武，安慰新舊，勸以賞罰，喻以逆順，於是咸有奮志。親自巡守，不避矢石。賊不能克，卒以全城。靈太后敕有司樹碑旌美。又「苟金龍妻劉氏，平原人也。廷尉少卿劉叔宗之姊。世宗時，金龍為梓潼太守，郡帶關城戍主。蕭衍遣眾攻圍，值金龍疾病，不堪部分，眾甚危懼。劉遂率厲城民，修理戰具，一夜悉成。拒戰百有餘日，兵士死傷過半。戍副高景陰圖叛逆，劉斬之，及其黨與數十人。自餘將士，分衣減食，勞逸必同，莫不畏而懷之。井在外城，尋為賊陷，城中絕水，渴死者多。劉乃集諸長幼，喻以忠節，遂相率告訴於天，俱時號叫，俄而澍雨。劉命出公私布絹及至衣服，懸之城中，絞而取水，所有雜器悉儲之。於是人心益固．會益州刺史傅豎眼將至，賊乃退散。豎眼歎異，具狀奏聞，世宗嘉之。」

〔註 174〕《禮記．學記》：「當其可之謂時。」夫母尊長朝夕相處家中，知其才性知能狀況，並可配合情境，隨機教學。

〔註 175〕家庭教育任務者的繼續性，在教育事實上，至少須繼續到年幼一代達到成年，能夠獨立生活為止。若就我國文化傳統中的親情來說，則將繼續一生。（賈 371～373）在中國，親子關係是終身的歷程，父母不因子女已經獨立，而使親子關係變成淡漠或疏遠，對於成年子女，關切不改，叮嚀勸誡，不時而出，甚至延展到孫輩。

根據學習內容及情境而變動，與上述家教特色尤其吻合，可先參考〈表 5　六朝女教內容表〉中「教學方式」一欄知其大略。以下依教育內容之異，擇其要者簡述之。

1. 道德教育：顏之推認為父母態度一定要嚴格，同時要早教：「父母威嚴而有慈，則子女畏慎而生孝矣。……又宜思勤督訓者，可願苛虐於骨肉乎？誠不得已也。」（《顏氏家訓．序致》）他用疾病為喻，子女品行有失，如同體病，安得不用湯藥鍼艾救之哉？早教也是施教關鍵，他說：「教婦初來，教兒嬰孩」又云「世間，無教而有愛，每不能然，飲食運為，恣其所欲，宜誡翻獎，應訶反笑；至有識知，謂法當爾，驕慢已習，方復制之。捶撻至死而無威，忿怒日隆而增怨，逮於成長，終為敗德。」（《顏氏家訓．序致》）這是品德教育的基本原則，至於具體的「長善救失」教法，六朝常用：口頭訓誡、好言相勸〔註 176〕，引導討論、嫁前叮囑〔註 177〕、書信〔註 178〕、自撰女誡〔註 179〕、女範閨訓閱讀〔註 180〕、儀範師法〔註 181〕（身教，不教之教）及體罰〔註 182〕等方式。其中隨機的口頭訓誡自屬主要，較值得注意的是家族中，也有公開集眾宣導方式者，如袁衰兄女芳將嫁，召諸子女，正立於堂，男女以班，共聽誡芳婦人之道。〔註 183〕另有令女誦讀列女傳記，使

〔註 176〕謝道韞初嫁王凝之，大薄其夫，意大不悅。其叔「慰釋之」曰：「王郎，逸少之子，人身亦不惡，汝何以恨迺爾？」即屬好言相勸之教法。（《世說賢媛 26》）

〔註 177〕臨嫁贈言，如趙母、虞喜、張宣子及袁衰等例，並見於前文「施教者」部分，不再贅述。

〔註 178〕王羲之與女、媳也有書信往來，表達關懷之情與交代家中事務處理方式或為人之方。見於王羲之〈雜帖〉，《全晉文．卷 22～26》。

〔註 179〕參考〈表 7　漢魏六朝女教文書著述概況〉。

〔註 180〕專指班昭《女誡》及劉向《列女傳》的研讀。墓誌銘中每見女墓主讀女誡、列女傳的語句，幾成「成文」公式。不過益見女教書的典範性及重要性。

〔註 181〕「謝安，……處家常以儀範訓子弟。」（《晉書 79．謝安傳》）「謝公夫人教兒，問太傅：『那得初不見君教兒？』答曰：『我常自教兒。』（《世說新語．德行 36》）

〔註 182〕左思〈嬌女詩〉：「任其孺子意，羞受長者責。瞥聞當與杖，掩淚俱向壁。」左思是行體罰的。顏之推亦贊成體罰：「凡人不能教子女者，亦非欲陷其罪惡，但重於訶怒，傷其顏色，不忍楚撻慘其肌膚耳。」（《顏氏家訓．序致》）「當以疾並為喻，安得不用湯藥鍼艾救之哉？又宜思勤督訓者，可願苛虐於骨肉乎？誠不得已也。」（《顏氏家訓．序致》）「笞怒廢於家，則豎子之過立見；刑罰不中，則民無所措手足。治家之寬猛，亦猶國焉。」（《顏氏家訓．治家》）

〔註 183〕《太平御覽．人事部．鑒戒》引王隱《晉書》。

之思齊，「女傳」主角，有血有肉，由此實存女性身上學習到行為準則，比起單純道德說教，效果更佳，因為展讀列女故事乃為一種「情境教育」，提供虛擬的時空（昔時異地），讓讀者進入傳主的生活，跟著抉擇、苦惱、堅持、出頭。異日若有類似際遇，讀者晃如再歷，出處自然了然有定。此外，因應個別家族門風及父母處世經驗總結，六朝自著「女訓」者並不少見；又鑒於劉向《列女》，僅止兩漢，季漢以降新出高行賢女不少，續編女傳以助女教者。（詳見表 7）

表 7 〈漢魏六朝女教文書著述概況〉〔註 184〕

時代	作者	書　名	篇幅	撰述動機	預設讀者	資料來源
西漢	劉向	《列女傳》	7 篇		趙飛燕姊妹	今存
東漢	班昭	《女誡》	7 篇	但傷諸女方當適人，而不漸訓誨，不聞婦禮，懼失容它門，取恥宗族	諸女	《後漢書・列女傳》
	杜篤	《女誡》	1 卷			《後漢書・杜篤傳》
	荀爽	《女誡》	1 卷			《藝文類聚・卷 23》
	劉熙	《列女傳》	8 卷			《新唐書・卷 58》、〈藝文志二〉
		《女誡》				
	蔡邕	《女誡》	不詳			侯康《補後漢書藝文志・卷 4》
		《女訓》	不詳			《後漢書・蔡邕傳》
		《女史篇》	1			《隋書・經籍志・註記》
	杜泰姬	〈戒諸女及婦〉	1 篇	言胎教	女兒、媳婦	華陽國志・卷 10
	楊禮珪	誡二婦	1 篇	戒勤儉		華陽國志・卷 10
三國	趙母	《列女傳注》	1 卷		女兒	《世說新語・賢媛 5》
	程曉	〈女典〉	1 卷			《全三國文・卷 39》

〔註 184〕部分資料參考山崎純一的《中國女性史資料の研究——「女四書」と「新婦譜」三部書》，p.24～28。

	曹操	〈內誡令〉	1卷			《全三國文・卷3》
	曹丕	《典論・內誡》	1卷			《全三國文・卷8》
	諸葛亮	《女誡》、《貞節記》	1卷			《隋書・經籍志四》
晉	李婉	〈女訓〉(典戒)	8篇		女兒	《世說新語・賢媛14》及注引《婦人集》、《晉諸公贊》
	皇甫謐	《列女傳》	6卷			《隋書・經籍志二》
	張華	〈女史箴〉	1卷	尚柔、四德、守禮、戒女禍、戒悠遂、不妒、不自專寵、冶容	賈后	《全晉文・卷58》、《晉書・張華傳》
	裴頠	〈女史箴〉	1卷			《全晉文・卷33》
	杜預	《女記》	1卷			《晉書・杜預傳》
	王廙	〈婦德箴〉	1卷			《全晉文・卷20》
	項原	《列女後傳》	1卷			《隋書・經籍志二》
	顧愷之	〈女史箴圖〉	1			現存殘卷。
	王接、王愆期	《列女後傳》	72人			《晉書・王接傳》
劉宋	徐湛之	《婦人訓誡集》	11卷			《隋書・經籍志三》
梁	佚名	〈女鑒〉	1卷			《隋書・經籍志三》
	庾仲容	列女傳要錄	3卷			《梁書・文學傳下》
北魏	崔浩	〈女儀〉	1卷			《全後魏文・》
	常景	列女傳	不詳			《北史・常景傳》
不詳	佚名	〈女箴〉	1卷			《隋書・經籍志四・註記》
	佚名	〈女篇〉	1卷			《隋書・經籍志三》
	佚名	〈貞順志〉	1卷			《隋書・經籍志三》
	馮少胄	〈娣姒訓〉	1卷			《隋書・經籍志三》

此外，體罰在六朝仍常使用。左思《嬌女詩》云：「任其孺子意，羞受長者責。瞥聞當與杖，掩淚俱向壁。」可知左思採行體罰；顏之推在《家訓》中

頗費筆墨詳說體罰必要性及愛深責切之理〔註 185〕，自然家教必行體罰；北魏北海王詳高氏訓其媳，亦以杖責。女教德育施行體罰，自是常法。至於宗教（佛教、道教），則須加上誦經、靜坐冥思等方式學習，第三節寺治「教育」再介紹。

2. 知識教育：經史、玄學、文學為六朝女教智育主要內容，常採教育方式為誦讀，其次有引導討論〔註 186〕、清談論辯〔註 187〕、同儕切磋等，其中開放討論，引導啟發方式，因為在家學習，女子的加入並不違反「空間內外」禮教，故而門庭中的隨機討論或訓誡，家中女子亦多參與。謝安晏處，常出題令子姪們討論，姪女謝道韞亦常參與其中，《晉書·列女傳》及《世說·言語 77》便記載了兩次道韞參與的情形，第一次是討論「毛詩何句最佳？」第二次則是就景取題，令子姪討論「白雪紛紛何所似？」其他男性子姪並在其中討論，氣氛融洽而樂易，且人各言其說，有腦力激盪與集思廣益之效，教法相當先進。

3. 藝能教育：六朝女子藝能教育內容以傳統女職（祭祀禮儀、紡績、化妝、烹飪等）為主，書法、詩文、會計為輔。藝能的學習，以見習、模仿、練習、創作、觀摩等方式依序進行。如左思女模仿母親化粧、實習烹飪〔註 188〕；衛鑠學書，觀摩模仿鍾繇書法多年，加上自己不斷的苦練〔註 189〕；左芬與同儕切磋文藝，並為之修改作品。〔註 190〕

二、宮闈教育

「宮闈」是六朝女子得以受教的第二個途徑，本文採用「宮闈教育」作為皇室後宮女子教育的統稱〔註 191〕。皇室後宮，人員成份複雜，除極少數榮

〔註 185〕「凡人不能教子女者，亦非欲陷其罪惡，但重於訶怒，傷其顏色，不忍楚撻慘其肌膚耳。」（《顏氏家訓·序致》）「笞怒廢於家，則豎子之過立見；刑罰不中，則民無所措手足。治家之寬猛，亦猶國焉。」（《顏氏家訓·治家》）

〔註 186〕開放討論，引導啟發如《世說·言語 77》謝太傅寒雪日內集，與兒女講論文義之事。

〔註 187〕謝道韞及盧道虔妻元氏清談之例已見於前文「教育內容——玄學」部分。

〔註 188〕見於〈嬌女詩〉。

〔註 189〕衛鑠〈筆陣圖〉。

〔註 190〕左思〈感離贈妹詩二首〉。

〔註 191〕由於「後宮」尚有「太監」等內職人員，不僅限於女性，因此改用「宮闈」之詞，一則可顯示「女」教的專屬性；一則見於六朝女官有「宮闈帥」一職，如此定名，更合古意。

華尊貴后妃〔註 192〕之外，尚有為數甚多宮官〔註 193〕、近侍及擔任日常生活瑣事的官婢，尤其宮女的數目更是龐大，至少成百，多者上萬。宮廷中事務繁多，眾多宮女須管理，后妃行事須襄助輔佐，故有「女官」之設。職司複雜的女官，若非聘自外廷，便是由後宮自行培養。此外，身份尊貴的后妃公主，長居深宮，從史料間，亦見拜師學藝或教化宣導的記載。因此，本節所論宮闈教育的受教對象，基本上包括兩類，一是后妃公主；一是女官宮人。身份有異，在教育歷程上，自亦差別。

《禮記・昏義》載：「古者天子后立六宮、三夫人、九嬪、二十七世婦、八十一御妻，以聽天下之內治，以明章婦順，故天下內和而家理。……天子聽男教，后聽女順，天子理陽道，后治陰德；天子聽外治，后聽內治。」皇后聽女順、治陰德，乃後宮內教的精神領導與總負責人。至於《周禮・天官冢宰・內宰》亦云其「以陰教教六宮，以陰禮教九嬪，以婦職之法教九御，使各有屬，以作二事。正其服，禁其奇衺，展其功緒。」又〈天官冢宰・九嬪〉提到「九嬪，掌婦學之法，以教九御婦德、婦言、婦容、婦功〔註 194〕，各帥其屬而以時御敘于王所。」文中提及以婦人禮節教導后妃世婦九嬪，以婦人職事的法則教導九御，使他們各有隸屬，從事理絲治麻，又教之穿著正當的服色，禁止做出奢侈奇邪之事，記錄考校其工作成果。周禮作者理念中〔註 195〕，宮闈女教應依身份之別而各有重點。即令王后之貴，亦須有教。六宮學陰教，九嬪學陰禮，九御學婦職，各有所屬，然多屬理想性質的論述，未必真切實施過。直至漢代，則宮闈確然有學，據史傳載東漢和熹鄧皇后曾「詔徵和帝

〔註 192〕如《魏書・皇后傳》載嬪妃侍御：「魏氏王業之兆雖始於神元，至於昭成之前，世崇儉質，妃嬙嬪御，率多闕焉，惟以次第為稱。而章、平、思、昭、穆、惠、煬、烈八帝，妃后無聞。太祖追尊祖妣，皆從帝謚為皇后，始立中宮，餘妾或稱夫人，多少無限，然皆有品次。世祖稍增左右昭儀及貴人、椒房、中式數等，後庭漸已多矣。……高祖改定內官，左右昭儀位視大司馬，三夫人視三公，三嬪視三卿，六嬪視六卿，世婦視中大夫，御女視元士。」

〔註 193〕《魏書・皇后傳》所載女官女職：「後置女職，以典內事：內司視尚書令、僕；作司、大監、女侍中三官視二品；監，女尚書，美人，女史、女賢人、書史、書女、小書女五官，視三品；中才人、供人、中使女生、才人、恭使宮人視四品；春衣、女酒、女饗、女食、奚官女奴視五品。」另外《宋書・后妃傳》載後宮女官女職編制員額更詳，文長不錄。

〔註 194〕「治絲麻以成之，謂之婦功。」（《周禮・冬官・考工記》）

〔註 195〕根據學者考據《周禮》恐怕並非上古周官實制，而為儒者的理想王制規劃，因而此處論述僅屬於後宮女教觀念之探討。

弟濟北、河間王子男女年五歲以上四十餘人，又鄧氏近親子孫三十餘人，並為開邸第，教學經書，躬自監試。〔註 196〕形式近於家館性質，只是此館設於後宮。學生多為皇親國戚，男女兼收，以經書為主要教材，且由當時已身為太后的鄧氏親自考核評量；又班昭博學高才，其夫曹世叔早卒，有節行法度。其兄班固著《漢書》，「八表」及「天文志」未竟而卒，和帝詔班昭就東觀藏書閣踵而繼成之。和帝見其才學高深，數召入宮，令皇后諸貴人師事焉，號曰「大家」。(《後漢書．列女傳》) 由上可見，宮闈有教，然似非常制，興立與否，與后妃性向及學者女師之有無，密切相關。至於六朝宮闈教育情況，試為概說。

（一）后妃公主之教

后妃公主受教目的在於強化女德，充實學藝。就史料看來，「後宮女學」似非常制，取決於傑出女性學者的出現與否。漢代班昭即曾任教後宮；六朝時期，教授宮闈，見諸記載則有韓蘭英與李彪女。

> 彪有女，幼而聰令，彪每奇之，教之書學，讀誦經傳。……彪亡後，世宗聞其名，召為婕妤，以禮迎引。婕妤在宮，常教弟妹書，誦授經史。……後宮師宗之。(《魏書．李彪傳》)

> (宣武靈皇后胡氏)，姑為尼，頗能講道，世宗初，入講禁中。積數歲，諷左右稱后姿行，世宗聞之，乃召入掖庭為承華世婦。(《魏書．皇后傳》)

由上面資料看來，李彪女施教對象是皇帝的弟妹，授受書學及經史。胡后之姑為尼，因能講道，入講禁中，常為帝王后妃說道，由其得以「諷左右」稱胡后姿行，致使胡后見召看來，其姑地位崇高有勢，當因其為後宮講道稱師身份使然。又宮闈也有藝能之習，以應實用，如北魏文明馮太后，其父馮朗，本為秦雍二州刺史，父坐事誅，馮氏便入宮。世祖左昭儀，后之姑也，撫養教訓。馮居宮掖，粗學「書計」，養其實才。及登尊極，省決萬機。道德教育方面，部分〈女史箴〉、〈內誡令〉、〈內誡〉的撰寫發布，對象鎖定於后妃，亦屬宮闈女教教材範疇，如張華「懼后族之盛，作〈女史箴〉以為諷，賈后雖凶妒，而知敬重華。」(《晉書．張華傳》) 即屬廣義女教一環。張華〈女史箴〉要點有六：一論婦德內涵，包括尚柔、嫕婉淑慎；二倡行婦職，女須正位室

〔註 196〕《後漢書．皇后紀》。

內，善理中饋；三曰飭性正行，視聽言行，皆從禮正；四戒女禍，防微慮遠，賢妻從順，戒彼悠遂；五求謙退不妒，不自專寵；六云不必冶容，翼翼可以興福。〔註 197〕而曹操〈內誡令〉戒令女眷儉素，曹丕《典論．內誡》特禁女人妒忌、干政。〔註 198〕基本上，後宮道德教育以「不妒」、「戒奢」〔註 199〕、「不與政」為本，從上面三篇箴誡，此種傾向更為明顯。另外在後宮「女官」編制中，有幾個職務（女侍中、傅母……），性近「女師」，雖未必教授讀書，但供后妃諮詢待問、謀畫行止當是有的：

> 高氏……貞風介氣，彰於歲暮．至景明三年，宣武皇帝以夫人皇重，兼韻動河月，遂賜湯沐邑，封遼東郡君．又以椒幃任要，宜須翼輔，授「內侍中」，用委宮掖，獻可諫否，節凝圖篆。（〈魏故持節征虜將軍營州刺史長岑侯韓使君賄夫人高氏墓銘〉，154）

> 傅母宮大監杜法真者，……奉身紫掖，何知遇於先朝，披顧問於今上。性姓寬閑，世有行焉。（《漢魏南北朝墓誌彙編》，p.151）

> 傅姆姓王，諱遺女。……女稟質婦人，性粹貞固。……尤辨鼎和，是以著稱。……以女歷奉三后，終始靡愆，蔣[獎]訓紫閨，光諷唯闈，故超昇傅姆焉。（《漢魏南北朝墓誌彙編》，p.124）

〔註 197〕「茫茫造化，二儀始分。散氣流行，既陶既甄。在帝庖犧，肇經天人。爰始夫婦，以及君臣。家道以正，而王猷有倫。婦德尚柔，含章貞吉，嫕婉淑慎正位居室。施衿結褵，處宮中饋。
肅慎爾儀，式瞻親懿。樊姬感莊，不食鮮禽；衛女矯桓，耳忘和音。志厲義高，而二主易心。
玄熊攀檻，馮媛趨進，夫起無畏，知死不吝。班妾有辟，割歡同輦。夫豈不懷，防微慮遠。
道罔隆而不殺，物無盛而不衰。日中則昃，月滿則虧。崇猶塵積，替若駭機。人咸知飭其容，而莫知飾其性。性之不飭，或愆禮正。斧之藻之，克念作聖。出其言善，千里應之;苟違斯義，則同衿以疑。夫出言如微，榮辱由茲。勿謂幽昧，靈鑑無象。莫謂玄漠，神聽無響。無矜爾榮，失道惡盈；無恃爾貴，隆隆者墜。
鑑於小星，戒彼攸遂，此心螽斯，則繁爾類。歡不可以黷，寵不可以專。專實生慢，愛極則遷。致盈必損，理有固然。美者自美，翩以取尤。冶容求好，君子所讎。結恩而絕，職此之由。
故翼翼矜矜，所福以興；靖恭自思，所期榮顯。女史司箴，敢告庶姬。」（張華〈女史箴〉，《全晉文．卷 58》）

〔註 198〕二文分別見於《全三國文．卷 3》、〈卷 8〉。

〔註 199〕山崎純一〈張華『女子箴』をめぐつて——後漢後期．魏晉間後宮女性訓考〉，《中國古典研究》：29，p.8～45。

「女侍中」一職，據史傳出現情況（皇姨、公主，賢女貞德者），似為榮銜。須為性行可師，方能任之；但也有權重優寵女士受此封號，益見此職高尚〔註200〕；「傅母」則屬內職，由上文資料得知，顧問后妃，獎訓宮人，為其職守。〔註201〕總之，后妃入宮仍得受教，施教者可能為女性學者、得道高尼或本身才學優異的后妃。教育內容為經史、書法之類，另外一些箴銘、內誡、女誡之文，由帝王或大臣頒、獻，也有教育之效。

（二）女官宮人之學

對女官宮人施教的目的，主要在於培訓人才，用供僚佐。南齊世祖時，吳郡韓蘭英曾入宮任教：

> 吳郡韓蘭英，婦人有文辭，宋孝武世，獻中興賦，被賞入宮。[宋]明帝世用為宮中職僚。世祖以為「博士」，教六宮書學，以其年老多識，呼為韓公。（《南齊書．皇后傳》）

韓蘭英則以「博士」見聘，教導「六宮」，學生人數，似乎不少，后妃嬪御之外，應尚涵括部份宮人女侍；教育內容則是書法。後宮女性「博士」設置，僅見於此，因無具體史料，故其詳情無由得知，蘭英施教似非常制。然在十六國史傳及北朝幾則「女官」墓誌中，皆曾提及「宮學」之事，則「宮學」或為北朝常設之後宮教育組織：

> 後宮置典學，立內司，以教掖庭。送閹人及女隸敏慧者，詣博士受經。（前秦苻堅〈下詔簡學生受經〉，《全晉文．卷151》）

〔註200〕《北史．齊宗室諸王上．清河王岳》：「及戰於韓陵，神武將中軍，高昂將左軍，岳將右軍．中軍敗，岳舉麾大呼，橫衝賊陣，神武因大破賊。以功……封清河郡公。母山氏封郡君，授女侍中，入侍皇后。」《魏書．皇后傳》：「高祖改定內官，……後置女職，以典內事內司視尚令、僕。作司、大監、女侍中三官視二品。監，女尚書，美人，女史、女賢人、書史、書女、小書女五官，視三品。……」《魏書．道武七王傳．京兆王黎子根/繼子叉》：「叉，……拜員外郎．靈太后臨朝，以叉妹夫，除通直散騎侍郎．叉妻封新平郡君，後遷馮翊郡君，拜女侍中。」《魏書．于栗磾子洛拔．祚弟忠》：「于氏自曾祖四世貴盛，一皇后，四贈三公，領軍、尚書令，三開國公。……忠後妻中山王尼須女，微解詩書，靈太后臨朝，引為女侍中，賜號范陽郡君。」《魏書．陸昕之傳》：「昕之卒後，母盧悼念過哀，未幾而亡．公主奉姑有孝稱。神龜初，與穆氏頓丘長公主並為女侍中。」

〔註201〕至於北朝女官的編制可參考蔡幸娟《北朝女主政治與內廷職官制度研究》（臺大歷史所博士論文，1998）p.354～387。若通論歷代宮廷女子教育，則可參考曹大為《中國古代女子教育》（北京．北京師範大學，1996）第六章〈古代中世紀女子教育的組織實施——宮廷女子教育〉，p.140～160 的介紹。

> 女郎姓馮，諱迎男，……因鄉曲之難，家沒系官。女郎時年五歲，隨母配宮……。年十一，蒙簡為「宮學生」，博達墳典，手不釋卷。聰穎洞鑒，朋中獨異。(〈魏故宮御作女尚書馮女郎之誌〉，《漢魏南北朝墓誌彙編》，p.123)

> 女尚書王氏諱僧男，……男父以雄俠罔法，渡馬招辜，由斯尤戾。唯男與母，伶丁奈蓼，獨入宮焉。時年有六。聰令韶朗，故簡充「學生」。惠性敏悟，日誦千言，聽受訓詁，一聞持曉。(〈魏品一墓誌銘〉，《漢魏 南北朝墓誌彙編》，p.124)

前秦後宮置「典學」，立「內司」，以教掖庭。「典學」與「內司」疑為「教官」名號，負責主要的宮人教育訓練任務，雖無前秦資料，然北魏制或可參照：

> 大魏宮內司馬高唐縣君楊氏墓誌：內司楊氏，恒農華泠人也。……皇始之初，南北兩分，地擁王澤，逆順有時，時來則改，以歷城歸誠，遂入宮耳。年在方笄，性志貞粹，雖遭流離，純白獨著，出入紫闈，諷稱婉而。是以文昭太皇太后選才人充宮女，又以忠謹審密，釋典內宗，七拓孝敬，天然能使，邊豆靜嘉。遷細謁小監。女功絒綜，巧妙絕　，又轉文繡太監。化率一宮，課藝有方，上下順厚，改授宮大內司。……其辭曰：……內司有楊，……剋廣德心，課藝有肩．上下虔虔，勗力勉歟。(《漢魏南北朝墓誌彙編》，p. 126)

楊氏本為宮女，因為表現良好，升遷細謁小監、文繡太監，掌女職及宮女訓練督導。後因課藝有方，管理和洽順厚，改授宮大內司。至於閹人及女隸敏慧者，方有機會詣博士受經。北魏馮迎男及王僧男，皆幼年沒官入宮，因聰穎洞鑒，惠性敏悟，方得獲選為宮學生，習墳典、聽訓詁、誦千言，接受知識經典的教育。由上文看來，宮學的內容，偏重於經典書本的教授。不管前秦或北魏，宮學並非人人可讀，必須聰慧乖巧者，才能幸運入學。宮學結業之後，表現良好，則有機會升官（如女尚書、女侍中〔註202〕），成為后妃得力助手。

〔註202〕後宮女官分職繁細，衣食住行，各有專人職司，以女功類為多，女尚書「位高權重」，是後宮要職。「十五蒙授宮內御，作『女尚書』，幹涉王務，貞廉兩存，稱蒞女功，名烈俱備。」(〈魏故宮御作女尚書馮女郎之誌〉，《漢魏南北朝墓誌彙編》，p.123)「官由行陟，超昇「女尚書」，秩班品三。能記釋嬪嬙，接進有序。」(《漢魏南北朝墓誌彙編》，p.124)「高祖世宗皆有『女侍中』官，……江南偽晉，穆何后有『女尚書』。」(任城王澄〈上表諫加女侍中貂蟬〉，《全後魏文．卷11》) 曹魏明帝曹叡也曾設立「女尚書」，不過僅是處理

三、寺治教育

「寺治」乃是佛教所立「寺院」與道教「治所」〔註203〕的合稱，筆者用以指稱於佛、道二教場域所進行的教育。道「治」以今語言之，大體上就是「教區」之意，是天師道的行政、聚會及教化施行之處所；北朝時，部分教派方有所謂「道觀」的興築，為忠於當時稱謂，仍作「治」名。本文乃從俗家女眾角度切入，欲探索佛道寺治兩種途徑所能提供六朝在家女子的教育資源。〔註204〕葛洪嘗云：「內保養生之道，外則和光於世。……以六經訓俗士，以方術授知音」、「古人多得道而匡世，修之於朝隱。……何必修於山林，盡廢生民之事，然後乃成乎？」〔註205〕顏之推也主張：「內教多途，出家自是其一法耳。若能誠孝在心，仁惠為本，……不必剃落鬚髮。」〔註206〕因此六朝時代雖有不少對宗教有興趣的女子，曾經閱讀過一些宗教經文，或不定時參加宗教活動，然並未因此出家，她們絕大部分仍很自然地繼續她們現世的生活，並享有此種宗教典籍的學習，這一批女性自是本文研究的主角；然而少數貞心清信，捨俗出家之女，他們在宗教界所受到的待遇與處境，往往又是該教女性觀念的具體展現；而諸女在於宗教界的表現，往往又反響世俗信眾，移轉一般大眾對於宗教的觀感，進而左右在家清信女子的學道機會。因而本文對於歸心宗教的出家女子，偶爾涉及。以下分述佛道寺治教育概況。

他個人私事，與女性教育無關，《魏略》：「又於芳林園中起陂池，楫櫂越歌；又於列殿之北，立八坊，諸才人以次序處其中，貴人夫人以上，轉南附焉。……帝常游宴在內，乃選女子知書，可付信者六人，以為『女尚書』，使典省外奏事，處當畫可。」（《三國志．魏書．明帝紀》注引）

〔註203〕關於「治」、「靖廬」、「道觀」後文將再說明。

〔註204〕本文要旨並不專主六朝方內女性之「宗教教育」的探索，儘管下文的確會碰觸到一些宗教範疇與材料，但基本上，筆者擬以文化史角度詮解，在宗教哲理的掌握上，然將儘量參酌專家意見，使論述不致偏離二教之「道」（義蘊）太遠。

〔註205〕說見《抱朴子．釋滯》。

〔註206〕《顏氏家訓．歸心》。

表 8　比丘尼傳的女性資料

時代	法號\俗姓	家世出身	籍貫	習佛始時	婚姻狀況	奉佛原因	結果及成就	誦習佛典
晉	淨檢\種令儀	太守之女	彭城	婚後寡居	早寡	聞法信樂	說法教化，如風靡草。立竹林寺	
	安令首\徐氏	外兵郎徐仲女	東莞		未婚	雅性虛淡，佛法自娛	一時道眾，莫不宗焉，因其出家者二百餘人。又造五寺，立精舍。石虎敬之，父擢黃門侍郎、清河太守	
	智賢\趙氏	縣令趙珍之女				幼有雅操，志概貞立	門徒百餘人；苻堅敬重。	正法華經
	妙相\張珮華	富家女、官家婦			離婚		徒屬甚多，說法度人，皆能弘益。	
	明感\朱氏			婚後離亂	已婚，離散復聚	世奉大法，為寇所拘，反途莫由，常念三寶，兼願出家	江北子女，師奉如歸。何充一見敬重。立建福寺	觀世音經（備註）
	曇備\陶氏	無有昆弟獨與母居		少年	許嫁未成	少有清信，願修正法	晉穆皇帝禮接敬厚。遠人投集，眾三百人。	
	僧基\明氏			21	辭婚成功	綰髮志道，秉願出家	皇帝（晉康）雅相崇禮。皇后褚氏為立寺。徒眾百餘人。	
	竺道馨\楊氏						一州道學，所共師宗。	法華、維摩、小品般若
	令宗\滿氏					幼有清信，遇賊轉安		普門品

	妙音					幼而志道	徒眾百餘人。權傾一朝，威行內外	
	道儀\賈氏	慧遠姑、縣令妻		夫死後 22				誦《法華經》，講《維摩》、《小品》
宋	慧果\潘氏						道俗欽羨，風譽遠聞。青州刺史傅弘仁，雅相歎賞	
	法盛\聶氏			避亂			太守張辯，素所尊敬，為之傳述	
	慧玉						南至荊楚。陝西道俗，皆歸敬禮。	法華、首楞嚴
	道瑗						皇后美其高行，富貴婦女，爭與之遊。	經律論
	道壽					幼受五戒，因病發願出家		誦法華經
	僧端						綱紀永安寺，大小悅服	觀世音經、大涅槃經、弟子普敬、普要並誦法華經
	法淨			少年	未婚	門修釋教	宋明異之，禮兼師友。為都維那。荊楚諸尼及通家婦女，莫不遠修書嚫？，求結知識。咨其戒範者七百人。	
	玄藻\路氏	安荀女		10 餘	未婚	重疾發願出家		誦法華經
	普照\董徐悲			17	未婚			誦法華經

慧木\傅氏			11	未婚			讀大品、兼通雜經
光靜\胡道婢			幼年			從學觀者，行常百許人	
僧果\趙法祐			27		宿植信解，乳哺時不過中食。		
靜稱\劉氏						聲達虜都，遠遣迎接。	
法相\侯氏					夫家多故，眷屬散亡。	常割衣食好者施人。	
慧瓊\鍾氏						綱紀寺舍，兼行講說。江夏王母施地立寺、蕭承之為起外國塔。又造菩提寺。	
業首\張氏						宋武雅相敬異，文帝少時，從受三歸。立青園寺，齊肅徒眾，甚有風規。眾兩百人，法事不絕。	
慧濬\陳氏			18	未婚	幼自精進，燒香運思，禮敬移時，鮮肥不食。雖居在家，有如出俗，父母不割其志，十八許之從道。	江夏王義恭，雅相敬重。常給衣藥，四時無爽。	
寶賢\陳氏			19	未婚	十六母死，三年不食穀，不衣纊繒，不坐床席，十九便出家。	宋文深加禮遇，供以衣食。孝武雅相敬待，月給錢一萬。明帝即位，賞接彌崇。為普賢寺主，又勒為都邑僧正。	

南齊	僧敬			在孕初生			留滯嶺南三十餘載，風流所漸，獷俗移心。宋明、齊文惠、竟陵文宣王，並欽風德。沈約為製碑文	
	僧猛\岑氏	縣令孫女		15	未婚	世世黃老，信敬邪神，幼而慨然，有拔俗之志。父死大慟，三年告終，辭母出家	刺史張岱請為門師	
	智勝\徐氏			20	未婚	六歲隨祖母遊瓦官寺，見寺院整峻、寶飾嚴華，潸焉涕泣，仍祈剪落。	齊文惠、竟陵文宣王宗敬焉。	大涅槃經、律藏。自製數十卷義疏
	淨曜\楊氏						齊文惠、竟陵文宣王莫不服膺。為寺主二十餘年，長幼崇敬，如事父母。從為弟子者四百餘人。	講維摩經
	慧緒\閭丘氏			18		七歲便蔬食持齋，志節勇猛。	王蕭嶷迎請入內，豫章王妃及內眷屬，敬信甚深，從受禪法。周捨為立序讚。	班舟（三昧經）
	超明\范氏	國子生之女		21		世奉大法。夫死寡居，拒聘鄉鄰，因遂出家	三吳士庶，內外崇敬。	
	德樂\孫氏	刺史孫女		8		幼年願樂離俗	學眾雲集，從容教授，道盛東南。遠近欽風，皆願依止，徒眾兩百餘人。	
	法緣、法綵\俞氏			11、10		神異遇佛及大愛道，並收為弟子	自立精舍，晝夜講誦。上京諷誦，不能過也。刺史韋朗、孔默兼並屈供養；士人皆事正法。	

	曇徹			少年			諸尼大小，皆請北面。隨方應會，負帙成群。五侯七貴已下，莫不修敬。	博究經論，遍習毘尼（戒律）
	妙智\曹氏						齊武皇帝敕請智講《勝鬘》、《淨名》。帝屢稱善，四眾雅服。王倫妻江氏，為著石讚文序。	講《勝鬘》、《淨名》。
	僧蓋\田氏	梁太守女		幼年			道俗諮訪，齊竟陵王蕭子良四時資給。	
	法全\戴氏						大乘奧典，皆能宣說；三昧秘門，並為師匠。訓誘後學，獎成後學。聽者修行，功益甚眾。	博棕眾經。
	淨珪\周氏					性不狎俗，早願出家。	精進總持，為世法則。傳授訓誘，多能導利，當世歸心。	
梁	淨秀	都鄉侯女		7		七歲自然持齋、蔬食。且從外國僧普練，諮受五戒。年十二求出家，父母禁之。常自寫經，財物悉充功德，不營俗好，不衣錦繡、著粉黛，如此推遷，29歲，方得聽許。	宋南昌公主、黃修儀為立精舍。齊文惠帝、竟陵文宣王，後相禮待，供施無廢。年耆力弱不能行，梁天監年，敕？力見聽乘輿至內殿。	
	僧念\羊氏	彌州從事史女		10		立德幼年。	博涉兼通，文義兼美。禪範大隆，諮學者眾。司徒竟陵王四時供養。	誦法華經

曇暉\青陽氏			13	許嫁姑子，逃婚	幼樂修道，父母弗許。年十一向禪師諮禪法。	諸名師極力問難，無能屈者。聲馳遠近，莫不歸服。臨川王延之至鎮。彭城王牧陝，復攜往南楚。男女道俗，北面擁帚者，千二百人。	修習禪法
馮尼\馮氏			30				大涅槃經
惠勝\唐氏	唐僧智女		18		幼願出家，以方正自立。	貴賤崇敬，供施不斷。	講法華經、習五門禪、備修觀法
淨賢\弘氏						宋文帝善之。湘東王從之受三自歸。宋明禮待益隆，資給彌重。建齋設講，相繼不絕。當時名士，莫不宗敬。總寺任十有餘載。	好修禪定
淨淵\時氏	鉅鹿人		20		五、六歲即自好佛：聚沙為塔，刻木成像，燒香禮拜。	齊文帝欽禮，四事供養。信驛重沓。	
淨行\時氏	淨淵尼之第五妹		17			竟陵文宣王蕭子良厚加資給，講說，聽眾數百人。官第尼寺，法事連續，當時先達，無能屈者。竟陵王後區品學眾，欲撰僧錄，莫可與行為輩。	學成實、毘雲、涅槃、華嚴
令玉\蔡氏	蔡朗女		少年			博尋五戒，妙究幽宗，雅能傳述。邵陵王綸大相欽敬，請為南晉陵寺主。	五部戒
令惠							講妙法蓮華、維摩、勝鬘

	僧述\懷氏	懷僧珍女		19		幼而志道，八歲蔬食。	齊文惠帝、竟陵文宣王，大相禮遇。大梁時代，白黑敬仰，四遠雲萃。	十誦、(抄)寫經及律一千餘卷
	妙禕\劉氏			幼年			隨方導物，利益弘多。	講大涅槃、法華、十地；敷說十誦、毘尼母經
	惠暉尼\駱氏			18		六歲樂道，父母不聽；至年十一，斷葷辛絕味，讀大涅槃經，誦妙法蓮華經。年十七，父母愛焉，聽遂其志。	於十餘年中，鬱為義林。京邑諸尼，無不師受。法筵頻建，四遠雲集。講說不休，禪誦無輟。王公貴賤，無不敬重。	讀大涅槃經，誦妙法蓮華經。聽成實論及涅槃諸經
	道貴\壽氏			17		幼年即誓弘大化，葷鮮不食。誦經不捨晝夜，父母憂念，使其為道。	齊竟陵文宣王善相推敬，為造頂山寺，以聚禪眾。	少年誦勝鬘、無量壽經。
	法宣\王氏	王道寄女		20	驟有媒聘，誓而弗許	世奉正法，幼而有離俗之志。年始七歲，蔬食苦節。	經律迭講，聲高於越。張援、庾詠、周顒，皆一時名秀，莫不躬往禮敬。齊巴陵王厚加供待，梁衡陽王元簡，請為母師。	十八誦法華經、諮受十誦

（一）佛寺教育

佛教源自印度，東漢傳入中國。六朝時代（特別是東晉以後），士人信佛漸多，佛教對於教育的作用力亦隨之增大。佛教思想及其價值觀除影響教徒本身之外，往往也滲入其家教之中。教育領域中，男性奉佛者甚多，上至帝王下至小民數以萬計，甚至百萬。女性佛教徒可分為二：一是「出家奉佛」，女子離開家庭，剃髮修道，即是比丘尼；二是「在家修行」的佛教徒，總稱居士，女則稱優婆夷（清信女）〔註207〕。二者皆須經過一定的條件及受戒儀式方能入教。要成為「優婆夷」，首先要「受持三皈」（即皈依佛法僧），以身心性命投靠佛法僧三寶。受持三皈儀式須請法師依照軌儀為其講解三皈之義，其人表示願盡形壽皈依三寶，如此則成「優婆夷」。同日或若干日後，從師受「五戒」，即不殺生、不竊盜、不邪淫、不妄語、不飲酒。若要進一步成為「菩薩戒優婆夷」，還要按照菩薩戒軌儀從師受在家菩薩戒，包括重戒 10 條，輕誡 28 條。若要出家，成為一位比丘尼，過程則更慎重，首先要到寺院依止一位比丘尼，請其作自己的依止師，受其監護訓導，徵得全寺同意，方可留止此人為弟子，並為之剃法受沙彌尼戒 10 條，成為「勤策女」。18 歲時受正「式叉摩羅戒」6 條，成為「式叉摩羅尼」，即學法女、學戒女、正學女。20 歲時，須再次受「具足戒」，又稱大戒，先從比丘、比丘尼二部受「比丘尼戒」348 條，又稱二部受戒，才正式取得比丘尼資格〔註208〕。

1. 教育目標：傳統女教目標在於教出「賢妻良母」，佛教教育目標則在追求個人解脫，靈魂不死，成就另類人生價值。佛教教義奠基於「四聖諦」（苦集滅道）、「十二因緣」〔註209〕與「八正道」〔註210〕。「四聖諦」宣揚整個世界人生是無邊苦海，只有斷滅超脫世俗之苦，才能達到涅槃寂滅的解脫境界。「十二因緣」說明人生和宇宙事象都是多種原因條件和合而生，進而分析諸苦成因，論述三世輪迴及世界的虛幻。若從「緣起」論加以推衍，則可得出一

〔註207〕諸服其道者，則剃落鬚髮，釋累辭家，結師資，遵律度，相與和居，治心修淨，行乞以自給，謂之沙門，或曰桑門。亦聲相近，總謂之僧，皆胡言也。僧，譯為和命眾，桑門為息心，比丘為行乞。俗人之信憑道法者，男曰「優婆塞」，女曰「優婆夷」。其為沙門者，初修「十誡」，曰沙彌，而終於二百五十，則具足成大僧。婦入道者曰比丘尼，其誡至於五百。（《魏書·釋老志》）

〔註208〕參考參考王景琳《中國古代僧尼生活》說法。

〔註209〕十二因緣：無明、行、識、名色、六處、觸、受、愛、取、有、生、老死。

〔註210〕正見、正思、正語、正業、正命、正精進、正念、正定，以此八法，便可超凡入聖。

切現象都是剎那變化、永遠變化的「無常」觀點；再者，既然一切事物皆是因緣和合而起，也就是不能自我主宰，沒有永恆不變的實體（無我），人生和宇宙都是「無我」的，即構成「人無我」，「法無我」的理論，由此構成了佛教有別於其他一切流別的基本理論特徵。〔註211〕「八正道」是對於「道諦」的發揮，具體指出八種解脫諸苦、斬斷輪迴，達到涅槃境界的途徑方法。以上三者包括了佛教對於自然、社會及人生的總看法，也是其他佛教思想的從出處。既然佛教認為人生皆苦，苦海無涯，因此佛教教育的目的便在於教人成佛解脫。

2. 施教者：佛教施教，多由法師擔任。不過從《比丘尼傳》看來，比丘尼們頗能轉益多師：

> 法全，本姓戴，丹陽人也。……初隨宗瑗，博綜眾經；後師審、隱，遍遊禪觀。(《比丘尼傳．南齊．法全尼》)

> 僧蓋，……幼出家，為僧志尼弟子，住彭城華林寺。……永徽元年，索虜侵州，與同學法進南遊京室，住妙相尼寺。……受業於隱、審二禪師，禪師皆歎其易悟。(《比丘尼傳．南齊．僧蓋尼》)

> 法宣，……至年二十四．父母攜就剡齊明寺德樂尼，改服從道。……成戒以後，鄉邑時人，望俗義道，莫不服其精致。逮宋氏之季，有僧柔法師，周遊東夏，講宣經論，……僧柔數論之趣，惠基經書之要，咸暢其精微，究其淵奧。及齊永明中，又從惠熙法師，諮受十誦。……經律遞講，聲高于越。(《比丘尼傳．南齊．法宣尼》)

法全、僧蓋、法宣三尼除自己的依止師父之外，尚有1～2位老師。三人受教方式，或聽講請益或遊學外地，訪求明師，精益求精。若遇遊方高僧名尼蒞寺，亦常開講，道俗觀聽，盛況空前，亦有助道行學問。至於受教者，在家、出家習佛女性，身份自有不同，就《比丘尼傳》、《正史》及六朝墓誌得知：幼少即行在家修佛者，多士族之女，以儒業為家學，禮法嚴謹，而佛教往往為其家族世傳信仰，女子早歲易於耳濡目染，故能「幼自精進」；部份奉佛者乃因身世際遇不順，如見棄孀居多病，甚至家族或皇室強制，中歲才歸心奉佛〔註212〕。至於出家，因緣各自不同，多半是門修釋教，敬信堅定，多年之後，

〔註211〕方立天《佛教哲學》（臺北．洪葉，1994），p.6。

〔註212〕六朝門第士女奉佛原因，將於本文第三章「六朝南北女教之異同」時，加以探析。

方得出家。〔註213〕

3. 教育內容：可粗分為內典與外學。內學指佛學，包括戒定慧三者。戒學指戒律，是防止人們作惡業的，定學即禪定，修持者思慮集中，觀悟佛理，以斷除情欲。慧學，指智慧，謂能使修持者斷除煩惱迷妄，以獲得解脫。三學基本上已概括了佛教修持者的全部修習內容。修習者「依戒資定，依定發慧，依慧斷除妄惑，顯發真理」，三學依次推進，互相連繫，不可分割。〔註214〕此為佛教特有修行內容。佛教三學「戒定慧」中的戒、定二項，多屬道德領域。佛教提倡去惡從善，諸善奉行，諸惡莫作，皆涉及倫理道德的內容。佛教教人奉行戒律、禪修靜觀，慈悲普渡，並以奉法為子女大孝〔註215〕，轉變傳統女教的德育要求：

> 婦入道者曰比丘尼。其誡至于五百，皆以□為本，隨事增數，在於防心、攝身、正口．心去貪、忿、癡，身除殺、淫、盜，口斷妄、雜，諸非正言，總謂之十善道．能具此，謂之三業清淨。(《魏書．釋老志》)

> 願諸公主：日增智性，彌長慧根。四攝四依，已尊已蹈。七善七定，靡退靡輟。盛此王姬，光茲帝女。享湯沐與河山而同固．永服緹綺貫寒暑而無窮。(王僧孺〈禮佛發願文〉，《廣弘明集．卷15》)

〔註213〕因為傳統「女有歸」禮教，一時難以超越。且父母多愛子女，總希望女兒有美滿歸宿。故對女兒出家多半反對，多待其年長（通常二十以後），已過婚齡，若此女仍然精誠堅持，終於感化父母，如願出家。

〔註214〕方立天《佛教哲學》(臺北．洪葉，1994)，p.2～3。

〔註215〕「世之無常，財貨非己寶故，恣意布施以成大道。父國受其祚．怨家不得入；至於成佛，父母兄弟皆得度世。是不為孝，是不為仁，孰為仁孝哉？」(牟子〈理惑論〉)「臣廣又對．忠臣孝子義有多途．何必躬耕租丁為上。禮云．小孝用力．中孝用勞．大孝不匱．沙門之為孝也．上順諸佛．中報四恩．下為含識．三者不匱大孝一也．是故詩云．愷悌君子．求福不回．若必六經不用，反信浮言．正道廢虧竊為不願。若迺事親以力．僅稱小孝．租丁奉上，忝是庸民。……婬妻愛子，畜生亦解．詠懷剋念，何其陋哉？《孝經》云：身體髮膚．受之父母．不敢毀傷．孝之始也．立身行道．揚名於後世．以顯父母．孝之終也．若言沙門出家即涉背親之譏．亦可謂曾參事於孔丘便為不孝之子。」(周．王明廣〈請興法表〉，《廣弘明集．卷十辯惑篇》)：「欲得報恩，為父母書寫此經；為於父母誦讀此經。為於父母懺悔罪愆，為於父母供養三寶；為於父母，受持齋戒；為於父母，布施修福。」(《佛說父母恩重難報經》)

佛教尼律規定：女子出家，二十歲以前，要先受〈沙彌尼戒〉十條〔註216〕；二十歲後，要受〈具足戒〉，又稱大戒，共三百四十八戒，或稱五百戒〔註217〕。眾多誡律即為佛教德育的具體化名目。在家清信女，對於戒律亦多遵從，王僧孺之文即為明顯以佛德期許女性之例。因此佛教戒律一併成為女子道德的規條，如不殺生、不愛華飾、不飲酒等。另有「八正道」：正見、正思、正語、正業、正命、正精進、正念、正定，以此八法，便可修佛超凡進佛。針對女居士（清信女）所應修德法，佛經亦多，《大涅槃經》中佛曾告訴居士婦「十六法」：

> 諸姊妹我常說言，或有女人，能為男子勇猛之行。然諸姊妹。有十六法若能修行，隨所願求皆得從意。何等十六？一戒清淨，二心清淨，三空清淨，四無願清淨，五無相清淨，六無作清淨，七知身業如影，八知口業如響，九知意業如幻，十知緣起法，十一離二邊見，十二善知因緣，十三觀法如幻，十四知法如夢，十五相法如炎，十六深心寂靜。」(《大涅槃經．憍陳如品第十三之二》)

上面所云多屬原則性、心之境界超越之方，《大涅槃經》中則尚有「十法」，鉅細靡遺論述女子當具之德，內容與傳統禮教要求相同者有之，但專屬於宗教戒律者更多〔註218〕。其中與世俗禮法相近者如，第八、十法：

〔註216〕亦稱受十戒，戒律共十條：即不殺生、不偷盜、不淫、不妄語、不飲酒、不著華鬘好香塗身、不歌舞倡伎並不往觀聽、不得坐高廣大床、不得非時食、不得貪圖金銀寶物。

〔註217〕依《四分律》，比丘尼戒三百四十八，以大數簡稱為五百戒。受此戒後，即取得正式比丘尼資格。《藥師如來本願經》：「比丘尼受持五百戒。」(《大正藏》：14，p.449.中》)

〔註218〕若女人成就「一法」，得離女身速成男子。何謂為一？所謂深心求於菩提。所以者何？若有女人發菩提心，則是大善人心、大丈夫心、大仙人心、非下人心，永離二乘狹劣之心，能破外道異論之心，於三世中最是勝心，能除煩惱不雜結習清淨之心。若諸女人發菩提心，則更不雜女人諸結縛心。以不雜故，永離女身得成男子。所有善根亦當迴向無上菩提。是名為一。
復次女人成就「二法」，能離女身速成男子。何謂為二？所謂除其慢心，離於欺誑，不作幻惑，所有善根，遠離女身速成男子，悉以迴向無上菩提，是名為二。
復次女人成就「三法」：能離女身速成男子。何謂為三？一身業清淨持身三戒。二口業清淨離口四過。三意業清淨，離於瞋恚邪見愚癡。以此十善所生善根，願離女身速成男子，迴向菩提，是名為三。
復次女人成就「四法」，得離女身速成男子。何謂為四？一不恚害。二不瞋恨。三不隨煩惱。四住忍辱力。是名為四。

> 復次女人成就「八法」，得離女身速成男子。何謂為八？一不偏愛己男，二不偏愛己女，三不偏愛己夫，四不專念衣服瓔珞，五不貪著華飾塗香，六不為美食因緣，猶如羅剎殺生食之，七不吝所施之物，常追憶之而生歡喜，八所行清淨常懷慚愧，是名為八。（曇無讖《大涅槃經．憍陳如品》第13之2）

> 復次女人成就「十法」，得離女身速成男子。何謂為十？一不自大，二除憍慢，三敬尊長，四所言必實，五無嫌恨，六不粗言，七不難教，八不貪惜，九不暴惡，十不調戲，是名為十。（曇無讖《大涅槃經．憍陳如品》第13之2）

以上戒法，與儒家世俗女德，相去不遠。若就女教效果來看，佛義及戒律似乎教育效果頗為持久有效，戒律繁細，卻能為婦女終身奉守的課目。經書之習，有時而盡；修行之事，無日可怠。日日有功課，時時懷慈悲，與世無爭，素樸度日；安於現世生活，精神有託；更為家人布施修福，上報父母之恩〔註219〕，許多失意婦人與孀居嫠婦更藉此寄託心靈，成就其貞心之志〔註220〕。

復次女人成就「五法」，得離女身速成男子。何謂為五？一樂求善法。二尊重正法。三以正法而自娛樂。四於說法者敬如師長。五如說修行。以此善根。願離女身速成男子。迴向菩提。是名為五。

復次女人成就「六法」，得離女身速成男子。何謂為六？一常念佛願成佛身。二常念法欲轉法輪。三常念僧欲覆護僧。四常念戒欲滿諸願。五常念施欲捨一切諸煩惱垢。六常念天欲滿天中之天一切種智。是名為六。

復次女人成就「七法」，得離女身速成男子。何謂為七？一於佛得不壞信。二於法得不壞信。三於僧得不壞信。四不事餘天惟奉敬佛。五不積聚慳惜隨言能行。六出言無過恒常質直。七威儀具足。是名為七。

復次女人成就「九法」，得離女身速成男子。何謂為九？所謂息九惱法，憎我所愛：已憎、今憎、當憎，愛我所憎：已愛、今愛、當愛，於我：已憎、今憎、當憎，是名為九。……（曇無讖《大涅槃經．憍陳如品第十三之二》）

〔註219〕《佛說父母恩重難報經》:「欲得報恩，為父母書寫此經；為於父母誦讀此經。為於父母懺悔罪愆，為於父母供養三寶；為於父母，受持齋戒；為於父母，布施修福。」

〔註220〕「（羊）烈家傳素業，閨門修飾，為世所稱，一門女不再醮。魏太和中，於兗州造一尼寺，女寡居無子者並出家為尼，咸存戒行。」（《北齊書．羊烈傳》）「夫人諱純陀，法字智首，恭宗景穆皇帝之孫，任城康王之第五女也。……及車騎謝世，思成夫德，夜不洵涕，朝哭銜悲。乃……捨俗累，託體法門。」（《彙編》，p.262）「張玉憐……孝昌中，文侯崩徂。子女煢稚，夫人慈撫訓導，咸得成立。居家理治，嚴明著稱。推尚佛法，深解空相。大悲動心，惟慕慈善，聞聲見形，不食其肉。三長六短，齊[齋]誠不爽。」（張玉憐），《彙編》p.319）「後主沈皇后諱婺華，……性端靜，寡嗜欲，涉

根據《比丘尼傳》資料歸納可知（詳見〈表8〉）：諸女諸尼所習佛經，以《法華》、〈觀世音經〉〔註221〕、《小品般若》、《大涅槃經》、《維摩》、《勝鬘》等最為常見〔註222〕，誦經念佛為主，接觸佛經，無形之中也擴展傳統女教內容：

> 法宣，……父道寄世奉正法，宣幼而有離俗之志。……年始七歲而蔬食苦節，及至十八誦《法華經》，首尾通利，解其指歸。坐臥輒見帳蓋覆之，騁有媒娉，誓而弗許，至年二十四，父母攜就剡齊明寺德樂尼，改服從道，即於是日帳蓋自消。（《比丘尼傳・梁・法宣尼》）

> 時有清信女張普明，諮受佛法・耶舍為說佛生緣起・并為譯出《差摩經》一卷。（《高僧傳・譯經上・曇摩耶舍》）

法宣幼時志道，但未能如願離俗，年十八，在家中自誦《法華經》，首尾通利，解其指歸；張普明為清信女，初未出家，但已對佛義有興趣，因此曇摩耶舍為之專譯佛經；又如梁武帝丁貴嬪奉佛，敬信有得，尤精《淨名經》〔註223〕，可略見在家女子修習佛教情況；另在史傳與墓誌銘之中〔註224〕，也常見女子誦佛的記載，足見佛經已然成為六朝部分家庭的女子教育內容。

至於尼寺之中，其實也有外學教習。許多比丘尼，自幼出家，為讀通佛經，啟蒙識字，有其必要；而據《比丘尼傳》所載：部份自幼出家的比丘尼，或精通百家諸子，或善於屬文，則此外學，當習自寺院。如：

> 妙音……幼而志道，居處京華。博學內外，善為文章。晉孝武皇帝太傅會稽王道子、孟顗等並相敬信。每與帝及太傅中朝學士談論屬文。雅有才致，藉甚有聲。（《比丘尼傳・晉・妙音尼》）

獵經史，工書翰。……後主遇后既薄，……唯尋閱圖史、誦佛經為事。」（《陳書・後主沈皇后傳》）「孝文廢皇后馮氏，……性雖不妒忌，時有愧恨之色，昭儀規為內主，譖構百端，尋廢后為庶人。后貞謹有德操，遂為練行尼，後終於瑤光佛寺。」（《魏書・皇后傳》）對於諸女奉佛原因，第三章將予詳論。

〔註221〕〈觀世音經〉即《法華經》卷8第25品的〈觀世音菩薩普門品〉。

〔註222〕當時女子流行的佛經有《法華》、〈觀世音經〉、《小品般若》、《大涅槃經》、《維摩》（又名《淨名經》）、《勝鬘》等經。另有《華嚴》、《無量壽經》、《首楞嚴》……及諸本戒律亦多習者。以上資料據《比丘尼傳》粗略歸納而來，可直接參考〈表8　比丘尼傳中的女性資料〉中「誦習經典」一欄。

〔註223〕《梁書・卷7》。案：《淨名經》為《維摩詰經》之異譯。

〔註224〕已見於本文第一章第一節「家庭教育——教育內容」部分。

道瑗……年十餘，博涉經史，成戒之後，明達三藏。(《比丘尼傳．宋．道瑗尼》)

也有貴族女子，出家以前已受家教(外學)，故尼眾中亦不乏學問才能出眾者。如晉妙相「家素富盛，早習經訓」，南齊超明尼，其父少為國子生，世奉大法。超明「幼聰穎，雅有志尚。讀五經，善文義，方正有禮，內外敬之。」劉宋慧濬尼，「幼而穎悟，精進邁群，及年十八，許之從道。內外墳典，經眼必誦。深禪祕觀，無不必入。」〔註225〕梁花光尼，本姓鮮。……深禪妙觀，洞其幽微。遍覽三藏，傍兼百氏，尤能屬文，〔註226〕以上皆為比丘尼兼擅外學的例子。

4. 教學方式：就女子教育史來看，佛寺教育在大多數女子不能接受正規教育的歷史背景下，提供女子較為系統的宗教教育，緩解部分女子希望受「正式」教育的遺憾。〔註227〕而其教育內容、方法與一般世俗教育(家庭女教)，顯然存在極大差異。

出家比丘尼集體聚住寺院，採集體修持的生活與教育方式。日常生活以坐禪、誦經、持戒、拜懺及作佛事，一般還須從事庵寺內務。庵寺定期或在佛教節慶日舉辦常規儀式或佛事，平日接待許願還願、燒香拜佛的香客，有時至外面做法事。衣食住行嚴守戒律，平日共同念經作功課或聽法之處為禪堂(佛堂、佛殿)，另外個人各有房間，或數人一房間，集體活動外，無事多在房中打坐禪修，務必使心入定，不得閒遊閒談。坐止端正、行則垂臉緘默，安祥徐步，切忌昂首闊步，更不得踐踏螻虫蟻蟻。每半個月舉行一次布薩儀式，懺悔說戒，集會專誦戒律以提醒僧尼守戒，以長養善法。〔註228〕此外佛教特殊的「教育方式」，如「宣講論辨」、「遊學追師」等須走出戶外甚至遠行、遊方的教育方式，也匯入六朝女教大河之中，與世俗女教有著明顯區別。佛教「宣講」在六朝相當常見，除玄學清談加以仿效，甚至官學講經也有依此形式而行者。〔註229〕

〔註225〕以上四尼俱見《比丘尼傳》各人本傳。

〔註226〕《比尼傳．曇暉傳附傳》。

〔註227〕杜學元《中國女子教育通史》，p.70。

〔註228〕參考王景琳《中國古代僧尼生活》(臺北．文津，1992)及鄭永福〈佛教與近代中國女性〉(《性別與中國》，p.214～216。

〔註229〕詳見拙著碩士論文《魏晉玄佛二家對傳統儒家教育之批評及影響》之第五章「佛教對儒家教育的批評及及影響」論教學方法部分。

在家清信女（優婆夷），除誦經、齋食、奉佛之外，遇有佛教節日或講座法會〔註 230〕，往往有機會走出室外，參與活動。女子參與法會，先擇「尼」寺，像瑤光、景樂寺，因是尼寺，男賓止步，男女之防自可無慮；又尼寺往往設有講堂，供清信女聽講諮問佛理，如瑤光寺設有講殿尼房五百餘間。「椒房嬪御，學道之所；掖庭美人，並在其中。」〔註 231〕又據六朝碑記資料顯現，北朝時期，信教女子還有宗教結社的情況〔註 232〕，此皆使女教的途徑與場所，由家庭拓展至戶外與人群之中。佛寺、社團提供六朝女子治學，除卻在家習儒禮、學女工之外的另一處教育場所。

〔註 230〕《高僧傳・義解二・竺法汰》:「竺法汰，東莞人，少與道安同學，雖才辯不逮而姿貌過之。……太宗簡文皇帝深相敬，重請講放光經，開題大會，帝親臨幸，王侯公卿莫不畢集。汰形解過人流名四遠，開講之日黑白觀聽，士女成群。」《高僧傳・譯經上・曇摩耶舍》:「時有清信女張普明，諮受佛法，耶舍為說佛生緣起，并為譯出《差摩經》一卷。……唯宋故丹陽尹顏瑗女法弘尼，交州刺史張牧女普明尼，初受其法，今都下宣業弘光諸尼習其遺風，東土尼眾亦時傳其法。」

〔註 231〕《洛陽伽藍記・卷 1・瑤光寺》。

〔註 232〕詳見寧可、郝春文〈北朝至隋唐五代間的女人結社〉(《北京師範學院學報——社會科學版，1990：5 期，p.16～10》）及張英莉、戴禾〈義邑制度述略——兼論南北朝佛道混合之原因〉(《世界宗教研究，1982：4 期，p.48～55》）二文。

表 9 六朝奉道女性表

時代	姓名	家世身份	受教年紀	教育場所	施教者	學習方式	修習內容及事蹟	結 果	資料出處
魏	張魯母						鬼道（太平道），魯母每挾鬼道往來焉家	子張魯因之而任官	三國志・劉焉傳
晉	鮑姑	葛洪妻、南海太守鮑靚女，陳留人					靚與妹並先世累積陰德，福逮於靚，故皆得道。	1. 姑及小妹並登仙品 2. 靚與妹亦得尸解之道，姑與稚川，相次登仙	墉城集仙錄
	魏華存	任城人也，晉司徒劇陽文康公舒之女，夫為太保掾南陽劉文字幼彥。生二子，長曰璞，次曰瑕。幼彥後為修武令	幼而好道，靜默恭謹			1. 志慕神僊，味真耽玄，欲求沖舉。 2. 常服胡麻散，茯苓丸，吐納氣液。攝生夷靜， 3. 親戚往來，一無關見，常欲別居閑處，父母不許。 4. 婚後，心期幽靈，精誠彌。	1. 讀《莊》《老》三傳、五經、百氏，無不該覽。	7. 其後幼彥物故，值天下荒亂，夫人撫養內外，旁救窮乏。亦為真仙默示其兆。知中原將亂，攜二子渡江。夫人自洛邑達江南，盜寇之中，凡所過處，神明保佑，常果元吉。	南嶽魏夫人傳，收於顧氏文房小說

					篤。二子粗立，乃離隔宇室，齋於別寢		8. 二子位既成立，夫人因得冥心齋靜，累感真靈，修真之益，與日俱進。 9. 凡住世八十三年，以晉成帝咸和九年託劍化形而去。 10. 又云夫人在世嘗為女官祭酒。 11. 即昇天，受位為紫虛元君，領上真司命，南岳夫人。比秩僊公，使治天台大霍山洞臺中，主下訓奉道，教授當為真仙者。後屢降茅山。	
				5. 後眾真下降，清虛真人王君		5. 授以《太上寶文》《八素隱書》《大洞真經》《靈書八道》《紫度炎光》《石精金馬》《神虎真文》《高僊羽玄》等經，凡三十一卷。		
				6. 景林真人		6.《黃庭內景經》		

	裴氏	淮陵內史虞珧子妻					有服食之術，常衣黃衣，狀如天師	道子甚悅之，令與賓客談論，時人皆為降節。	晉書・王恭傳
	楊令辯	晉泰和中女人					篤信黃老，專行服氣	先時人物，亦多敬事	比丘尼傳・竺道馨
宋	王太后	宋文帝母			陸修靜		雅信黃老，降母后之尊，執門徒之禮		太平御覽・卷679引《三珠洞囊》
	徐漂女	宋初之人		大茅山下靜舍			為廣州刺史陸徽所供養，在洞口前。	積年亡	真誥・卷13
	宋氏	徐漂女弟子		大茅山下靜舍	徐漂		為人高潔，物莫能干	年老而亡，仍葬山南。	真誥・卷13
	潘氏	宋氏女弟子		大茅山下靜舍	宋氏		宋女弟子姓潘，又襲住	梁代尚在	真誥・卷13
	紀氏	句容葛濟之(稚川後也)妻，體貌閑雅，甚有婦德				夫濟之世事仙，紀氏亦同			《冥祥記》，《古小說鉤沈》p.504
梁	鄧元起母			在家		方居館，不肯出	鄧元起初為益州，過江陵迎其母，母事道，不肯出。	元起拜請同行。母曰：「貧賤家兒忽得富貴，詎可久保，我寧死不能與汝共入禍敗。」	梁書・鄧元起傳

	張元妃	梁武帝時人	年 11				長齋、絕穀休糧，專事吐納。	1. 造至德館於東府城北。 2. 屏跡茅山也，復於南洞造玄明館	道學傳・卷20*1
不詳：陳以前	李令稱	廬陵女人也，道教女官	少	入廬山		出家離俗	1. 為人消災治疾：梁元帝世子方等疾篤，徐妃攝心潔己，遣人到女官李令稱華林館作功德。妃夜夢見二青衣童，容服異凡，稱華林侍童，被使相告疾者，為取觀壇石，宜送，乃痊。覺即問世子。世子云：「近造山池取用。	1. 於千福鄉延敬里造精舍，名日華林館 2. 遣送還，並遣侍讀王孝祀入，更建齋懺謝，世子即愈之也。	道學傳・卷 20
	暨慧琰	吳興餘杭	幼年	天目山		出家為比丘尼。後捨尼為女道士	1. 遂入居，斷穀服食。 2. 人有疾急，施一符，莫不立愈也。	蟬蛻之後，依俗禮葬之。數年中，忽有聞山蓋山訇然如雷霆之聲。鄉人往看，見棺板飛空，……因此昇天也。	道學傳・卷 20
	蕭貞	東海丹徒人也，道教女官	少年	入遺山		離家學道	唯餌柏葉也。		道學傳・卷 20

	宋玉賢	女冠，會稽山陰人也。既稟女質，厥志不自專。					及將笄，父母將歸許氏。密具法服，登車，既至夫門，時及六禮，更著黃布群褐，手執鵲尾香鑪，不親婦禮	賓主駭愕。夫家力不能曲，棄放還本家。遂成出家也。	道學傳·卷 20
	錢妙真	女真	幼而學道	居句曲洞山			1. 年八十三，誦《黃庭經》 2. 服黃白色藥，了，乃入燕洞。	1. 誦《黃庭經》數滿，乃與親友告別 2. 經宿。明晨，女冠道士競往候之，勿[忽]聞洞有雷霆之聲，見龍鳳之車，自西北而來，載以昇天也。 3. 門人立碑於茅山，邵陵王為觀序，今具存焉。	道學傳·卷 20
不詳：陳以前	王道憐	彭城女人也	七歲知道	1. 在家 2. 乃入龍山		1. 市香油供養，甘蔬素，不衣繪綵，受《三洞經》，晝夜習誦。	1. 誦經滿，有雲輿來迎，迅雷烈風，香氣滿空也。	1. 重閣連房，不日而就。壯而甚速，有若神助。 2. 有玉函降於墖上，有光。	道學傳·卷 20

						2. 志願出家，貨貿衣資，自造館宇，名日玄曜			
北齊	孟阿妃	朱元洪妻					作〈造老君像記〉	其文如下：清信弟子孟阿妃敬為亡夫朱元洪及息子敖、息子雅、息白石、息康奴、息女雙姬等敬造老君像一區，今得成就。願亡者去離三塗，永超八難，上升天堂；侍為道君。芒芒三界，蠢蠢四生，同出苦門，俱升上道。	《全北齊文・卷 8》
隋	徐仙姑	隋僕射徐之才女也			不知師奉何人		善禁咒之術	數百歲，狀貌常如二十四五歲矣。獨游海內三江五嶽，天臺四明，羅浮括蒼，名山勝賞，無不周遍。	墉城集仙錄
備　註	1. 陳・馬樞《道學傳》今已亡佚，本文所用《道學傳》，乃陳國符輯逸所得，見於《道藏源流考》，p.485～488〈附錄七〉。 2.《墉城集仙錄》今有重編影印《正統道藏》本及《雲笈七籤》本兩種版本，內中收錄女仙頗有出入，本文兼採。								

（二）道治教育

東漢後期，道教開始形成，當時有張角領導的「太平教」和張魯領導的「五斗米道」〔註233〕。早期道教以民間宗教形式活動〔註234〕，因涉及黃巾之亂與漢中割據，受到中央政權的壓抑。至西晉，社會崇道之風漸盛。部分門第有感於世事無常，人命不永，故鑽研佛教苦空出世理論以寄託心靈；部分門第則轉向道教成仙之術，養生葆真。江南大姓郗、王、殷、沈等家族，皆世代崇奉五斗米道，道教在六朝門第中，盛極一時〔註235〕。東晉南北朝時期，道教內部出現一批傑出人物，經過他們理論的建構與組織整頓，終於奠定發展方向；同時經典著作的出現〔註236〕，改造教義規範，使道教更趨成熟〔註237〕。至南北朝，道教已成為與玄佛儒並立的思潮，且其觀念對於六朝人亦當有相當程度的影響，尤其是信道之家。以下則針對六朝女性道教教育的概況，進行考查。

道教行政與施化的場所，主要在於道「治」（靖廬、精舍），兩漢六朝道教修行多先設治、靖廬〔註238〕，《正一法文外籙儀》云：「凡男女師皆立治所，

〔註233〕因其創始人張陵、張脩、張魯以天師自居，亦稱為天師道。

〔註234〕「是時從道者，類皆兵民脅從無知之士，至晉世則及士大夫矣。」（《三國志．魏志．張魯傳》注。

〔註235〕如東晉杜子恭「每入靜燒香，能見百姓三五世禍福，說之了然，章書浮水，應手即驗，遠近道俗歸化如雲，十年之內，操米戶數萬。」（《洞仙傳．杜炅》）案：子恭門下，即有數萬信眾，當時道教盛況可推。

〔註236〕六朝道教發展成熟的標誌，在於理論的完善和道書的大量湧現。東晉葛洪的《抱朴子》，便是丹鼎派的集大成之作，書中自稱當時所見道書僅282種，但至劉宋陸修靜整理《三洞經書目錄》時，三洞經書除前述的洞真部《上清經》、洞玄部《靈寶經》外，還有洞神部《三皇經》，構成當時道書的三大體系。東晉至南北朝，道書在短時間大量湧現，很大程度上是受了佛教經籍翻譯傳播事業的影響所致。參考牟鍾鑒《中國宗教史》，p.338。

〔註237〕南北朝時代，五斗米道進行過兩次大規模宗教改革活動，一次是寇謙之領導的「清整道教」運動，藉北魏道武帝及重臣崔浩的支持，除去「三張偽法」，及租米錢稅，立壇宇，設科儀，使北方的道教組織更加完善且符合封建統治階級的需要。經寇謙之整頓後的五斗米教亦稱為「北天師道」或「新天師道」，在太武帝一朝鼎盛非常，北魏諸帝皆依例受道教符籙。另一次改革在劉宋，江南道人陸修靜，寵重整南方天師道組織，規定神職人員的升降制度，為教民設籙籍，歸定齋戒科儀。經陸修靜整頓後的五斗米教組織被稱為「南天師道」。不過南方上清、靈寶兩派興起之後，南天師道的活動漸不顯於世。參考牟鍾鑒《中國宗教史》，p.336。

〔註238〕陸修靜《道門科略》：「天師依託太上置二十四治，三十六靖廬」。唐末杜光庭《洞天福地嶽瀆名山記》專論「三十六靖廬」（轉引陳國符《道藏源流考》，

貴賤拜敬，進止依科。自往教之輕道，明來學之重真。其間小師，未能立治，履歷民間，行化自效，因緣暫爾，不拘大儀。」〔註239〕可知在天師道中，男女師皆可自立治所，據陳國符考據：治所建築規模似乎不大，施設多為茅屋、瓦屋，遠不及後世宮觀弘麗。〔註240〕至於一些小師，無力立治，只得履歷民間傳習道法。如《道學傳》中的王法進，十餘歲時，有女官自劍州歷外邑過其家，父母以其慕道，託女官以保護之，與授「正一延生籙」，名曰法進，而專勤香火，護持齋戒，亦茹柏絕粒，時有感降。(《墉城集仙錄》) 在王法進入道過程中，便因有「女官」(道教女師) 啟導而能入道。劉宋時，「靖廬」興起，此屬一種共修的道場性質。孝武曾為陸修靜置館於廬山，宋明帝又為築崇虛館以居之；梁武帝為陶弘景於茅山起朱陽館〔註241〕，是南朝各地，乃興建館，自是「治」、「館」已見互用。至於北方，因魏世祖信奉寇謙之，「為起天師道場於京師之東南」，北朝道觀，已見興築，如北周甄鸞〈笑道論〉云：「臣年二十之時，好道術，就觀學道。」即是明例，此外道治宮觀，也有女性所起，如三十六靖廬中有「玄性廬」、「紫虛廬」，即屬南嶽魏夫人壇〔註242〕。六朝女性的道教教育便在這些治所、靖廬之中進行著。

1. 教育目的：道教教育的終極目的在於「肉體成仙，長生不死」，此亦為道教有別於其他宗教的一大特色〔註243〕。它不講無形無跡的靈魂不死，也不談死後天堂極樂之事，看重此生當下，寶惜現今已形之身，欲令不朽；若是修道得法，精進無懈，則可成仙，永世逍遙天上人間。若依教徒進程而言，則修道目的可分三層——延年益壽，長生不死，飛昇成仙〔註244〕。不同的教育

---

p.337，附錄四〈南北朝天師道考長編〉) 又《真誥．卷18》錄許長史記專言「靜室」。

〔註239〕轉引陳國符《道藏源流考》，p.333，附錄四〈南北朝天師道考長編〉。

〔註240〕陳國符《道藏源流考》，p.334～335，附錄四〈南北朝天師道考長編〉

〔註241〕陳國符《道藏源流考》，p.336。

〔註242〕《洞天福地嶽瀆名山記》專論「三十六靖廬」(轉引陳國符《道藏源流考》，p.337。另可參看〈表9〉，其中也有多位女冠自立精舍修道。

〔註243〕道教和其他宗教派別相較，有幾項顯著特點：其一是幾乎所有宗教提出的都是「關於人死後如何」的問題，然而道教所要討論的則是「人如何不死」的問題；其二，道教在一開始便有十分強烈干預政治的願望，將「治身」與「治國」結合起來，有「致太平」之術。在後出的太平道與五斗米道中，也是要求身國結合。(湯一介《魏晉南北朝時期的道教》，p.94)

〔註244〕《抱朴子．金丹》：「上士得道，昇為天官；中世得道，棲集坤崙；下士得道，長生世間。」

目的下，教育內容及修習方式亦大別於佛儒。宋顏延之曾針對佛道異同，加以分疏，甚為簡明：

> 為道者，蓋出於仙法，故以練形為上；崇佛者，本在於神教，故以治心為先。練形之家必就深曠，反飛靈、餱丹石，粒芝精，所以還年卻老，嚴華駐彩，欲使體合纁霞，軌遍天海，此其所長。……治心之本，必辭親偶，閉身性，所以反壹無生，克成聖業，智邈大明，志狹恒劫，此其所貴。（顏延之〈庭誥〉）

上文簡要說明二教之根源，教育目的及修行要點。而道教，出於仙法，修行者以練形為上。道安《二教論》也說：「佛法以有生為空幻，故忘身以濟物；道法以存身為真實，故服餌以養生。」因是道教內容中有相當多練形存身、服食養生的修習內容。

2. 施教者：道教聖法不隨便示人，若犯之，為大過，犯教戒。《抱朴子・勤求》云：「道家之所至祕而重者，莫過乎長生之方也。故血盟乃傳。傳非其人，戒在天罰。先師不敢以輕行授人，須人求之至勤者，猶當揀選至精者乃教之。」可知在道教中，非其人，不得傳其教。故欲信道，必先有師，而後能授道法：

> 夫讀五經，猶宜不恥下問，以進德修業，日有緝熙。至於射御之麤技，書數之淺功，農桑之露事，規矩之小術，尚須師授以盡其理，況營長生之法，欲以延年度世，斯與救卹死事無異也。何可務惜請受之名，而永守無知之困，至老不改，臨死不悔？

修仙之學深密，必得明師授受，方能盡理有成。他又剖析過往成仙事例，有師勤求，亦為必需，其云：「古之仙人者，……莫不負笈隨師，積其功勤，蒙霜冒險，櫛風沐雨，而躬親灑掃，契闊勞藝，始見之以信行，終被試以危困，性篤行貞，心無怨貳，乃得升堂以入於室。」〔註245〕又「若學不由師成，非根生，不承本，名為無根之草。」〔註246〕因此修道必求明師。且對於師也要善擇，《老子想爾注》云「人等當欲事師，當求善能知真道者，不當事邪偽伎巧，邪知驕奢者。」觀察女仙女冠傳記，其學亦多有師。如「女真黃景華者，……少好仙道，常密修至要，後師韓君，授其岷山丹方，服之得入易遷宮，為協晨夫人。」（《墉城集仙錄》）且有師承：

〔註245〕《抱朴子・極言篇》。
〔註246〕陸修靜《道門科略》。

唯宋初有女道士徐漂女，為廣州刺史陸徽所供養，在洞口前。積年亡，女弟子姓宋，為人高潔，物莫能干，年老而亡，仍葬山南。宋女弟子姓潘，又襲住，於今尚在。……（陶弘景《真誥．卷13》「阿茅山下亦有泉水，其下可立靜舍」自注）

徐漂女教宋氏，宋氏傳潘氏，師授甚明。有時，師不僅止於一位；如魏華存，則多師，有清虛真人王君，景林真人等，儘管其師身份有屬仙格者，然須有師，則無疑義。據〈魏傳〉記載，魏華存成仙之後，也教授當為真仙者〔註247〕。

3. 教育內容：《抱朴子．勤求篇》云「是以道家之所以至秘而重者，莫過於長生之方也。」道教教育內容，正是圍繞在如何「成仙」這個命題上。根據六朝常見道經（《太平經》、《抱朴子》等）及仙傳所述，整理成〈表9　六朝奉道女性表〉表，關於教育內容，蓋有以下諸方：

首為「誦經禮拜」及「齋醮科儀」，既稱宗教必有其信奉的神祇〔註248〕，這些神仙體系在南北朝時已漸完備，禮拜敬信，自是宗教教育內容之一。《魏書．釋老志》云：「但令男女立壇宇，朝夕禮拜，若家有嚴君，功及上世〔註249〕。」相信神仙真有，敬事諸界神仙，則道成之日，神仙女真將來接引〔註250〕。至於齋醮科儀，自漢張道陵以來，五斗米道就逐步建立和完善其教規教儀，其教規如「有病自首其過」、置靜室「使病者處其中思過」，有「春秋禁殺，又禁酒」等等；其教儀有請禱之法〔註251〕，有師君持九節杖為符咒的儀式，又於行路處置義舍等。〔註252〕《老君音誦戒經》則載有奉道

〔註247〕〈南嶽魏夫人傳〉。

〔註248〕作為一種完整意義上的、有影響的宗教團體，必然有其較為嚴密的教會組織，一套較為固定的教規教儀，及有其闡發其宗教教意的經典，以便使信奉者的信仰有所依託，最後還必定有其固定崇奉的神靈和其教派的傳授史。（參考湯一介《魏晉南北朝時期的道教》，p.11～13）

〔註249〕「清信弟子孟阿妃敬為亡夫朱元洪及息子敖、息子雅、息白石、息康奴、息女雙姬等敬造老君像一區，今得成就。願亡者去離三塗，永超八難，上升天堂；侍為道君。芒芒三界，蠢蠢四生，同出苦門，俱升上道。」（孟阿妃〈造老君像記〉）

〔註250〕道教的神仙譜系詳見陶弘景《真靈位業圖》，今存《正統道藏》「騰」字帙中。

〔註251〕《世說新語．尤悔》載有王獻之病篤，家人為其上章首過之事；《魏書．崔浩傳》則載有崔浩為病危父請禱星斗之事。

〔註252〕「魯遂據漢中，以鬼道教民，自號「師君」．其來學道者，初皆名「鬼卒」。受本道已信，號「祭酒」，各領部眾。多者為治頭大祭酒，皆教以誠信不欺詐。有病自首其過，大都與黃巾相似。諸祭酒皆作義舍，如今之亭傳。又置義米肉，縣於義舍，行路者量腹取足；若過多，鬼道輒病之。犯法者，三原，

受戒儀式，求願、燒香、消除疾病等儀式。〔註 253〕身為教徒，應習此事。如暨慧琰遇「人有疾急，施一符，莫不立愈也。」(《道學傳・卷 20》) 徐仙姑便善禁咒之術。(《墉城集仙錄》) 梁李令稱「為人消災治疾」等，皆習禳邪卻禍之術。誦經亦為要事，道教各派自有其崇尚經典：「太平道」主《太平經》；「天師道」尚《太上正一法文經》、《三天內解經》、《正一法文天師教戒科經》、《正一法文經章官品》、《太上三五正一盟威籙》、《陸先生道門科略》等；「上清經派」經典如《真誥》、《黃庭經》、《三天正法經》；「靈寶經派」的《靈寶五符序》、《元始五老赤書玉篇真文天書經》、《度人經》等；「三皇經派」經典如《三皇文》等；「北天師道」主《老君音誦誡經》以及「樓觀派」的《老子化胡經》、《無上秘要》等。〔註 254〕如女冠錢妙真，年八十三，誦《黃庭經》數滿後，服黃白色藥後昇天。(《道學傳・卷 20》) 又王道憐七歲知道，長市香油供養，甘蔬素，不衣繪綵，受《三洞經》，晝夜習誦。誦經滿，有雲輿來迎，迅雷烈風，香氣滿空也。(《道學傳・卷 20》) 誦經禮拜的作用，除敬信神明之外，陸修靜更賦予修治身心之用：「以人三關躁擾，不能閑停，身殺盜淫動，故役之以禮拜；口有惡言綺妄兩舌，故課之以誦經。」(陸修靜《說光燭戒罰祝願儀》)

其次為「養生之學」:《抱朴子・仙論》云「若夫仙人，以藥物養身，以術數延命，使內疾不生，外患不入，雖久視不死，而舊身不改。」一方面「存宜」，靠正確方法服食（神藥金丹），借外物（外丹）而養生，使人身心不朽。另一方面則要「遠害」：排除對人有害的種種內外影響。關於服食，《魏書・釋老志》云：「其中能修身練藥，學長生之術，即為真君種民。藥別授方，銷練金丹、雲英、八石、玉漿之法，皆有決要。」《抱朴子・仙藥》上藥令人身安命延，昇為天神；……中藥養性，下藥除病。」可知服食在道教修仙進程中的重要。女子服食如：傅禮和，常服五星精，身死光華，得道仙去（《道學傳・卷 20》）；黃景華者，後師韓君，授其岷山丹方，服之得入易遷宮（《墉城集仙錄》）；王法進茹柏絕粒，時有感降。(《墉城集仙錄》)；晉淮陵內史虞珧之妻，有服食之術。(《晉書・王恭傳》)；魏華存常服胡麻散、茯苓丸，攝生夷靜（〈南

然後乃行刑。不置長吏，皆以祭酒為治，民夷便樂之。雄據巴、漢垂三十年。」(《三國志・魏書・張魯傳》)

〔註 253〕湯一介《魏晉南北朝時期的道教》，p.258。

〔註 254〕詳見朱越利《道經總論》（臺北・洪葉，1995）第四章「道經分類」部份。

嶽魏夫人傳〉）；女冠錢妙真服黃白色藥昇天（《道學傳・卷20》），皆習服食之術以養生修鍊。「遠害」之法，可藉導引行氣（內丹）以健身。《抱朴子・至理》云：「夫人所以死者，諸欲所損也，老也，百病所害也，毒惡所中也，邪氣所傷也，風冷所犯也。今導引行氣，還精補腦，食飲有度，興居有節，將服藥物，司神守一，柱天禁戒，帶佩符印。傷生之徒，一切遠之，如此則通，可以免此六害。」女冠習吐納者，如晉楊令辯篤信黃老，專行服氣（《比丘尼傳・竺道馨》）；梁張元妃長齋、絕穀休糧，專事吐納（《道學傳・卷20》）；魏華存也行吐納氣液（〈南嶽魏夫人傳〉）等。

其三「修善立德」：葛洪在《抱朴子》書中雖提出「道本儒末」看法，但他認為求仙得長生者，仍須兼修道德，恪守禮法。〈對俗〉云：「立功為上，除過次之。為道者以救人危使免禍，獲人疾病，令不枉死，為上功也；欲求仙者，要當以忠孝和順仁信為本。若德行不修，而但務方術，皆不得長生也。」清楚表明修善立德對道教成仙的必要性。道教認為，世上有司命，審人功過，「行惡事大者，司命奪紀，小過奪算〔註255〕，隨所犯輕重，故所奪有多少也。」人的壽命，本有定數，然會因其善惡而增減。人「若欲地仙，當立三百善；欲天仙，立千二百善。若有千一百九十九善，而忽復行一惡，則盡失前善，乃當復更起善數耳。」倘若「積善事未滿，雖服仙藥亦無益也。若不服仙藥，並行好事，雖未便得仙，亦可無卒死之禍矣。」（《抱朴子・對俗》）至於修善立德之方，行善與守戒也。不過在道教行善的功德要求上，可以發現其儒家化與世俗化的傾向。《抱朴子》內外篇則清晰反映治身治國並重的特點，一方面要求超世的「長生不死」，又要求現世的「治國安民」。《抱朴子・明本》云：「夫道者，內以治身，外以治國。……內寶養生之道，外則和光同塵。治身則身修長，治國則國太平。」「夫體道以匠物，寶德以長生者，黃老是也。黃帝能治世治太平，而又升仙，則未可謂後於堯舜也；老子既兼綜禮教，而又久視，則未可謂之為滅周孔也。」道教似乎企圖把現實的與超現實的世界打通，而理想的人格應是能「合內外，一天人」者。《太平經・聖君秘旨》云：「守一之法，外則行仁施惠為功，不望其故，忠孝亦同。」在南朝陸修靜的齋戒法中可分兩大類：一為「無為」齋法，是出世的，要求絕群離俗，遺形忘得，使與道合；而為「有為」齋法，是入世的，則要求使國泰家安以及祖宗之魂得以超

〔註255〕案：一算或曰一百日，或曰三日。《酉陽雜俎・諾皋記上》：「小者奪算，算，一百日。」

渡。〔註256〕陸修靜認為「若不作功德，但守一不移，終不成道。……夫道，三合成德，自不滿三，諸事不成。三者謂道、德、仁也。」（陸修靜《說光燭戒罰祝願儀》）可看出他把齋戒與個人修煉、道德修養結合起來，使道教的養生成仙說教更加一步倫理道德化。又云：「若塗炭齋者，無五感之心，不得勸吾之意。一則廢香徒勞，二則成於虛誕，三則輕慢法禁，四則毀辱師教，五則更招罪罰。」（陸修靜《五感文》）陸修靜提出「五感」，不僅要感謝父母養育之恩，而且要感謝太上眾尊大聖真人開道教化和師長開度之恩，充滿對於人間世的道德的重視。道教修德，頗用儒家德目，如葛洪有「內神仙外儒術」的儒道合一思想〔註257〕；陸修靜「禁戒以閑內寇，威儀以防外賊，禮誦役身口，乘動以反靜」，寇謙之等人用「以禮為首」的儒學思想對道教加以改造〔註258〕，皆顯示其與儒德之間的相依關係。若從道教女仙成道歷程考察，女仙為人之時多能兼顧現世女職（妻母角色），在取得家人諒解或完成人生俗務，而後飛昇〔註259〕，更可看出道家與世俗倫理的合和性。

其四恪尊戒律與齋法：二者乃宗教必備〔註260〕，道教作為一門正派宗教，教義多半「勸善懲惡」。有積善累功德以利成仙的說法激勵信徒行善，也有「承負」〔註261〕之說惕人遏惡向善，而其戒律則具體顯現其對信眾的道德要求。以天師道為例，在《道藏》洞神部戒律類中即有戒經七種，有《太上老君戒

〔註256〕湯一介《魏晉南北朝時期的道教》，p.203。

〔註257〕不過也有《老子想爾注》對儒術五經的批判，見於「和慧出有大偽」注：真道藏，邪文出，世間常偽技稱道，皆為大偽，不可用。何謂邪文？其五經半入邪；其五經以外，六書傳記， 尸人所作，悉邪耳否。」又「孔德之容，唯道是從」注云：「道甚大，教孔丘為知，後世不信道文，但上孔書，以為無上，道故明之，告後賢。」認為儒家經典不是真道，孔丘亦非全知全能。

〔註258〕趙吉惠《中國儒學史》（中州古籍，1991），p.427～432。

〔註259〕參考李宜芬《中古道教傳記研究》（臺大歷史所碩士論文，1998），第五章〈道教傳記中的女性〉之說。

〔註260〕「老君曰：人生雖有壽萬年者，若不持戒律，與老樹朽石何異？寧一日持戒，為道德之人，而死補天官，尸解成仙。世人死有重罪，無益鬼神，神鬼受罪耳。」（寇謙之《雲中音誦戒經》）「夫受道之人，內執戒律，外持威儀，依科避禁，尊承教令，故經云：道士不受《老君百八十戒》，其身無德，則非道士。」（陸修靜《道門科略》）

〔註261〕「承負」指行善或作惡事的人，其本人此生或其子孫承受和負擔所行善事或作惡事的報應。乃《太平經》繼承《易．坤．文言》「積善之家必有餘慶，積不善之家，必有餘殃」之說而立。此處定義參考湯一介《魏晉南北朝時期的道教》（臺北．東大，1991），p.364。

經》一卷，《老君音誦誡經》一卷，《太上老君經律》一卷，《太上經戒》一卷，《三洞法服科戒文》一卷，《正一法文天師教戒科經》一卷，《女青鬼律》六卷。至於制定戒律的用意何在？

> 聖人以百姓奔競，五欲不能自定，故立齋法。因事息事，禁戒以閑內寇，威儀以防外賊。禮誦役身口，乘動以返靜，思神役心念，御有以歸虛也。能靜能虛，則與道合。（陸修靜《說光燭戒罰祝願儀》）

> 禁戒科律，檢示萬民逆順 禍福功過，令知好惡。……使民內修慈孝，外行敬讓。佐時輔化，助國扶命。」（陸修靜《道門科略》）

> 道教禁忌。天師云：視天下男女，日用不忠，行善不報，災害日興，天考鬼賊，五毒流行，皆生於不信不念、守一行善，身招其禍，念子不得久世長生。吾受太上教敕嚴切，令以示天民，令知禁忌，不犯鬼神。……使汝曹悉知聞，逆者還順，惡者還善，改往修來。……（《女青鬼律》）

諸文指出：齋戒禁忌目的，即要使奉道之人身，使合於道德禮法，心無雜念，身無妄行，而與道合。至於個人持齋守戒之用，無所不宜：

> 道以齋戒為立德之根本，尋真之門戶。學道術神仙之人，祈福希慶祚之家，無不由之。（陸修靜《五感文》）

> 夫齋直是求道之本，莫不由斯成矣。……上可升仙得道；中可安國寧家，延年益壽，保於福祿，得無為之道；下除宿愆，赦見世過，救厄拔難，消滅災病，解脫死人憂苦，度一切物，莫不有宜矣。（陸修靜《說光燭戒罰祝願儀》

立德之根本，可以祈福希慶祚，上可升仙得道，中可安國寧家，；下除宿愆，赦見世過，救厄拔難，消滅災病，其用大矣。《正一法文天師教戒經科》云：人能修行，執守教戒，善積行者，功德自輔，身與天通，福流子孫。這說明行齋持戒在於使人實現「行善止惡」的目的。道教之中，一如佛教，有專為女子所設戒律，以別於道士，聊舉《女青鬼律》數條，明其大略：

> ……四者，不得傳宣惡語，道說他人，妄作一法，不信天道，虛言無實，天奪算千二百。五者，不得傳虛，兩舌妄語，喜怒無常，專行逆煞，不慎陰陽，天奪算百三十二。六者，不輕慢老人，罵詈親戚，夫妻咒詛，自相煞害，毒心造凶，不孝五逆，天奪算一百八十。七者，……貪財受利，取人自益，借物不還，以為私寶，天奪算千

八百。八者，不得鬥爭言語，因醉淫色，假託大道，妄言鬼語，要結男女，飲酒食寅。九者，不得遊行東西，周合男女。……十三者，不得父子別居，室家離散。……十四者，不得嗜慾惡、失男女，聚集妄道邪言。……十六者，不得逃遁父母，遊行四方。十七者，不得滅天所生，妄煞走獸，彈射飛鳥，指南作北，任心所從，不依鬼律。……十八者，不得干知人事，宣布他家，藏善出惡，姦人婦女，謀圖人婿，逆戾三光，陰賊咒詛，不孝五逆。……十九者，不得行道之日，貪色淫心，行氣有長，自解不已。私共約誓，因生不孝，姦心五內，無道之子，天奪算三萬。二十者，不得思神不報，因行生氣，取降元氣，貪淫愛色，手足不離，彌日竟夕，如此無道，天奪算三百四十二。二十一，不得以赤氣妄傳俗人，口手胸心，更相交接，委道自叛，師主無法。……二十二，不得妄以經書授與俗人，道父母名諱，洩漏真要訣語俗人。（《女青鬼律．卷 3》）

以上戒律，有與傳統禮教相合者（如孝、義、慎言），也有採自佛教戒律（不殺生）者，當然也包含道教本身特殊教規者（如不以經妄傳俗人），其中對於「言語」此項的戒條特多，更顯示道教「非其人不傳道」的宗教神祕性。

4. 教育方式：在家與出家皆有，道教入教不難，女子入道，似乎不以父母丈夫同意為首要前題，《老君音誦戒經》「奉道受戒」儀式載：「諸男女官見吾誦誡科律，心自開悟，可請會民同友，以吾誡律著授上，作單章表奏受誡。明慎奉行如律令。」（《老君音誦戒經》）無論男女若見此戒經，使其願意信道，即可請已入道者向道官（祭酒、師君之類）說明自願按照戒經受戒奉道，即成教徒。道教因為派別甚多，教規及修行法門不盡相同，早期道教並不要求出家〔註 262〕，而且批評佛教「去父母，捐家室」、「不好生，不事俗」。道教「三張」一派，可以在寺院中與其眷屬同居，湯一介引《燕翼貽謀錄》云：「黃冠之教，始於漢張道陵，故皆有妻子。雖屬宮觀而嫁娶生子，與俗人不

〔註 262〕中古以來，俗人之失也，其師內妒，反教民妄為也。……夫貞男乃不施，貞女乃不化也。陰陽不交，乃出滅無世類也。二人共斷天地之統，貪小虛偽之名，反無後世，失其實核，此天下之大害也。汝虧不得父母傳生 ，汝於何得有汝乎？而反斷絕之，此乃天地共惡之，名為絕理大逆之人也。（《太平經．一男二女法》）「食甘旨，服輕軟，通陰陽，處官能，耳目聰明，骨節堅強，顏色和悅，老而不衰，延年久視，出處任意，寒溫風溼不能傷，鬼神眾精不能犯，五岳百毒不能中，憂喜毀譽不為累，乃為貴耳。若委棄妻子，獨處山澤，邈然絕人理，塊然與木石為鄰，不足為多也。」（《抱朴子．對俗篇》）

異。」〔註 263〕然六朝兩位著名道士——南方的陸修靜與北方的寇謙之，二人教派所訂教規教儀中，則有「不婚離俗」的傾向。若就六朝「得道」女冠事跡來看，已有不少女道徒傾向不婚。然而修行進程得看個人才性與外在處境而定，延命成仙事在個人，婚或不婚，恐怕視教派與個人意願及宗教生涯的規劃如何而定。如魏華存被父母彊適人，宗教生涯採取女職修煉並行的方式修道，宋玉賢則以堅決態度拒婚，至於李令稱、暨慧琰、錢妙真、王道憐等人（詳見〈表 9〉），則是出家離俗，入山修道。

在家信道者，藉三會廚會及自家靖室以清修。對於道教戒律等相關的德育內容，或由師授，或自誦戒律而持守不違，此外更藉「三會」三宣五令以臻至。《道門科略》載有「廚會」〔註 264〕和「三會日」〔註 265〕的辦法，家中增加成員，如生子、生女與娶婦，皆應設廚會，藉之聯絡教友情誼，切磋道學。而「三會」之日，「民各投本治，師當改治錄籍，落死上生，隱實口數，正定名簿。三宣五令，令民知法。……師民皆當清靜肅然，不得飲酒食肉，諠譁言語。會竟民還家，當以科律威儀，教敕大小，務共奉行。如此道化宣流，家國太平。」（陸修靜《道門科略》）由其文可知道教信仰，以家為單位，「道科宅錄，民之副籍，男女口數，悉應注上」，以利道氣覆蓋，守宅營衛。因此女性家庭成員，自然一併是教徒。平日在家，家有靖室，以供自修，隔離外擾，與傳統女教方式迥異：

> 奉道之家，靖室是致誠之所。其外別絕，不連他屋；其中清虛，不雜餘物。開閉門戶，不妄觸笑。灑掃精肅，常若神居。唯置香爐、香燈、章案、書刀四物而已，必其素淨。（陸修靜《道門科略》）

這是關於靖室的陳設與布置情形，至於道徒居處靖室之內的修鍊功夫如下：

> 夫齋當拱默幽室，制伏性情，閉固神關，使外累不入，守持十戒，令俗想不起。建勇猛心，修十道行，堅植志意，不可移拔，注玄味真，念念皆淨。（陸修靜《說光燭戒罰祝願儀》）

〔註 263〕湯一介《魏晉南北朝時期的道教》，p.235。

〔註 264〕「若生男滿月，齎紙一百，筆一雙，設上廚十人。生女滿月，齎掃帚糞箕各一枚，席一領，設中廚五人。娶婦設上廚十人。籍主皆齎宅錄詣本治，更相承錄，以注正命籍。三會之日，三官萬神更相揀當。若增口不上，天曹無名。減口不除，則名簿不實。」（陸修靜《道門科略》）

〔註 265〕「天師立治置職，猶陽官郡縣城府，治理民物。奉道者皆編戶著籍，各有所屬。令以正月七日，七月七日，十月五日，一年三會。」（陸修靜《道門科略》）

> 是故太上天尊，開玄都上宮紫微玉笈，處靈寶妙齋：以人三關躁擾，不能閑停，身殺盜淫動，故役之以禮拜；口有惡言綺妄兩舌，故課之以誦經；心有貪欲嗔恚之念，故使之思神。用此三法，洗心淨行，心行靜至，齋之義也。（陸修靜《說光燭戒罰祝願儀》）

因上文可知：禮拜、誦經、神思三法當為靖室齋戒的基本活動。出家女子則多入山潛修，在陸修靜一系，似須出家，在其所列「十戒」中有云：「……二、廢棄世務，斷俗因緣，屏隔內外，蕭然無為，形心閑靜，注念專精；三、中食絕味，挫割嗜欲，使盈虛得節，神氣清爽。……」由《道學傳》中的女冠故事看來，在南北朝道觀興築未流行之前，女冠們可能多利用山中自然屏障（如山洞）以居處潛修〔註 266〕。南北朝時代，南方靖廬與北方樓觀興起，出家共修也成為道教另一種教育方式。《魏書・釋老志》載：「及嵩高道士四十餘人至，遂（為寇謙之）起天師道場於京城之東南，重壇五層，遵其新經之制，給道士百二十人衣食，齊肅祈請，六時禮拜，月設齋數千人。」出家集體修行，便成為日後道教修行的重要方式。《道學傳》中，出家女冠們，脫卻俗世女子身份，自由行止，隨其志意修行訪師（男女不擇），於學大益。如徐仙姑採行遊歷方式進行傳道修行之旅，「獨游海內三江五嶽，天臺四明，羅浮括蒼，名山勝賞，無不周遍。多宿巖麓林窟之中，亦寓止僧院。」（《道學傳・卷 20》）加上部分無力立治的女官，為傳道術、訪仙跡、拜名師，遊學方式自然為其所採。

第三節　六朝女教之時代特徵

人非生而知之，不學而能。「才藝」從某種個角度來說，可算是教育成果的展現，一個人所受過的教育或訓練往往可藉由現實表現去推論，儘管在此不能排除部分藝能是天生而能，無須人教，然其分際仍可依照常理加以判斷。由前文才女的領域類型顯示：六朝女教基本上已超越傳統儒家的女教範式。傳統女教以「學事人」為目的，以三從四德為其主要施教內容，基本上以道德及家事訓練為先。然從六朝女才領域看來，實已跨越傳統女教範疇與模式。「教育」領域中，女子不僅是「四德」的實行者，更是擔任子女學藝傳授及啟蒙教育的施行者，其職任已跨越純然養育照護的角色；部分女子以其卓出才

〔註 266〕謝聰輝《修真與降真——六朝道教上清經派仙傳研究》，p.234。

學，從事官學、宮闈之教育，成就直與男才並雄。「文學」領域尤其傑出，左芬、謝道韞、鮑令暉、劉令嫻、沈滿願及蘇蕙的創作在質與量上，成績斐然，即令當時，已受學者史推崇，作品思深情真，用典精切，甚至獨創詩篇新體（回文），實能於文學史上燦放其不容抹滅的輝光。此代女子在「宗教」領域表現及其受到社會的注目，恐歷代所無，為數不少的女性仙傳及獨一無二的《比丘尼傳》，獨出六朝，足見此代女子宗教成就之受肯定，帝王將相街里衢巷，無不禮敬信向。這些涉入宗教之女子，或兼顧女職與宗教，或出俗專修，其信念意志之堅，令人動容。其間除有女尼開寺傳法，更有道教女真魏華存開宗創派，在相夫教子的女職之外，開創女子自我展現的另類空間。「識鑒」領域，頗見女才之特出，這些女子應用此才於家國父子身上，予之政治、軍事、出處、人生之建議，令其親人逢凶化吉，平順安和。高見如此，六朝史傳對此也不吝載頌，算是對於「不聽婦言」男教的挑戰。外事領域，包括主家、涉政及典章禮儀之悉。對於傳統女教「無外事」、「無攸遂」訓誡，又是一種踰越。「武功軍事」領域，更是對「婦柔靜」「無外事」的強烈牴觸，然而女子在此領域仍有其出色表現，馳馬彎弓，衝鋒復仇，不輸男兒，早已打破中國傳統女子的柔弱形象。這些才女的殊異表現與卓越成績何出？在六朝女教實況的探究中，似乎可見端倪。因為在六朝女教內容中，皆可獲致其受教養成痕跡。

多元的女教管道，擴大了師資來源（如宗教門師、道教女官）及學習領域，並發展出有別以往的教女動機與教育理念；教育內容上，既對傳統女教有所傳襲，又對新出內容能夠容受——史學、玄學、文學及書法、音樂、武藝等技藝，皆在當時女教內容中。教育方式的多變與彈性，內外男女之防的適度鬆綁，皆有助於另類（不同於儒家及傳統）女才的培訓。此外，由女才與女教的地域分析，南北異教的傾向，相當鮮明。特別的是，在六朝女教的內容中，竟也意外發現「妒教」現象的存在問題。以上種種，既與六朝女才之產生及女子形象之多元息息相關，更顯現六朝女教的時代特徵。擇要說明如下：

一、女教管道之多元

六朝女教途徑有「家庭」、「宮闈」及「寺治」三種，雖與男子相比，相形窄少，然較兩漢受教婦女之鮮少，六朝女教顯得較為普及，同時三種途徑之間，可以交通銜接，每因著個人際遇游走而轉換。李彪女在家接受父親文史經書教育，入宮為后妃之際，同時擔任宮闈施教者，孀居之後，出俗為尼，講論高妙，在佛教界成就斐然。女教三徑，皆已經歷〔註 267〕；暨慧琰〔註 268〕、僧猛〔註 269〕、葛濟之妻紀氏〔註 270〕則在佛道二學間轉換；至如韋逞母宋氏，少時蒙其父親教《周官》，嫁後教子讀書，年老蒙官學徵召，負責官學課程教授，則根本已然躍出傳統女教徑路，向公領域的、男性的官學跨進。就六朝女子角度而言，「家庭」、「宮闈」及「寺治」三徑，提供女子終身學習的場域及不同教育內容的選擇。就受教時間來看：婦女不管婚前、婚後，女子無時不學。施教者有家人、有外人，更有宗教界的佛教門師與道治女官參與，這是宗教作用於女教的明顯證據。

二、女教觀念之開明

門第教女，目的在於「興家榮族」。對娘家而言是為維持家風，並以多才標譽門高；此外更為了女兒他日幸福，「教女」方可使之勝任日後教育子女的重任〔註 271〕，建立兩家穩固交情。然而看重女才是這些舉措的源頭，傳統女性觀念中，女子無才智弱易遷，然而是何種因素，轉變六朝家長教育理念，願意教女讀書學藝奉道，且對其教育過程中的一些負面作用，採取寬容態度？內外男女之防的踰越，因進學而對女職的耽誤，允許女子學習傳統男教範疇之內容，學成後容許女子展露長才，遂行理想。此皆與女教觀念之開明，特別是對於女子才性的看法，在在影響整個六朝女教的走向。

〔註 267〕《北魏．李彪傳》載：始彪奇志及婕妤，特加器愛，公私座集，必自稱詠，由是為高祖所責。及彪亡後，婕妤果入掖庭，常教帝妹書，誦授經史，後宮咸師宗之。世宗崩，為比丘尼，通習經義，法座講說，諸僧歎重之。

〔註 268〕暨慧琰，吳興餘杭人也。幼出家為比丘尼。後捨尼為女道士。遂入居天目山，斷穀服食。人有疾急，施一符，莫不立愈也。(《道學傳．卷 20》)

〔註 269〕僧猛，本姓岑，南陽人也。遷居鹽官縣，至猛五世矣。曾祖率□正員郎餘杭令，世事黃老加信敬邪神。猛幼而慨然有拔俗之志。年十二父亡，號哭吐血，絕而復蘇。三年告終，示不滅性，辭母出家。(《比丘尼傳．齊．僧猛尼》)

〔註 270〕宋葛宋葛濟之，句容人，稚川後也。妻同郡紀氏，體貌閑雅，甚有婦德。濟之世事仙學，紀氏亦同，而心樂佛法，常存誠不替。元嘉十三年，方在機織，忽覺雲日開朗，空中清明，因投釋筐梭，仰望四表；見西方有如來真形，及寶蓋旛幢，蔽映天漢。心獨喜曰：『經說無量壽佛，即此者耶？』便頭面作禮。濟之敬其如此，仍起就之，紀授濟手，指示佛所，濟亦登見半身及諸旛幢，俄而隱沒。於是雲日鮮彩，五色燭耀，鄉比親族，頗亦睹見。兩三食頃，方稍除歇。自是村閭多歸法者。」(《冥祥記》，《古小說勾沉》，p.504)

〔註 271〕因為母親往往為啟蒙教育的主要人選之故，前文已詳。

「才性」，本是魏晉初期一個相當重要的論題。六朝為一亂世，為求長治久安，當政者無不求才若渴，曹操即曾多次下令求高「才」，若德不足亦得見用，造成與傳統儒家才德觀念的鬆動態勢；加上漢代以降流行的人物品鑒之風的延續，舉帶起魏初一場才性的論爭——「才德孰重」？能否兼有？「先天之資質」與「後天成就」有無必然關係？眾說紛紜，當時有所謂「四本論」的產生。至於專論女子才性的資料似不多見，則六朝人對於女子才性有何看法？《世說》作者選錄「賢媛」，其標準似於「婦德」與「才性」間依違不定，「婦德」或「才性」方是此代賢媛標準？〔註 272〕與當時流行的才性觀念的關係又是如何？與傳統儒家之見，有無異同？對於女子又產生怎樣的影響？東晉後興起的佛道二教，信奉者多，其教義思想儼然在社會上形成一股思潮，影響著當時風尚，則勢力甚大的玄佛道思潮，對於女子才性觀念有何轉化？〔註 273〕？這些觀念對女性人才的發展，又發揮著怎樣的作用？因此「六朝女子才性觀」為六朝女教的一大問題。

三、南北女教之歧異

六朝女教內容相當多樣，除延續先秦以來「四德」原則之外，值得注意的玄佛道的滲入，「妒教」的形成，詩文的習作，史學的普及，胎教的強調，雜藝武功的新起，皆出於傳統女教要求的內容之外，而為六朝女教所採行。已明顯地跨越傳統女教之範疇。然而多樣化及新異中間，仍然規律可尋。某項教育內容，在特定地域內似乎蔚為風氣，彼此相對。六朝時代，地域「人物論」「風俗論」相當流行，曾為清談要題之一，顯示人們對於風土人情的異同已有覺察。東晉以後，南北分治，北方因由胡人統治，在政教上南北歧出，至於中原士族或者東渡，或者留居，南北地域之不同及政局之差異，帶給門第家學與女教內容上何種影響？地域文化差異之外，致令南北女教差別的真正原因，是否尚有他者？故「南北女教之異同」亦為此代女教特殊命題，值得深究。

〔註 272〕余嘉錫在《世說新語箋疏．賢媛》解題時指出：「本篇凡三十二條，其前十條皆兩漢、三國事。有晉一代，唯陶母能教子，為有母儀，餘多以才智著，於婦德鮮可稱者。」對於《世說》「賢媛」內涵及標準的討論文章相當多，如張丹飛〈論賢媛之賢——從賢媛門看世說新語品評婦女的標準〉、梅家玲〈依違於婦德與才性之間：《世說新語．賢媛篇》的女性風貌〉及栗子青〈世說新語賢媛篇探析〉等，皆指出賢媛篇「尚才」的才性觀傾向。

〔註 273〕玄學的「適性逍遙」、「越名教任自然」、「萬物一齊」；佛教的因緣和合、緣起性空、眾生平等；道教的陰陽調合、夫妻雙修等觀點。

四、妒教現象之存在

六朝女教德育內容中，赫然發現有妒忌一項。違背禮教的妒忌，明列女子「七出」之一，如何的因緣使其躋身六朝女教一環？六朝妒風之盛，史籍及相關研究早有結論，特別的是何以六朝特興？《魏書・元孝友傳》載元氏曾上表請立「置妾令」，表中提及當時人以妒教女；北魏元詳母又曾杖責媳婦劉氏，謂其不妒以致丈夫淫亂致禍，似有肯定女性「妒忌」的傾向。然而在南方，我們卻看到宋明帝特命近臣作〈讓婚表〉以誡止公主妒行。南北兩地對於妒的真正態度如何呢？妒是德是罪？或者，此情況僅限於特定群體或地區？閱讀妒婦故事的過程中，發覺從「妒忌」事件之形成到結束，情權二端始終糾結其間；若從施教者角度考慮，又是基於怎樣的心路歷程與現實考量，而甘冒不韙的去施行妒教？

經由前文對六朝女才及女教概況的說明，不難發現六朝女教的確產生了一些與傳統相異的特色，「女教管道之多元」，已見於「六朝女教途徑」一節的介紹，以下三章將為解答後三個六朝女教特徵而展開。「女教觀念之開明」，「南北女教之異同」，「妒教現象之存在」這三個特徵何來？故後文將以「六朝女子才性觀」、「南北女教之異同」、「妒教現象中的情權之爭」三章深入探尋解答。期待三個問題之解開，可獲致多才多藝、多元形象女子之成因。

第二章　六朝女子才性觀

前章中約略觸及六朝女教之特徵，其中除「女教管道之多元」已見於前章介紹外，第二個特徵在於「女教觀念之開明」。女教觀念可以討論的空間甚廣，從理論層次到現實女教內容取捨皆可涵括。本文則選擇由才性論切入，以彰顯六朝女教觀念之特色。魏晉時代，「才性」〔註 1〕是當時清談重要課題，「才性」的定義與內涵常隨使用者及出現語境而異，「離合同異」〔註 2〕四派，各有定義，其中「離」派的「才\德說」（知能、才藝\性情、德行）〔註 3〕說及「同」派的「先天\後天」說（自然質性\才能成就），在六朝文獻中使用普遍，也適於本文主題，故兼採之。〔註 4〕「女子才性觀」一方面涉及婦女的「才

〔註 1〕研究人性，大約有三條進路：物性、心性以及才性。物性路線在中國，似乎從未發展開來；兩漢以訖魏晉，人性論上較受重視的乃是「才性論」。「才性論」和「心性論」，皆欲為人性找存在根據。過去傳統儒家的人性論約有數家，但多以「倫理道德」的觀點來看人性。魏晉時代則不然，論性 的角度已有所轉變，多就「氣質」論性，走所謂「才性」的路線。魏晉「才性論」曾是清談名題之一，但現存史料多偏重在描寫其爭論時的盛況，而極少述及才性論的具體內容。目前僅見袁準的〈才性論〉殘文及《世說新語．文學 5．注》裡的一條資料。

〔註 2〕「四本」之說，僅見於《世說新語．文學》「鍾會撰四本論」之劉注。注云：「四本者，言才性同、才性異、才性合、才性離也。尚書傅嘏論同，中書令李豐論異，侍郎鍾會論合，屯騎校尉王廣論離。」

〔註 3〕「魏武一妓聲最清高，而情性酷惡，欲殺則愛才，欲置則不堪。於是選百人，一時俱教，少時，果有一人聲及之，便殺性惡者。(《世說新語．忿狷 1》）此性指「性情、脾氣」;「婦德尚柔，含章貞吉。婉嫟淑慎，正位居室。……人咸知飾其容，而莫知飾其性。性之不飾，或愆禮正。」(程曉〈女典篇〉)，此處的性作「德性、操行」。

〔註 4〕可參考林顯庭〈魏晉時代的才性四本論〉(《東海哲學研究集刊》、田文棠、劉學智〈魏晉四本才性之辨述略〉(陝西師大學報——哲學社會科學版，1989：3）諸文及拙著《魏晉玄佛二家對傳統儒家教育之批評及影響》之第四章〈魏晉玄學的教育觀〉部分。

德」之辨，一方面更是對女子「天賦資質」與「後天表現」的意識建構。就「教育」角度來看，才性的認定，是對於「教育對象」的認識及對其未來發展的預期。才性判定，往往影響教育目標的擬定，教育內容的設計及教學方法的施用，進而促成或限制六朝女子的成就的展現。故屬於思想層面的「才性」觀，往往對現實女教產生極大作用。

早在先秦時代，孔子便曾對女子才性發表過意見，他說：「唯女子與小人為難養也」〔註5〕，周武有亂臣十人，孔子議曰：「才難，……有婦人焉，九人而已」〔註6〕，似乎女子「有才」，無甚重視。而《大戴禮記‧本命篇》云：「女者，如也。……女子者，言如男子之教而長其義理者也，故謂之婦人。婦人，伏於人也。」《禮記‧郊特牲》云：「夫也者，夫也；夫也者，以知帥人者也」，表達出當時已有「男知」勝於「女知」，故女子當從「男子」行事之觀念。漢代劉向《列女傳》同書之中，則顯現全然並存對反的女子才性觀〔註7〕，既有如耳母「女情易放」、婦人「脆志窳心」，故聖人制禮以防的貶抑女才說〔註8〕；也有〈賢明‧齊相御妻〉案語中肯定婦人「成夫」貢獻〔註9〕之言。至於班昭在《女誡》中論婦德，云「不必才明絕異」，似乎存有重德輕才之意，然深究其意，並非要女子無才，只不過比重不須至「絕異」程度，且力倡教女，予女受學機會。由上看來，六朝之前對女子才性的看法，雖有高下正反

〔註5〕《論語‧陽貨篇》：「唯女子與小人為難養也，近之則不孫，遠之則怨。」《疏》云：「此章言女子與小人皆無正性、難畜養。所以難養者，以其親近之，則多不孫；疏遠之則好生怨恨。此言女子，舉其大率耳，若其稟性賢明，若文母之類，則非所論也。」案：女子與小人並舉，明顯有貶抑女才之意；而邢昺疏文，則直言女子率無正性。

〔註6〕《論語‧泰伯》載武王嘗曰：「予有亂臣十人。」孔子則曰：「才難，不亦然乎！唐虞之際，於斯為盛，有婦人焉，九人而已。」

〔註7〕案：劉向《列女傳》將自古至漢女子，分為七種類型，除第七種「孽嬖」屬負面外，其他六種皆為婦人值得肯定的嘉行，其中固有「母儀」、「仁智」、「貞順」、「節義」等儒家女教典型，也有「賢明」（有德、但更有才）、「辯通」等重才的類型，典型標準較為多元，不似後代（特別是明清兩代）僅以「貞烈」作為列女典型特質。

〔註8〕《列女傳‧仁智‧魏曲沃負》：「負，魏大夫如耳母也。……負曰：『妾聞男女之別，國之大節也。婦人脆於志，窳於心，不可以邪開也。是故必十五而笄，二十而嫁，早成其號謚，所以就之也。聘則為妻，奔則為妾，所以開善遏淫也。節成然後許嫁，親迎然後隨從，貞女之義也。』」

〔註9〕《列女傳‧賢明‧齊相御妻》：「人之所以成者，其道博矣：非特師傅、朋友，相與切磋也，妃匹亦居多焉。」

之說，但對女才積極正面肯定者似乎較少。嗣至六朝，置身於才性論說相當流行的六朝男女兩性，對於女子才性是否持有新的理解？以下分曉。

第一節　男女兩性之女子才性觀

女子才性問題，似可析作兩層來看：一是女子才性本質的認定，討論女子資質特性與高下問題；二是女子才性施用範限，探討的是女子才能有無與成就可能。下文依循此二方向，分述男女異見。

一、才性本質的認定

男性看法中，對於女子才性的認定，部分六朝男子的看法顯得消極甚且負面，認為女人之性，智弱性強；女人之心，弱而多放，尤其在特定事件上，更顯得偏頗迷誤：

> 然女人之性，智弱性強。一受偽教，則同惑相挺。（釋僧祐〈小乘迷學竺法度造異儀記〉，《全梁文．卷 71》）

> 然女人之心弱而多放，佛達其微，防之宜密，是故立戒每倍於男也。（竺法汰〈比丘尼戒本所出本末序〉，《全晉文．卷 159》）

僧祐以為女人智慧弱少，是非判斷能力不夠，一遇偽教蠱惑便容易上當；然而既錯之後，又與同惑者集結，性強固執，迷惡不改。竺法汰則認為比丘尼戒會多出比丘如此多，乃因女人意志薄弱，內心多欲而行為放蕩〔註 10〕，為防止女人行為誤失，所以佛祖立比丘尼戒既多且密。僧祐、法汰貶抑女子才性，說得篤定，似無保留：女人智弱故易隨異端起念逐遠；道德意志較為薄弱，故易放多失〔註 11〕。因為無知少見，所以固執。故女戒倍於男戒。此處說法頗同前引《列女傳》如耳母的看法，即因婦女才性低弱易失，故防制禁戒繁多。又二僧之說，除可視為世俗尋常見解的反映之外，或與佛教部分派別貶抑歧視女性的傾向有關。

> 婦人之性，率寵子婿而虐兒婦。寵婿，則兄弟之怨生焉；虐婦，則姊妹之讒行焉。（《顏氏家訓．治家》）

〔註 10〕佛教對女人之性，貶抑極強，詳見後文「女身成佛」說。

〔註 11〕此外僧祐之文，別有用心，乃為駁斥法汰而發，偏偏法汰又有廣大女眾信奉，故轉而批評女子智弱，執迷不悟。關於佛教特有的女子才性觀念，後文再論。

兄弟……，及其壯也，各妻其妻，各子其子，雖有篤厚之人，不能不少衰也。……惟有孝悌深至，不為旁人之所移者，免夫。……闢諸居室，一穴則塞之，一隙則塗之，則無頹毀之慮。如雀鼠之不卹，風雨之不防，陷壁榰淪，無可救矣。僕妾之為雀鼠，妻子之為風雨，甚哉！（《顏氏家訓．兄弟》）

顏之推認為婦人常性，大多寵愛女婿虐待媳婦，未嫁之女，倚仗母愛行讒，嫁後，母愛女婿不愛兒婦，致使諸子中心生怨；又妯娌間好道短長，持私計較，致使兄弟疏離。顏氏認為女人常性，害家不淺，故以喻頹毀家室之風雨。值得討論的是「性強」的義涵，就文脈通讀，似為負面〔註 12〕。除僧祐所用的「執迷不悟」義之外，在一些「非正式」的書寫中〔註 13〕，對女人性強的描述，多指向惡德敗行，如「妒忌」〔註 14〕、「傷兄弟父母之情」〔註 15〕、「女禍」亡國、「牝雞司晨」等。其中「妒忌」、「牝雞」皆有女性強勢的表現，自屬「性強」之屬。其實「性強」未必全然是負面詞，端看女子之性強於何事？〔註 16〕若擇善固執，則為美事；倘若性強違損家國男性權益，則性強為惡德。

〔註 12〕不過在不同的書寫情境與文字脈絡中，則「性強」可能也有正面義。《隋書．列女傳．史臣曰》：「夫稱婦人之德，皆以柔順為先，斯乃舉其中庸，未甄至極者也。至於明識遠圖，貞心峻節，志不可奪，唯義所在，考之圖史，亦何世而無哉？……忠壯……誠懇……顛沛靡它。志勵冰霜，言踰皎日，雖《詩》詠共姜之自誓，《傳》述伯姬之守死，其將復何以加焉！」案：作傳者認為柔弱婦人，只是中庸常品，未臻至極，唯義所在，貞剛之心，高峻之節更值得讚賞。

〔註 13〕指經典之外的著作，屬於較為個人化的小書寫的著述，如文集、書信等。

〔註 14〕六朝尤烈，後文專節討論。

〔註 15〕《顏氏家訓》的〈治家〉、〈兄弟〉、〈後娶〉等篇有詳論。

〔註 16〕「性強」之說與常人所認知的婦女形象及傳統女教「婦德尚柔」要求，似有牴觸，到底「性強」的義涵何指？上面引文過於簡略，一時無法判定，或許可參酌六朝其他文獻的使用情形而增進了解。《世說新語．假譎 10》：「諸葛令女，庾氏婦，既寡，誓云：「不復重出！」此女性甚正彊，無有登車理。」個性倔強，一經決定，不輕改易。然堅持「守節」之事，故冠以「正」字。《世說新語．規箴 8》：「王夷甫婦郭泰寧女，才拙而性剛，聚斂無厭，干豫人事，夷甫患之而不能禁。」此處言「性剛」，按之具體事件——郭氏虐婢、追打小叔、強與人事，夫不能禁，則詞意或指「個性剛強暴躁」。《南齊書．皇后．武穆裴皇后》：「性剛嚴，竟陵王子良妃袁氏布衣時有過，后加訓罰。」裴后個性剛強不屈，有仇必報，容不得自己受一點兒委曲，事隔多年，未曾清淡，一旦有權，挾勢報復。《魏書．裴叔業傳》：「（裴）母，夏侯道遷之姊也，性甚剛峻，於諸子皆如嚴君。……小有罪過，必束帶伏閣，經五三日乃引見之，督以嚴訓。」此處蓋指「個性嚴正不苟」。由上看來，「性強」不完全是個負面詞，可能只是堅持心意，不輕改易的個性及態度，是非善惡，端至於王弼的兩則《易注》則側面呈現對婦人才智識見的看法：

處在於內，寡所鑒見，體於柔弱，從順而已。猶有應焉，不為全蒙，所見者狹，故曰：「闚觀」；居內得位，柔順寡見，故曰：「利女貞，婦人道也」；處大觀之時，居中得位，不能大觀廣鑒，闚觀而已，誠可醜也。〔註17〕（王弼《周易注．觀六二》：「闚觀，利女貞」）

居於內中，宜幹母事，故曰「幹母之蠱」也；婦人之性，難可全正。宜屈己剛，既幹且順，故曰「不可貞」也。幹不失中，得中道也。〔註18〕（王弼《易注．蠱九二》：「幹母之蠱，不可貞」）

王弼在解釋爻辭「闚觀」時，說到「處在於內，寡所鑒見，體於柔弱，從順而已。猶有應焉，不為全蒙，所見者狹，故曰：闚觀」，但說到「居內得位，柔順寡見」的處境時，特別對應到婦人身上，說這是婦人常理，所以「利女貞」。爻辭或許只是比附常人某個特定情境〔註19〕，但此情境卻特別指向「婦人」，

看她所「強」、所堅持為何事？若堅持「守節」，從自誓、毀形到自殺，男性們則多半讚賞，因為此處「性強」，合於男性利益。若「性強」用以「教子」，則男性亦投以掌聲，理由亦是合於男性利益。

〔註17〕《周易正義》曰：「『闚觀，利女貞者』，既是陰爻，又處在卦內，性又柔弱，唯闚竊而觀。如此之事，唯利女之所貞，非丈夫所為之事也。」「『猶有應焉，不為全蒙』者，六二以柔弱在內，猶有九五剛陽與之為應，不為全蒙，童蒙如初六（童觀，小人道也）也。故能闚而外觀。」程頤《易程傳》：「二應於五，觀於五，五剛陽中正之道，非二陰暗柔弱所能觀見也，故但如闚覘之觀耳。闚覘之觀，雖少見而不能甚明也。二既不能平見剛陽中正之道，則利如女子之貞，雖見之不能甚明，而能順從者，女子之道也。在女子為貞也，二既不能見九五之道，能如女子之從順，則不失中正，乃為利也。」至於《小象傳》「闚觀女貞，亦可可醜也。」《易程傳》解曰：「言君子不能觀見剛陽中正之大道，而僅闚覘其彷彿，雖能從順，乃同女子之貞，亦可羞醜也。」

〔註18〕《周易正義》曰：「居內處中，是幹母事也；不可貞者，婦人之性，難可全正，宜屈己剛，不可固守貞正，故云：『不可貞也』。『得中道』者，釋『幹母之蠱』，義雖不能全正，猶不失在中道，故云得中道也。」《易程傳．蠱九二》：「九二以剛陽為六五所應，是以陽剛之才在下，而幹夫在上，陰柔之事也，故取子幹母蠱為義，以陽剛之臣，輔柔弱之君，義亦相近。二巽體而處柔順，義為多幹母蠱之道也。夫子之於母，當以柔巽輔導之，使得於義。不順而致敗蠱，則子之罪也。從容將順，豈無道乎？以婦人言之，則陰柔可知。若伸己陽剛之道遽然矯拂，則傷恩，所害大矣。亦安能入乎？在乎屈己下意，巽順將承，使之身正事治而已，故曰不可貞。謂不可貞，固盡其剛直之道，如是，乃中道也。……二巽體而得中道，合不可貞之義，得幹母之道也。」

〔註19〕〈觀六二〉雖得位上應九五，但陰柔處下守中，不能盡見大觀之美，猶如一人身居戶內，暗中竊觀門外美盛中正景物。此種處身方式，僅適於女子守正。

代表爻辭作者與王弼早以「柔順寡見」為婦人之性。「居內得位，柔順寡見」、「不為全蒙，所見者狹」便是「婦人道也」，故能用於此處以象「闚觀」爻義。《蠱九二》似乎象喻「子正母失」之事，母須正乃因「婦人之性，難可全正」，必有錯誤，因此為子者〔註20〕，須巽順以輔其母，使身正事治，不可伸己陽剛之道，遽然矯拂，則傷母子之恩。王注呈現的女性觀是：「婦人之性，難可全正」，對於女子識見品德持懷疑態度，逆向思維之，似有男子之性全正的前提？略微透顯出輕抑女子才性的傾向。初步看來，在才性本質的認定上，六朝男性對於婦女秉性，似乎不抱正面肯定的態度：在智性方面，以為女子才低、智弱，女子之見只是「窺觀」；德性方面，認為女人性強，在特定道德要求上總有不足；一方面執迷不悟，一方面又智弱無知，易隨流放失。自以為是，感情用事，固執倔強，是女子性格特徵。

至於性別與男子相對的女性，在討論與自己切身有關的「女子才性」問題時，是否基於視角立場的不同，而有不同意見？經過爬梳過後的結果是：部分女子經由父權教化，呈現與男子相同的看法；然而值得注意的是一批六朝才女所發出與強勢男聲異調的真實女聲：

> 今時人，智不足。與其書，不能讀。當從中央周四角。（蘇伯玉妻〈盤中詩〉，《玉臺新詠．卷9》）
>
> 蘇氏（蕙）笑曰：「徘徊婉轉，自為語言，非我佳人，莫之能解。」（武則天〈蘇氏織錦迴文記〉）

〈盤中詩〉作者，蘇伯玉妻，姓氏生平不詳。其夫客居遠方未歸，她身在長安思念伊人，便作此詩寫於盤中，屈曲成文，讓丈夫解謎，上面引文是全詩最末幾句，帶點自負與俏皮。「今時人」自是包括男性的，蘇伯玉妻云「與其書，不能讀」，此言非虛，因為迴文體創自她手，前此未有〔註21〕。蘇蕙，字若蘭，前秦始平人，陳留令蘇道賢之第三女，嫁於竇滔。此女多才，善屬文，其夫為苻堅時秦州刺史，被徙流沙，蘇氏思之，織錦為迴文旋圖詩以贈滔。〔註22〕

爻辭的言外之意，若男子，則不利。爻辭以「利女貞」為喻，可見有意擬象，作比喻或類比，必兩事性質大同，故有將「窺觀」直指女性的情況。

〔註20〕相對於六五之母，處於低位，雖本性為剛，但能處中。

〔註21〕清朱存孝《回文類聚序》：「詩體不一，而回文尤異。自蘇伯玉妻〈盤中詩〉為肇端，竇滔妻作〈璇璣圖〉而大備。」對於〈盤中詩〉，沈德潛《古詩源》云：「此詩似歌謠，似樂府，雜亂成文，用意忠厚，千秋絕調。」

〔註22〕《晉書．列女傳》。

但武則天〈蘇氏織錦迴文記〉所載本事稍不同，云蘇蕙因妒怨夫，夫遠走，蕙作〈璇璣圖詩〉贈夫，其夫省覽錦字，感其妙絕，遂感其心，和好如初。〔註 23〕「非我佳人，莫之能解。」透露著對自己作品的信心，認為常人對其詩之「徘徊婉轉，自為語言」，必無法解悟；而「非我佳人」語，則顯示對丈夫才識的肯定與認作知音之意。後代文論家對此二女「回文」作品之精妙，多半稱譽肯定。然當兩女道出「今時人，智不足」及「莫之能解」之句時，已全掃女性的卑屈自沮，充分顯現對自我「才智」的信靠。此外女子對於己身性行，亦能貞正有定，儘管身處人生逆境亦然：

> 無干於人，惟志所欲；惟清者榮，惟濁者辱。（左芬〈啄木鳥〉）
>
> 郗嘉賓（超）喪，婦弟欲迎姊還，姊終不肯歸。曰：「生縱不能與郗郎同室，死寧不同穴？」（《世說新語．賢媛 29》）
>
> 雖時俗之崇麗，蓋哲人之所鄙。……知道德之可尊，明善惡之由己。
> 屏囂煩之俗慮，乃服膺于經史。綜箴誡以訓心，觀九圖而作軌。
> 尊古賢之令範，冀福祿之能綏。時循躬而三省，覺今是而昨非。
> （隋煬蕭后〈述志賦〉，《隋書．蕭皇后傳》）

左芬，文學家左思之妹，出身寒族，以文才受晉武帝敬重，擢為貴嬪，然因姿陋而無寵。她清楚自己的處境，不怨天尤人，更明白自己出處立身，不願干求於人，唯願自葆性情之清真。至於郗超妻（周馬頭）則情深不渝，夫死守節，不願隨弟歸寧，以免情事生變，身不由己，難守初衷。〔註 24〕她誠摯激切的宣示自己從一而終，與夫同穴的決心。蕭皇后，乃梁明帝之女，性婉順，有智識，好學解屬文，頗知占候。然蕭后見隋煬帝失德，心知不可，不敢厝

〔註 23〕據武則天〈蘇氏織錦迴文記〉所載：蘇氏多才，丈夫頗為禮敬。然蘇氏性近於急，頗傷妒嫉。滔有寵姬趙陽臺，歌舞之妙，無出其右。滔置之別所，蘇氏知之，求而獲焉，苦加捶辱。滔將鎮襄陽，邀蘇同往，蘇忿之不與偕行。滔遂攜陽臺之任，斷蘇氏音問。蕙心悔之，因織錦迴文詩二百餘首，計八百餘言，令蒼頭攜至襄陽。滔省覽錦字，感其妙絕，因送陽臺之關中，而具車徒盛禮邀迎蘇氏歸於漢南，恩好愈重。詳見《古今圖書集成．閨媛典．卷 333》「閨藻部」。

〔註 24〕根據多則列女個案顯示：歸寧之後，父兄家人往往基於種種原因（不捨女兒少寡、重利厚賄、威權催逼……），令女改嫁，守節之志往往夭折難行。如諸葛道明女文彪（《世說新語．假譎 10》、〈傷逝 8〉）、魏溥妻市房氏已割左耳自誓守節「子年十二，房父母仍在，於是歸寧。父兄尚有異議」、刁思遵妻魯氏「其家矜其少寡，許嫁」（《魏書．列女傳》）、韓靈珍妻卓氏「慮家人奪其志，未嘗告歸」（《南齊書．孝義傳》）

言，乃作〈述志賦〉自明心跡，反求諸己，堅定自己尊道德、明善惡的本心，並寄情於經史箴誡，不隨煬帝淫恥而放其心。由以上「女聲」聽來，蘇、左、蕭三女對於自己的智慧既有信心，品德進退方面也能自我責求；她們不以女性身份為卑屈，「盡其在我」的氣息盈溢。周馬頭深情貞心的吐辭，令人動容。相較於男性對於女子才性認定上的貶抑看法，相別甚遠。

二、才性施用的範限

男人對女子「才性施用」的看法，一言以蔽之，即「主婦功，無外事」。《魏書·列女傳·序》云：「婦人之事，存於織紝組紃、酒漿醯醢而已。」《顏氏家訓·治家》也說：「婦主中饋，唯事酒食衣服之禮耳。」粗略歸結其論點，他們一致認為女子有才，用於家中內事即可。此種觀念，其來有自，從《禮記·曲禮下》所載：納女於天子，曰「備百姓」；於國君，曰「備酒漿」；於大夫，曰「備埽灑」的禮儀用語，似乎也反映出女子才性的一些訊息——即使貴如國君、大夫之妻，酒漿埽灑仍為其職事。《魏書》、《家訓》後出，說法但與古禮相同，主張女子才用，但務衣食「內事」而已，此外諸事，則非婦女所宜。至於「外事」，則不容許婦女輕易插手。

> 太妃承奕世之休緒，稟太清之秀氣，生道德之家，長禮儀之室。目不睹異物，耳不聞外事。(〈馮令華墓誌〉，《彙編，p.374》)

> 婦主中饋，……國不可使預政，家不可使幹蠱；如有聰明才智，識達古今，正當輔君子，助其不足，必無牝雞司晨，以致禍也。(《顏氏家訓·治家》)

> 夫婦人與政，亂之本也。自今以後，不得奏事太后；后族之家，不得當輔政之任，又不得橫受茅土之爵，以此詔傳後世，若有背違，天下共誅之。(曹丕〈禁婦人與政詔〉，《全三國文·卷5》)

> 三代之亡，由乎婦人，故《詩》刺豔妻，《書》誡哲婦，斯已著在篇籍矣。近事之若此者眾，或在布衣細人，其失不足以敗政亂俗。至於二袁，過竊聲名，一世豪士，而術以之失，紹以之滅，斯有國者所宜慎也。(曹丕《典論·內誡》，《全三國文·卷6》)

外事是預國政、主家事，女人不可涉入。「政治」是女人的禁區，女人主事是國家大忌。女人當家，這個家就要衰破；國家有婦人干預，便要亡國。因此家內大事，一決男主；國家大事——軍旅、禪代、廢立……〔註25〕，更與女子無涉。有女涉及，事若因敗，多咎女禍。所以女無外事，國不可使預政，家不可使主事。然若有女子才明絕異，如何處之？顏之推認為：若女子果然智明才高，則至多擔任「助手」角色，輔相丈夫與兒子，補其不足，而非代行其職，牝雞司晨，自取禍患也。至於男子自身，對於「不聽婦言」則要能謹守。曹丕特別指出：「三代之亡，由乎婦人」，聽任艷妻、哲婦之言，則亡國亂家敗政亂俗。態度遠較顏之推強硬許多，「輔政」亦不允許，可能因為曹丕身份個性不同。他下令群臣有事，不得奏事太后，后族之家，不得當輔政之任。認為只有阻遏女言，方能杜絕婦謁女禍。此外，為防哲婦，「口多言」也列「七出」之一，理由是「為其離親也。」古書之中，也充滿對女言的警戒防制，如《詩・大雅・瞻卬》：「婦之長舌，維厲之階。」皆對婦人出言立下層層規限。自來探討國家興亡成敗，聽「婦言」也列為罪行之一：「惟婦言是用。哲夫成城，哲婦傾城。」〔註26〕「哲夫」、「哲婦」皆為「善謀慮」之人。不考慮個別差異，不探究謀慮的是非高下，只因性別之差，即斷言哲婦必敗其國，以女廢言，「性別成見」之跡，至為明顯。傳統禮制要婦人閉口，束行順從，才性發用自然受到相當大的限制，在家內已然，閫外之事，更不用提。

男性為何反對婦女「主事」？讀史以推理，或有三理可說：一是與「智弱性強、感情用事」的才性觀念直接相牽，既以女子才智低弱，「婦人之見」、「婦人之仁」往往誤判，自然不欲其主事。二與權力之爭有關，妻為外姓，有時「夫家」「本家」利益衝突，雙方男性都不放心這個夾縫中的女性〔註27〕，

〔註25〕《晉書・后妃下・穆章何皇后》：「桓玄篡位，移后入司徒府。路經太廟，后停輿慟哭，哀感路人。玄聞而怒曰：『天下禪代常理，何預何氏女子事耶！』乃降后為零陵縣君。」《三國志・吳書・孫綝傳》注引〈江表傳〉：「卿宣詔語卿父，勿令卿母知之，女人既不曉大事，且綝同堂姊，邂逅泄漏，誤孤非小也。」《晉書・列女傳・苻堅妻張氏》：「苻堅云：『軍旅之事，非婦人所豫也。』」《晉書・帝紀・廢帝海西公奕》：「咸安二年正月，降封帝為海西縣公。四月，徙居吳縣，敕吳國內史刁彝防衛，又遣御史顧允監察之。十一月，妖賊盧悚遣弟子殿中監許龍晨到其門，稱太后密詔，奉迎興復．帝初欲從之，納保母諫而止。龍曰：『大事將捷，焉用兒女子言乎？』帝曰：『我得罪於此，幸蒙寬宥，豈敢妄動哉！且太后有詔，便應官屬來，何獨使汝也？汝必為亂。』叱左右縛之，龍懼而走。」

〔註26〕出於《詩・大雅・瞻卬》。鄭箋：「哲，謂多謀慮也。城，猶國也。」《爾雅・釋言》：「哲，智也。」《尚書・皋陶謨》：「知人則哲。」

〔註27〕如樂廣女嫁司馬穎，涉及政爭，樂云：「豈以五男易一女」方釋危機。（《世說

自不令其與事；另外為色女子高才多謀，使夫權受到挑戰，甚至夫權旁落。一反婦女主事，可以根絕此憂。另有夫妻感情的考量，婦人與事，易引夫妻爭議〔註28〕，反壞恩情〔註29〕，女子柔順從命即是，無須多言多事。關於女子「才色」問題，六朝人也曾表示意見：

> 粲常以婦人才智不足論，自宜以色為主。驃騎將軍曹洪女有色，粲於是聘焉。容服帷帳甚麗，專房燕婉。歷年後婦病亡，未殯，傅嘏往唁粲，粲不明〔哭〕而神傷。嘏問曰：「婦人才色，並茂為難。子之聘也，遺才存色，非難遇也，何哀之甚？」(《世說新語．惑溺2》注引《粲別傳》)

> 若夫麗色妖容，高才美辭，貌足傾城，言以亂國，此乃蘭形棘心，玉耀瓦質，在邦必危，在家必亡。(程曉〈女典〉,《藝文類聚．卷23》)

同樣是討論女子才色問題，男子看法相距頗大，然其共同點是「未見男人好才如好色者」。染有道家色彩的魏初清談家荀粲，雖不把女子當成禍水，然視女性才智不值得討論，頗有貶抑女才的意味。而傅嘏口中，「才色，並茂為難。子之聘也，遺才存色，非難遇也。」則顯示女才之難遇，似為事實之言，然而話中似乎含有輕視女才的傾向？晉武曾欲為太子取衛瓘女，楊元后納賈郭親黨之說，欲婚賈氏，武帝曰：「衛公女有五可，賈女有五不可。衛家種賢而多子，美而長、白。賈家種妒而少子，醜而短、黑。」其中德色、生子能力都考慮到，就是未考慮「才」，還是武帝根本不認為女子有才可言也未可知。程曉則是對女子才、色皆心存戒心，以為乃致女禍的根源。因此沈約認為「愛止帷房，權無外授，戚屬饒賚，歲時不過肴漿」(《宋書．后妃傳》)是處置后妃外戚最好的辦法。《列女傳》曾載趙悼襄王納倡后之事，李牧曾諫王曰：「女之不正，國家所以覆而不安也。此女亂一宗，大王不畏乎？」趙悼襄王答曰：「亂與不亂，在寡人為政。」趙悼襄王雖有此種自覺，然未

新語．言語25》)又如景懷皇后下侯徽：「后知帝非魏之純臣，而后既魏氏之甥，帝深忌之。青龍二年，遂以鴆崩，時年二十四。」(《晉書．后妃上》)

〔註28〕班昭《女誡．敬慎》：「語言既過，縱恣必作。縱恣既作，則侮夫之心生矣。此由於不知止足者也。夫事有曲直，言有是非。直者不能不爭，曲者不能不訟。訟爭既施，則有忿怒之事矣。此由於不尚恭下者也。侮夫不節，譴呵從之，忿怒不止，楚撻從之。夫為夫婦者，義以和親，恩以好合，楚撻既行，何義之存?譴呵既宣，何恩之有?恩義俱廢，夫婦離矣。」

〔註29〕〈兄弟論並序〉：「是以通人君子，動無失德：全同生之重，則恭順有章；戒惟家之索，而椒蘭無替，夫妻和於鼎任，兄弟穆於清風。」

能貫徹力行，終不敵自我情感陷溺，自蔽其明，廢立草率，終至滅國。〔註30〕上面的論述，乃一概之說，可謂真正的以女廢言。劉伶之妻好心勸劉伶節制飲酒以免傷身，劉伶隨口向神明祝禱：「婦人之言，慎不可聽。」（《世說新語・任誕3》）〔註31〕便將妻子意見全然漠視，使女子「出言」陷於兩難。要相夫，古書又有「不聽婦言」明訓……細審「女言」淆亂家國，男人有責。因為付諸行事，必獲「男主」認可。尤其男尊女卑，男主女從，用不用「女言」，取決於男，若因採女言以致敗，則決定採用「女言」的男性，恐怕也須自負決斷不明的責任。這種理解，清人唐甄已具，其云：「治天下者惟君，亂天下者惟君。治亂他人所能為也，君也。小人亂天下，用小人者誰也？女子奪人亂天下，寵女人奪人者誰也？」〔註32〕可謂理中之言。

至於女子對於「才性施用」的範限與可能，則呈現出正面積極精神，認為興家定國，當仁不讓：

> 甄后云：「妾聞先代之興，所以饗國久遠，垂祚後嗣，無不由后妃焉。故必慎選其人，以興內教。」（《三國志・后妃傳・注》引《魏書》）

甄后乃魏文帝曹丕之后，從文獻記載中得知，她自小便是一個相當有定見與自我期許之人。從幼年堅持向學，與諸兄辯論女子讀書之必要即可窺見〔註33〕。在他這篇謙辭后位的書啟中，他採取有別於一般「女禍」論述的角度，改以意氣昂揚意態說出「三代之興，后妃之功」，肯定后妃對於政教得失的正面作用，形成自己的女性「定國」論。與其夫曹丕「三代之亡，由乎婦人」形成強烈對比。男女異見，此處尤明。此外，部分女子，識鑒有得，對於才女，惺惺相惜，每能予以正面肯定：

〔註30〕《列女傳・孽嬖・趙悼倡后》。

〔註31〕劉伶病酒渴甚，從婦求酒。婦損酒毀器，涕泣諫曰：「君飲太過，非攝生之道，必宜斷之。」伶曰：「甚，我不能自禁，唯當祝鬼神自誓斷之耳，便可具酒肉。」婦曰：「敬聞命。」供酒肉於神前，請伶祝誓。伶跪而直祝曰：「天生劉伶，以酒為名；一飲一斛，五斗解酲。婦人之言，慎不可聽。」便引酒進肉。隗然已醉矣。（《世說新語・任誕3》）

〔註32〕唐甄《潛書》（北京・中華書局，1955），p.148。

〔註33〕《三國志・魏書・后妃傳・文昭甄皇后》注引《魏書》：「后自少至長，不好戲弄。年八歲，外有立騎馬戲者，家人諸姊皆上閣觀之，后獨不行。諸姊怪問之，后答言：「此豈女人之所觀邪？」年九歲，喜書，視字輒識，數用諸兄筆硯，兄謂后言：「汝當習女工．用書為學，當作女博士邪？」后答言：「聞古者賢女，未有不學前世成敗，以為己誡。不知書，何由見之？」

后母桓氏夢吞玉勝生后（劉智容），時有紫光滿室，以告壽之。壽之曰：「恨非是男。」桓曰：「雖女，亦足興家矣。」（《南齊書．皇后傳》）

夫人資芳貞敏，蘊彩淑靈，……伯祖親西河長公主，以母儀之美，肅雍閨闈，常告子孫：「顧吾老矣，而不見此女。視其功容聰曉，足光汝門族。」（〈薛伯徽墓誌銘〉，《漢魏南北朝墓誌彙編》，p.174）

此則資料同樣顯現男女兩性在女才施用上的認知差距，劉智容出生，家有異象，常俗以為當出貴人之兆。然而劉父一見是女，遺憾不已，因為傳統社會對於女子才性的貶抑（不管在資質或事功表現上），即令高才令質，泰半抱才蒙塵以終。然而劉母桓氏以女性身份提出異見，她認為即使是女兒，一樣可以振興家業，光耀門楣！北魏西河長公主善鑒，又審伯徽有才德，特告家人「光汝門族」，薛父於是親授《禮經》於伯徽，日後她果然聰明捷悟，一聞記賞。及長，吉凶禮儀，無不熟悉。閑通多識，終成雍秦刺史夫人，善盡輔相之責，語及刑政，言成準墨。〔註 34〕桓氏與長公主對女才施用同具信心，抱持女可「興家」之念，毫不猶疑。不過，上述諸女論及「女子才性」，並未提出才性施用的確切範限，只說「興家定國」，而循其言語脈絡至多只是對於「女禍說」的減弱作用，至於對女子不務「外事」、「政事」的禮教約束，未見超越。

第二節　六朝女子才性觀綜論

六朝「才性」說法甚多，概觀前文男女兩性對女子才性的高下認定及施用問題的看法，明顯存在落差：男主「女智低弱」之說，女則「自信其智」；男說「婦無外事」、「女無攸遂（主事）」，「不聽婦言」，觀看女子才性施用，多從「對立、提防、防弊」的角度立言，多禁制之語。此外，我們似乎應把發聲

〔註 34〕〈薛氏墓誌銘〉：「夫人諱字伯徽，河東汾陰人，尚書之玄孫，雍秦二州之曾孫，河東府君之孫，尚書三公郎中之長女。……年 七歲，持所鍾重，未嘗遥阿傅之訓，已有成人之操。先考授以禮經，一聞記賞，四辨居質，瞥見必妙。及長，於吉凶禮儀，靡不覩綜焉。雖班氏閑通，蔡女多識，詎足比也。既和聲遠聞，實求之者不一，常以相女而授，固未之許。恭宗景穆皇帝之曾孫，司徒獻武中山王之子，令望籍甚，無輩當時，昂昂千里，獨步天苑。欽重門胄，雅聞德音，乃申嘉娉，崇結伉儷。夫人時年廿有七矣。于時元氏作牧秦蕃，夫人起家而居之。至使語及刑政，莫非言成准墨。」

男性的思想背景列入考慮，因為女子智弱說的主張者，正有兩位僧人，此說是否出自特定宗教女性觀念的影響而發？因此後文將嘗試探析玄、佛、道教的女子才性說法加以探析，以理解前述男女聲音中宗教意識的高低。至於部分六朝婦女，則能正面肯定女才之用，認為「興家定國」，女有其分，然而此聲逕自兀立於多數男性所發的貶抑聲中。究竟男性看法，從何而生？女性說法，何由萌發？時代思潮對於時人的女子才性觀又提供怎樣的新見？以下將逐一檢索分析。

一、男性「女子智弱」說

六朝男子對女子才性的看法，已見於前，此節想進一步探討致令男性發出「智弱說」的原因？背後是否牽涉特定的文化機制？男性說法的是非又如何？女人智弱不才，此說似乎先秦早有，六朝男性只是承自舊說，因此如欲了解智弱說的成因，似乎必須追本溯源，從可能興起的社會背景尋起，同時配合現實角度的考查，以衡量女子才性本質及才能施用的情況。對於男女差異的論述，近年由於西方心理學、人類學的發達，從生理、心理角度對男女才（智慧、才能）、性（性格、道德）的研究也逐漸增多。其中有人從男女體質生理論證女子智弱，因為男人腦容量大於女性，故男智高於女智，不過此說已被推翻〔註35〕。至於男女「性情」是否天生有別？依照心理學家的研究，的確存在〔註36〕，只是由天賦而來的性格差異，似乎未如現存父權文化所強

〔註35〕「腦容量說」由法國著名神經學及人種學權威布洛加所提出，其說詳見海倫·費雪〈男女為何會有差異——性別的腦部建構〉一文，收入《婚姻、外遇與離婚的自然史》，p.202。

〔註36〕「性別上的不同除身體和生理上生殖功能的不同外，其他還有平均身材大小的差異、力量的差異，以及體能上的差異，至於心理上否有所不同，無疑的這種差別一定有，而且有一些一定符合社會文化對典型的要求。然而某些差異——如進取、獨立、情緒化、能言善道，社會敏感性等等，是否是天生的？……據心理學家研究指出：男人比女人好動、武斷，這個差異從外表上就可看出。男嬰比女嬰易怒、好動，二、三歲的男孩比女孩玩更多粗野追打的遊戲。（這個差別在猿、猴中也可見），到四、五歲時，男孩比女孩更會互罵，會為別人的攻擊會打回去。這個差異一直持續到成年期。少男比少女在暴力犯罪上是多五倍。這情況也顯示在許多截然不同的文化裡。（如衣索比亞、印度、肯亞、墨西哥、琉球及瑞士），……尤其是在打入雄性荷爾蒙後，攻擊性就增強了。……如體內含有過多男性荷爾蒙的女嬰，雖然以女孩養育，但仍有陰陽人的傾向，童年時像男孩般粗野，喜歡卡車不喜歡洋娃娃，喜歡團體的球類競賽，喜歡穿長褲，不喜歡珠寶香水。到青春期以後，她們

調的那麼絕對且廣泛〔註37〕。事實上，各個文化中「性別角色」〔註38〕的形成，與「社會化」及「文化建構」有更密切的相關。至於中國，六朝之前也有涉及男女差異的論述，然其理論根據，多由「陰陽說」而來，除由哲理方向進行思考，也有以生理比附陰陽而推出「男尊女卑」說法者。〔註39〕至於專論

把事業排在婚姻和孩子之上。動物的類似實驗也符合此項結果。不過男孩和女孩在攻擊上可能一開始就有所不同，但是社會文化的影響將這個不同放大了許多倍而顯現出來。父母通常會允許男孩有某種程度的攻擊性，如果有人打他，父親通常會鼓勵他打會去，但是對女孩不會。這樣不同訓練結果是使一開始天生的性別差異誇張了許多，放大了許多。……雖然心理上的行為差異有一些生理上的原因，但是最主要的是男生和女生「社會化」的不同。（H. Gleitmanleitman 著、洪蘭譯《心理學》，p.531～535）

〔註37〕主張男女性格差異與生俱來者如達爾文：「男人比女人勇敢、好鬥、精力旺盛，也更富發明的精神……女人似乎和男人不同，……女人較為溫柔，較為無私」達爾文深信性別特質是人類的天賦，窮本溯源，乃由代代遺傳而來。不過此種說法在第一次世界大戰後面臨激烈打擊，著名女人類學家米德指出：「我們經常指涉的所謂兩性特質，與其說與天生性別相關，不如說是社會在當時對於男女規範的結果。」他認為塑造人格的是環境。（海倫．費雪，《婚姻、外遇與離婚的自然史》，p.201～202）現代心理學也贊同此說：「對於我們感到自己是男是女，社會因素佔有重大的關係，它同時塑造我們的行為去配合我們的性別角色。……社會學習理論認為：孩子之所以會表現出與他們性別相符的行為，是由於報酬（作出相合行為）與懲罰（做出不合的行為）的關係。……無疑的孩子對性別角色典型的看法是深受父母和同儕的影響。當一個小孩玩一個與其性別不配的玩具時（如男孩玩洋娃娃），父母便會表示不贊許，形成「負增強」效應，往後再次發生的機率便會降低。此外，他們以模仿的方式學習性別行為。他們很快學會應該找個角色楷模（role model）來模仿，通常他們都選擇與自己同性之父母親。……而父母要將孩子塞進不同的社會模型中，社會學習理論認為，父母的行為（以及老師、同儕）也是受到各種增強物的塑造。而這些塑造都是為了維持某一個社會結構。」（H. Gleitmanleitman 著、洪蘭譯《心理學》，p.531～535）「在從兩性生理結構中找出這種差別的根源之前，依照現存知識來說，人格和性格含著大部份社會成分；也就是說，大部分是由於在環境中所受的教育而形成的。」（賈馥茗《教育哲學》，p.45）

〔註38〕「性別角色」（gender identity）是某個文化所認為每個性別所應表現的外在行為形態。一些典型、刻版化的性別角色印象，如男人應該有野心、攻擊性強、強壯、感情不外露；女人則應服從、柔順、較易表達感情以及對人比對事有興趣。從古至今此種觀念影響著大部分的人們，且影響我們自己的性別角色扮演及看別人的眼光要求。（H. Gleitmanleitman 著、洪蘭譯《心理學》，531～532）

〔註39〕在經子、醫書多有論及。經書主要指《周易》的相關傳注，至於醫書如《皇帝內經．靈樞．五色》：「男女異位，故曰陰陽。」陰陽學說，後文再論。醫說部份可參考蔡壁名《身體與自然——以《黃帝內經素問》為中心論古代思

女子「才性」之文，似乎較少。本文在此探索智弱說成因，由於年代久遠，文獻不足徵，故多由事理推究，佐以相關史例。

（一）男性中心二元思維

若從思想觀念層面探討，則「智弱說」乃是男尊女卑觀念衍生推論的結果。在中國，「男尊女卑」、「重男輕女」觀念並非一二思想家倡言而來，而有其社會現實基礎。不只儒家，諸子皆然，因為源於同一塊文化土壤。在歷史較悠久的社會裡，多已形成以男性中心〔註40〕，無形中便貶低了女人的地位，以至形成女性在很多方面不如男性的觀念，於是社會上便存在男性的優越與女性的弱勢。男尊女卑態勢一經成立，男尊女卑觀念亦隨之擴及到生活中的各個領域。男性又以其強勢姿態，透過口傳、著述等方式，將父權價值及利

想傳統中的身體觀》p.77～91之「女子與丈夫——兩性殊異的身體觀」。漢代成書的《太平經》則以男女生理不同以論男尊女卑肇因：「夫天名陰陽男女者，本元氣之所始起，陰陽之門戶也。人所受命生處，是其本也。故男所以受命者，盈滿而有餘，其下左右，尚各有一實。上者盈滿而有餘，尚常施與下陰，有餘積聚而常有實。……陰為女，所以卑而賤者，其所受命處，戶空而虛，無盈餘，又無實，故見卑且賤也。……本名為陰陽男女者，此二事也。其一身上下，既盡無名者也．本名陰陽，以此二事分別之也。念女之頭目面耳支體，俱與男等耳；其好善尚乃或好於男子，而反卑賤者，此也。男子其頭面肢體，其好善不及女也，而名尊且貴者，正以此也。」（《太平經．陽尊陰卑訣》）。班昭《女誡》也指出「陰陽殊性，男女異行。」以上論述，多以「陰陽說」作為理論根據。

〔註40〕對於男尊女卑制度形成原因的研究，近年有傾向於以經濟工具的改變及遠古婚俗（搶婚、戰俘）角度討論。根據近代人類學家的推測：歷史上當有一段母系社會時期，此期約當文明演進階段的「採集時期」。採集工作，女人體力可以勝任，且往往擔負生計，因此婦女地位相對較高，男性只是負責防衛責任。直至漁獵時期，與獸搏鬥，男力方可，男人擔負起部分生計，婦女依然採集供生活之需，男女地位漸有移轉。至農耕時期，開墾土地，劈荊斬棘，多賴男力，於是父系社會制度漸次形成。生活穩定，耕作蓄畜，生活漸有盈餘，形成所謂財產，終其一生未必花用完畢，便有繼承問題，為使產業不落入外人之手，一夫一妻制開始形成，以確保後代血統之純，財產的承繼不會旁落。但這時也是女權開始低落，男性宗法社會成立，婦女地位遠遜於男性。成為男性財產，窮守家內，提供家務勞作、生育傳嗣、性慾滿足、照顧子女……諸事的提供者。參考摩爾根《古代社會》、恩格斯《家庭私有制和國家的起源》及羅莎林．邁爾斯（Rosalind Miles）《女人的世界史》（麥田，2000），p.25～46。另外，《女性主義理論與流派》、曹大為《中國古代的古子教育》第三、四章「女子在原始教育中的地位作用」、「古代中世紀女子教育的社會土壤」中皆有涉及遠古母系及家庭制度演進的過程分析。至於第二說，多見於婚姻史、家庭史之類的著作中。

益觀漸漸滲透到制度、思想等層面，完成所謂「父權二元對立思維」的系列工程；女子才性觀的制作，亦屬其中一環。在父權二元對立思維中，男性主體被置於哲學、價值論和認識論的核心，並和另一次要項目相對立。如男\女、善\惡、陽\陰、乾\坤、尊\卑、剛\柔、主體\客體、理智\情感，主動\被動、自我\他者……。在此二元對立思維中，第一層項目總包含著優於第二層項目的意涵；男性主體總是佔據優勢的第一項目位置，而女性總被置於第二次要項目之中。〔註 41〕而建立「男尊女卑」的思想根據，則來自「陰陽說」〔註 42〕。董仲舒云：「君臣父子夫婦之義，皆取諸陰陽之道」、「天地之陰陽當男女，人之男女當陰陽。陰陽亦可以謂男女，男女亦可以當陰陽。」〔註 43〕

「陰陽說」來自中國人對本體論及人性論的認知，傳統女性觀念也透過乾坤陰陽等本體論來建立，形成一套「乾坤→陰陽→男女」的系統論思想〔註 44〕。天尊地卑、陽主陰次是宇宙的基本秩序。天高地卑，則男女也相應為男尊女卑〔註 45〕。此說使男尊女卑似乎是先天注定的，於是將對女性的偏見牢牢放在本體論的基石上。漢代董仲殊云：又說「丈夫雖賤皆為陽，婦人雖貴皆為陰」、「陽常居實位而行於盛，陰常居空位而行於末……貴陽而賤陰也。」(《春秋繁露．陽尊陰卑》) 「陽為夫而生之，陰為婦而助之。」(《春秋繁露．基義》) 自是「天尊地卑，男尊女卑」「男主女從」「男剛女柔」〔註 46〕、

〔註 41〕林幸謙《歷史、女性與性別政治》，p.366。

〔註 42〕詳見鮑家麟〈陰陽學說婦女地位〉，《中國婦女史論集．續集》，p.37-～54 及杜芳琴《女性觀念的衍變》第二章之〈乾坤陰陽說——男尊女卑的理據〉(p.186～212)。杜說尤為詳盡深入，且論及後世流變。

〔註 43〕以上二文出自《春秋繁露．基義》及〈循天之道〉。

〔註 44〕《周易．雜卦》:「乾剛坤柔。」《周易．坤文言》:「坤至柔而其動也剛，至靜而德方，後得主而有常，含萬物而化光，坤道其順乎？承天而時行」、「陰雖有美，含之以從王事，弗敢成也。地道也，妻道也，臣道也。」《周易．繫辭下》:「夫乾，天下之至健也；夫坤，天下之至順也 」、「乾道成男，坤道成女」；《周易．說卦傳》:「乾為天、為君，為父……；坤為地、為母……為子。」、「乾，天也，故稱乎父。坤，地也，故稱乎母」、「乾，健也。坤，順也。」

〔註 45〕《周易．繫辭上》:「天尊地卑，乾坤定矣；卑高以陳，貴賤位矣；動靜有常，剛柔斷矣。」

〔註 46〕相信男女能力上有差別者，首先認為在體力方面，男勝於女。我國古代、西方社會，甚至到今天一些仍然存在著的原始部落，都呈現出此種信念。認為需要大量體力的工作，是男性的；而女性在一些柔細而精密的工作上，固然表現得比男性優越，但體力卻比不上男性。接著便由體力關聯到人格，中國早期的宇宙觀，便指出陽剛陰柔的性質，引用到人，便是男性剛強、堅持，有決斷、有勇氣和毅力，女子則反是。(賈馥茗《教育哲學》，p.43)

「男清女濁」、「男陽女陰」、「陰陽殊性，男女異行」〔註 47〕……等一系列理念定型。此後討論個體差異時，往往不考慮個體特質何在，一見性別有別，便不假思索，逕用性別別門類定高低。在陰陽說二元思維架構下，「男才\女不才」成為當然的推論。我們不難在女性傳記看到「恨不為男」、「惜不為男」的感歎，並非無病呻吟，沒有原因：

> 文明王皇后諱元姬……，父肅，……后年八歲，誦詩論，尤善喪服，苟有文義，目所一見，必貫於心。年九歲，遇母疾，扶侍不捨左右，衣不解帶者久之。每先意候指，動中所所適，由是父母令攝家事，每盡其理。祖朗甚愛異之，曰:「興吾家者，必此女也，惜不為男矣。」（《晉書．后妃傳上．文明王皇后元姬》）

> 后母桓氏夢呑玉勝生后（劉智容），時有紫光滿室，以告壽之。壽之曰:「恨非是男。」（《南齊書．皇后傳》）

若據史傳所載，王元姬才學兼備，德行實務均佳，祖父王朗也甚愛異，然而如此高才異能，又何所施用？婚後，「事舅姑盡婦道，謙沖接下，嬪御有序」、「雖處尊位，不忘素業，躬執紡績」，則所為之事，與尋常無才學婦人，似無大別，亦未見其才學施用之跡。整個社會制度，阻隔女子才能發揮管道，使得孩子方才出生，才性未卜，即已註定懷才不遇；即令，萬中出一的有機會一展長才或有所作為，多不忘加上一句自謙之語，以表現自己無心僭越（男權）、不得已強自出頭的立場〔註 48〕。

此外，女子智弱說的產生，也因為男性的強勢發聲及定義「成就」內涵的緣故。宗法父權的社會裡，男性掌控權力，也握住「定義」價值的權利。「男外女內」的性別分工，初始有其因應生理特性的因素。男人體格壯碩，力量強大，女人體格嬌小，力量稍弱，加上生理期的不便及生育、育兒、哺乳，需要有男人保護，且在室內進行為宜，久之，便專務內事；而男人參與戰

〔註 47〕班昭《女誡》。

〔註 48〕「妾誠闇淺，不識禮義。不勝至情，冒昧以陳。」（晉惠賈后南風〈乞以王禮葬愍懷太子表〉，《晉書．愍懷太子傳》）「苟可安社稷、利天下，亦豈有我執，輒敬從所啟。但闇昧之闕，望盡弼諧之道。」（晉康獻褚后蒜子〈答群臣奏請臨朝詔〉，《晉書．后妃傳》）「吾婦人不達大義，以謂濟不得便為大逆也。然大將軍志意懇切，發言惻愴，故聽如所奏。」（魏明元郭后〈聽收成濟詔〉，《三國志．魏書．高貴鄉紀》）「生蓬戶之側陋兮，不閑習于文符。不見圖畫之妙象兮，不聞先哲之典謨。既愚陋而寡識兮，謬忝側于紫廬。」（左芬〈離思賦〉）

爭、農作等需要武力體力之事，多在戶外進行，分工於外。其後，「男外女內」便成為世界上大部分社會的制度。然而隨著經濟型態的改變，男人外事可以獲致及累積財產，無形中也獲得地位與權力，女人由於無法出外工作（育兒），成為無財產而需仰賴男人供養的人之後，女人地位便江河日下。〔註 49〕「男尊女卑」自是制度，化為觀念，顛仆難破。在男性的定義裡，成就事功多屬「男外」性質的事項——是戰績、是從政、是著述、是參與辯論文會，是任官治民，是經商貨殖，是講學授徒……。至於執爨中饋、採桑織布，女子所治，目為賤役：

> 南郡龐士元，聞司馬德操在潁川，故二千里候之。至，遇德操采桑，士元從車中謂曰：「吾聞丈夫處世，當帶金佩紫；焉有屈洪流之量，而執絲婦之事？」……（《世說新語．言語 9》）

龐士元所代表的正是一般人的見解——帶金配紫，榮華富貴，是男性應當達成的人生目標。至若採桑之事，是「屈洪流之量」的委曲事。可見在男性眼中，絲織之事為卑低猥瑣之事。天下女子，又何嘗無屈洪流之量的委曲？又《莊子．應帝王》：「列子三年不出，為其妻爨」，郭象注曰：「忘貴賤也」。可見炊爨為賤職，卻全由婦女所執。男女分職，理論上各司其職，皆有貢獻；然而在男子意識中，女職則為卑下。女子因為「主內」「男女有別」等原因，長處室內，無法出「外」，自無「成就」的可能。所為女職，又皆為被男性目為賤職〔註 50〕，其無「成就」，理之必然。

（二）女子受教展才受限

從現實表現層面來說，翻開歷史，我們似乎較少看到傑出女性，故男性會有女才不及男子的結論。然而，令人質疑的是：沒被書寫，沒被看見、被聽見，就一定不存在？隱沒在男性書寫下的女性事蹟，不知凡幾？其實應當書寫而未被書寫的男性，在歷史上已有不少。他們或許在不合作者書寫意識、採錄標準下被省略了。書寫問題，最後再論。一個人要成才有成就，成長過程中必須有相當多的條件配合，如天賦資質、能力、家世、經濟、教育、良師、才能、健康、時代、機會、親友、配偶、子女、意志力……，影響因素甚

〔註 49〕也有人主張，某些社會的男尊女卑是因為初民時代，流行搶婚習俗，妻子多為劫掠所得，身份形奴隸，自然身份卑賤，難與男主並齊。

〔註 50〕不似今日，幼教事業、名廚、服裝設計師，亦受尊重肯定，列為成就，無可置議。

多，在此須先「控制變因」以利推究」——在女子資質能力足夠，經濟無虞，健康良好，良師無缺……；且將歷史上見錄人才的書寫過程簡約為：「資質→能力培養及教育訓練→施展才能→史傳書寫」，其次考慮：在女性才能、質性並非真低的情況下，我們何以無法見到她日後的成就？是否因為社會觀念、文化定見及書寫等因素，而被沉埋歷史巨流之中？若將「才性」視為「才能成就\天賦資性」義涵，則最常用以判定資質智能高下的方法，便是「由形觀質」、「徵之事行」。社會「成就」、「事功」愈大愈多，表示其人「才能越高」；「才能越高」代表其天生「質性」愈高。關於男女才性高下的真正答案（真理），我們或許不能定論，然而歷代女性在「成就」表現上，的確不如男性。就算女子有充分智識足以完成同樣的事，社會也未曾給予機會。對於女性事功之小少，實在未可遽下斷言「質性低」；因為要在歷史留名，並非易事。綜合這些考慮，我們可以針對女子無「成就」的原因作一番逆向思考：

1. 質性不低，才能低

《顏氏家訓．序致》：「上智不教而成，下愚雖教無益，中庸之人，不教不知也。」大部分的人為中庸之材，智商雖自天生，然而後天訓練教育亦不可缺。衛鑠〈筆陣圖〉在探討當時書家的得失時提到：「近代以來，殊不師古，而緣情棄道。才記姓名，或學不該贍，聞見又寡，致使成功不就，虛費精神。」指出學習有成則須師古，學習不成多因學不該贍與寡聞之故。六朝「才性論」曾提出性分早定，早教使成。意即「天賦」雖提供成才較高的可能性，後天教育則使其「實」現。用以衡量婦女，若其天資甚佳，卻得不到良好教育訓練，智能無法獲得良好的發展，則日後必將影響到才能的表現，終將成為識見短淺、庸碌無才之人。然而我們要探討的是，在婦女成長之路上，何種原因令其無法受教？（因前面已先預設為家境無虞）還是接受教育，然而內容方向有別所致？質性不低，才能卻低的原因可能如下：首先是男女教育期望不同，從一出生，男女便已受到差別待遇。〔註 51〕《詩經．小雅．斯干》：「乃生男子，載寢之床，載衣之裳，載弄之璋。其泣喤喤，朱芾斯皇，室家君主；乃生女子，載寢之地，載衣之裼，載弄之瓦。無非無儀，唯酒食是議，無父母詒罹。」生男置床，生女墮地，家人兩極化的對待，兩性早從一出生，即有不同

〔註 51〕生女不為父母欣喜者，甚至有「溺女」之行。從《韓非子》、《太平經》、《顏氏家訓》到清人文集，皆見此事的記載，此與民間所持「生女為賠錢貨」觀念不無相關，且教女不力，還會有損家聲。

的「性別期望」——男兒要當「室家之主」，女兒則為「酒食是議」。傅玄〈苦相篇〉以同情立場，道出男女有別的天壤際遇：男性是「男兒當門戶，墮地自生神。雄心志四海，萬里望風塵」；女性則是「苦相身為女，卑陋難再陳。……女育無欣愛，不為家所珍。長大逃深室，藏頭羞見人。垂淚適他鄉，忽如雨絕雲。低頭和顏色，素齒結朱脣。跪拜無復數，婢妾如嚴賓」〔註 52〕。期望有別，「施教」於女是否必要，家長不免要稍事考慮。而家長的觀念此際便成為決定受教與否的關鍵，此觀念乃指其對於施教動機及教女的利害得失的考量。部分婦女雖獲得教育，卻與才能的培養無關。婦女雖也接受「教育」，但是在教育目的、教育期待、教養方式及教育內容上，每異於男子。簡言之，男子多接受知識教育，而女子多受技能教育。所謂「才能」可說是在實際行事方面所表現的能力，「技能」則是包括感覺作用和實際操作的技巧。以此二者與「知識」的關聯來說，後者的影響較小，而才能卻與知識仍然相關。因為就經驗中的事實而論，技藝若有知識的基礎，固然有助於技藝的增進，可是練習與經驗卻更為重要。見於實際行為的才能，卻少不了知識的基礎。因為沒有知識為基礎，便不能形成正確的觀念〔註 53〕，行事便可能發生錯誤，〔註 54〕大大減低能力的表現，因此「知識」對於才能的培養有極大的助益。然而自古女子教育內容，往往僅被說成是中饋衣食而已，只屬技能，而稱不上「才能」二字。然而形成以上男女教育內容歧異的原因，除了男女分職、男外女內等傳統性別角色的制約外，男女異教有其現實家庭「收益」的考量。教育需要時間金錢投資，男子可以任官，功成名就，振揚家聲。可以務農經商，擔負生計。女子終須嫁人，才學能力再好，也是他姓得利，對自身家族的利益總是有限，何必認真？再者，古有明訓，「牝雞無晨」，教出精明的女兒，反失從順，不見得是好，因此對於女兒的教育期望，也止於「學事人」〔註 55〕、「三從四德」、「家務技能」等目標。就禮書所載：稚齡男女教育尚無大別〔註 56〕：會說話時保姆教習簡單應答；六歲教計數和辨方位；七歲教謙讓等簡單禮節；九歲時教朔望晦日和六十甲子，懂得計算時間。十歲起男女教育開始區別：

〔註 52〕傅玄〈苦相〉，《先秦漢魏南北朝詩．晉詩．卷 1》。

〔註 53〕知識足以提供讀者鑒往知來，可以吸取前人精華。

〔註 54〕賈馥茗《教育哲學》，p.322。

〔註 55〕婦人所以有師何？學事人之道也。《詩》云：「言告師氏，言告言歸。」《昏禮經》曰：「教於公宮三月。」婦人學一時，足以成矣。(《白虎通義．嫁娶》)

〔註 56〕見於《禮記．曲禮》、〈內則〉。

男孩出就外傅，居宿在外，學書計，並全面學習倫理、禮儀與語言（小學）、文學方面的基本知識；女孩長到十歲則開始接受專門的女子教育，即所謂女教、婦學。內容包括四方面的訓練——品德、儀容、言語、勞動〔註 57〕，其主要目的在教導女子習禮，以培養她們合乎以男性中心的宗法社會的道德、行為規範及服務於宗法家庭的實際能力。教導她們的是女師或保姆〔註 58〕。漢代以來，某些書香門第或貴族女子，可與兄弟同修家學或上家塾，接受知識教育〔註 59〕。又據古禮，上古貴族女子在出嫁前可能於公宮接受三個月短期培訓，出嫁當日，再由父母、庶母口頭叮嚀幾句為婦道理，也算教育。婚後忙於事人，婆婆或許教些為人處事、家務處理的瑣碎事情。孟母曾說：「夫婦人之禮：精五穀，羃酒漿，養舅姑，縫衣裳而已矣。」〔註 60〕以上技能不外「食衣」、「事人」而已，要學，學二事足矣，無須用到「高才」、「明智」。因此終其一生，甚難學到足以成就男子事功的必要知識才能。

其次是「男外女內」空間限制：空間禁制，可窄化部分學習領域。「分別男女，國之大節」；「男女有別」，夫婦才能有親。男女之防勝於一切，《列女傳》正有貞女為防閑，寧死不悔之例。為別男女，女教幾乎皆以家庭為主要教育場所，不能進入私學，官學更絕無可能。男女有別，且此隔離乃有重大意義，《管子・君臣下》：「要（止）淫佚，別男女，則通亂隔。」〈權修〉：「男女無別，則民無廉恥。」〈樂記〉：「男女無辨則亂生。」《禮記・郊特牲》：「男女有別，然後父子親。父子親，然後義生。義生，然後禮作。禮作，然後萬物安。無別無義，禽獸之道也。〔註 61〕」《禮記・坊記》：「夫禮，坊民所淫，章民之別，使民無嫌，以為民紀者也。故男女無媒不交，無幣不相見，恐男女之無別也。」為別恐男女無別，「男外女內」的空間區隔，適可達到分別男女、維持社會秩序的效能。然而這項「空間」安排，卻與教育有相當大的關聯性。《周書・文閔明武宣諸子/文帝諸子》載：「初，高祖以直第為東宮，更使直自

〔註 57〕《周禮・天官・冢宰》。

〔註 58〕「女子十年不出，姆教婉娩聽從。」(《禮記・內則》)「姆，能以婦道教人者。」(《儀禮・士昏禮》注)「師，女師也。古者為師，教以婦德、婦言、婦容、婦功。」(《詩・周南・葛覃・毛傳》)

〔註 59〕漢和熹鄧皇后（綏）及魏文帝甄皇后，二人皆有過人才學，勝於諸兄。

〔註 60〕劉向《列女傳・母儀・孟子母》。

〔註 61〕男的女的分別清楚，然後父子始有親恩可言，然後始見人倫意義。有維繫人倫的禮節。社會始得安定。如其不然，誰父誰子分不清楚，則變成禽獸的生活方式。

擇所居。直歷觀府署，無稱意者。至廢陟屺佛寺，欲居之，齊王憲謂直曰：「弟兒女成長，理須寬博，此寺褊小，詎是所宜？」可見空間果為影響子女成長的重要因素。就女子而言，「主內」的空間配置原則，的確深深影響女子才性的發展。《禮記・曲禮上》說「外言不入於閫（門限），內言不出於閫。」，則女子對於外事的理解就相當有限。前文引過王弼的《易注・觀六二》「處在於內，寡所鑒見。體於柔弱」之說，這說法其實男女皆可適用，倘若將男子長期禁閉家中，不使外學經歷，恐怕才能成就也要受限。此外王弼在〈家人卦辭〉說得更具體：「家人之義，各自脩一家之道，不能知家外他人之事也。統而論之，非元亨利君子之貞，故利女貞，其正在家內而已。」（王弼《易注・家人卦辭》）即不難知曉婦女資質好卻無才能之因，在於婦人活動空間僅限於家中之故，只能正確掌握自己家中之事，家外他人則無由知悉，見少識狹是必然的。雖有家人父兄偶爾傳遞，不致於全然蒙昧，但終究未能周全，識見偏狹。讀萬卷書，行萬里路，是進學長識的必要途徑。然而婦女受限於禮教「男外女內」的約制，活動空間幾乎都在家中，「才能」之獲取受到極大限制。家喻戶曉的祝英臺故事，據說乃發生於東晉時代，祝英臺女伴男裝，只因此舉方能至家外就學〔註62〕。「男外女內」除性別分工的意義之外，也包含「生活空間」範圍的規現，有嚴男女之防的意味。深閨防閑，平日不出門，必不得已，須擁蔽其面。夜晚行走，須秉燭。與男子行同一路，男右女左。男女授受不親：男女不雜坐，不同椸枷，不同巾櫛，不親授。夫妻之外，不得有任何異性肌膚接觸。兄弟姐妹七歲起也要有分別，分床寢睡，不共餐飲。只有適逢祭禮喪儀大事，男女可以一起參加活動，並幫忙陳設酒菜，難免有所接觸，但授受不親原則仍行，〔註63〕手足亦同，至死方休〔註64〕。明清時代，貞節過度強調，甚至為了防閑男女，有的家庭甚至就不給女兒讀書識字，以免詩

〔註62〕梁山伯、祝英臺皆東晉人，梁家會稽，祝家上虞，嘗同學，祝先歸，梁後過上虞尋訪之，始知為女。欲娶之，而祝已許馬氏，梁悵然若有所失。（《寧波府志》，《古今圖書集成・閨媛典・卷341》「閨奇部・祝英臺」條）

〔註63〕「男不言內，女不言外。非祭非喪，不相授器。其相授，則女受以篚，其無篚，則皆坐奠之而后取之。外內不共井，不共湢浴，不通寢席，不通乞假，男女不通衣裳。內言不出，外言不入。」（《禮記・內則》）「男女不雜坐，不同椸枷，不同巾櫛，不親授。嫂叔不通問，諸母不漱裳。」（《禮記・曲禮上》）

〔註64〕「女子許嫁，纓；非有大故，不入其門。姑姊妹女子，已嫁而反，兄弟弗與同席而坐，弗與同器而食。」（《禮記・曲禮上》）「男子不絕于婦人之手，婦人不絕于男子之手。」（《儀禮・既夕禮》）

文傳情，引起失節。既然女子被限於深閨〔註 65〕，受教途徑、教育場所（空間阻隔）、缺乏交流與見聞之窗。在家的學習內容多無關男子所謂「才能」領域，自然無緣具備男子事功能力〔註 66〕（如學術、武功……），自無「才能」（男性定義下）可施。

其三是女職羈絆：女職的繁複瑣碎，耗盡女子一生大半時光，也阻礙了進修。日復一日裡，張羅三餐、紡績製衣、整理家務、教養子女、服侍丈夫、隨侍舅姑〔註 67〕，絲毫沒有自己的時間。縱使貴族女子，家有餘裕，婢妾代勞情形自然存在，然而全然不事，恐受批評。且女職技巧高下，往往還成為評斷女教良窳、影響新婦寵辱〔註 68〕的原因。如何不重？因此「女職」能不能卸御，不是經濟能力的問題，而是觀念問題——甚至道德問題。「四德」將女功列入，盡心食衣，完滿無瑕，分明技藝層次，卻也稱「德」。《列女傳》載敬姜貴為宰相母親，仍親自紡績，兒子心疼，敬姜卻說：「王后親織玄紞，公侯之夫人加之以紘綖：卿之內子為大帶；命婦成祭服，則士之妻加之以朝服；自庶士以下，皆衣其夫。《詩》曰：『婦無公事，休其蠶織。』言婦人以織績為公事者也，休之非禮也。」（《列女傳．母儀．敬姜》）女功儼然成為一種做人的責任一般，而高門婦女雖有僕妾可使，但若能自操女功，往往受到高度褒揚。〔註 69〕所以女子受教育或學習藝能的最大阻礙，往往在於婦職難卻；卻之，就是不務正業。因此同是讀書習藝，女子得多花一倍時間去解決婦職的問題：

〔註 65〕「禮不下庶人」（《禮記．曲禮上》），在此討論限於貴族婦女，勞動的下層婦女，採桑耕作、幫傭交易，何能不出家門，自無此限。至於讀書受教育，生計已艱，男子尚無學，何況女子？

〔註 66〕也有極小部分女子有機會接受詩書教育，那是因為家傳之學無男可傳，為免學術滅絕，不得已才傳女。（如韋逞母宋氏）或因於某些家族觀念的開通（如王、謝），並不輕賤女兒，讓女子與男子同受教育、共同討論切磋。案：不知與道教、玄風的影響有關係否，值得日後進一步深究。

〔註 67〕「古者，子婦供事舅姑，旦夕在側，與兒女無異。」（《顏氏家訓．書證》）

〔註 68〕《南齊書．皇后．武穆裴皇后》:「后少與豫章王妃庾氏為娣姒，庾氏勤女工，奉事太祖、昭后恭謹不倦，后不能及，故不為舅姑所重，世祖家好亦薄焉。」又北魏夫人〈李氏墓誌〉:「妙善女工，兼閑碎務。太夫人衣食服玩，躬自嘗製，蒸礿祠奠，親潔俎豆，信不以貴敖為心，每以卑慎在志。是以太夫人慈遇備隆，流愛特厚。」（《彙編》，p.103）

〔註 69〕「命婦元氏……至於麻枲蠶繭之庸，織紝組紃之藝，雖復生自膏腴，故亦宿閑顏訓。」（《彙編》，p.219）另見同書 120、180、184 頁。

（東漢）和熹鄧皇后（綏），太傅鄧禹孫也。六歲能史書，十二通詩、論語。諸兄每讀經傳，輒下意難問。志在典籍，不問居家之事。母常非之，曰：「汝不習女工以供衣服，乃更務學，寧當舉博士耶？」后重違母言，晝修婦業，暮誦經典，家人號曰「諸生」。父訓異之，事無大小，輒與詳議。（《後漢書．皇后紀上》）

劉聰妻劉氏，名娥，字麗華，偽太保殷女也．幼而聰慧，晝營女工，夜誦書籍，傅母恒止之，娥敦習彌厲．每與諸兄論經義，理趣超遠，諸兄深以歎伏．性孝友，善風儀進止。（《晉書．列女傳》）

兩條史料的時代不一，情節類似。女子有心向學，家境許可，機會許可，然卻遭到女性親友的阻止，面臨學習經籍與供營女工的衝突，最後女子只有用克難的方式——白天紡績，暮夜讀書方式解決，方得繼續讀書。值得注意的是：一旦「讀書」與「女工」衝突，女工是高過其他項目的學習的。北魏將軍夫人元氏也面臨過這樣的抉擇：

年廿有一，越嬪馮氏．母義三恪，道著二王，肅穆閨闈，見重君子。迺言曰：「吾少好諷誦，頗說詩書。而詩刺哲婦，書誡牝雞，始知婦人之德，主於貞敏，不在多能。」於是都捐庶業，專奉內事，酒醴自躬，組紃由己，飲膳之味，在調必珍，文繡裁縫，逕手則麗。

（〈北魏直閣將軍輔國將軍長樂馮邕之妻元氏墓誌〉，《匯編》，p.129〉

元氏的決定是對是錯？利弊得失，難以定論。不過墓誌的作者是深深嘉許肯定的：「三徙之流，莫不遵其風教；內外宗婦，於是訪其容儀。是使長息向冠，台府垂辟；二女未笄，皇子雙娉，雖復嬀姜取貴，杞宋見珍，何以加也。」一個為家庭放棄自己才華進修及展現機會之人，在當時受到讚賞，換成今日，或許有不同評價。元氏的最大成就在於「放棄自己興趣」去成就子女，而兒子當官，女兒成為嬪妃，就是她最大的「成就」。若是男子，則大可不問家事，閉門苦讀，專心向學，學問自然容易進步。就大部分女子而言，讀書既受反對，阻力已一重；或家人不反對，但又得兼顧女職，阻力第二重；即使能兼顧，習得知識，因用功時間有限，進步有限。「少能」是婦職（媳、婦、母、女）繁重，無暇進修的結果。

其四是欠缺施展管道，致使女子缺乏上進動機。進行一件事，需要「動機」。女子進修，不免思考自己出路？倘若女子學業精良、術藝超群，卻無展現空間，此女子也許為此打消可能擁有的學習機會。因為在排除萬難，女職兼顧情況下去讀書學藝，每日身心俱疲，然當學習有成，卻無施展機會，多少降低女子上進學習意願。既然不學，何來才能？女子因是予人「無才」的印象。此外，婦人無緣任官，多讓家族不願平白浪費教育資源。加上先秦以降，早有「婦人無爵」制度〔註 70〕。《禮記．郊特牲》云：「……同尊卑也。故婦人無爵，從夫之爵，坐以夫之齒。」即使事功再大，亦無法任官興家。在甄后、鄧綏少年習書的過程中，家人皆以「欲當女博士耶」嘲之，在當時，似乎尚無「女博士」一職，「女」博士正是現實所無，看出當時進學多為出仕干祿。既然女子無法出仕，進學習藝的動機減弱。相對地，傳統禮教還諄諄教誨，女無外事，盡心教子佐夫，「母以子貴，妻從夫爵」〔註 71〕，「母以子貴，婦以夫顯」〔註 72〕，夫、子之成，女有榮焉。婦人「一與夫齊」，只要夫有成就，婦亦受封，從夫之秩。相反的，就算女子真有轟轟烈烈成就，限於「女無封爵」制度，也有將女子功勞轉封其夫其子者。如張茂妻陸氏率亡夫部曲平亂後，皇帝追封其夫，而陸氏未聞封賞〔註 73〕；又譙國夫人洗氏曾平亂領表之亂，懷集百越，數州晏然。至陳永定二年，其子僕年九歲，遣帥諸首領朝于丹陽，起家拜陽春郡守。受封官職者，其幼子也。〔註 74〕就因為女人再如何努力，有功無官；而夫子有爵，得贈夫人，因而大多數婦女勤勤懇懇，專務女職，相夫教子，心中惟待夫、子出人頭地，以便自己也能沾光受封。於是婦女往往將其無法實現的雄心壯志寄託於夫、子身上，而她自己，寧可成為幕後的推手，成功男人背後的女人！

〔註 70〕六朝女子有爵，但多為虛銜，未見入朝行政。漢代婦女已有受爵邑之事，漢高帝封兄鼻伯妻為陰安侯；高后二年封蕭何夫人為酇侯，樊噲妻呂嬃為臨光侯等……，皆功臣名將之妻，非因己身才能以進，而是「妻以夫貴」。晉代曾設「均田制」，女可占田三十畝，丁女課田二十畝，次丁女則不課。東晉南朝間，其法又不行，北朝又行之。北齊時丁男受露田八十畝，丁女課四十畝。對此現象，陳東原認為：「這都是亂後人少，偶而試行的。並不是常法，行之也未久，不過有這回事罷了。」（《中國婦女生活史》，p.86）

〔註 71〕《梁書．后妃傳．高祖丁貴嬪令光》：「夫婦人之道，義無自專，若不仰繫於夫，則當俯繫於子。榮親之道，應極其所榮，未有子所行而所從不足者也。故《春秋》凡王命為夫人，則禮秩與子等。」北魏宣武帝〈三蕃妻從妃例詔〉：「夫貴于朝，妻容[榮]于室。婦女無定，升從其夫。三蕃既啟王封，妃名亦宜同等。妻者，齊也，理與己同，可從妃制。」

〔註 72〕語出《魏書．島夷蕭道成傳》。

〔註 73〕《晉書．列女傳》。

〔註 74〕《隋書．列女傳》。

2. 才能不低，成就低

若有女子突破萬難，取得家人同意，得以讀書學藝，但多半得在兼顧女職之下進行。女子讀書習藝，困難較男子多一重，不少女子知難退出；少數有毅力，兼顧學業與女工，習得知識技能，因用功時間有限，進步有限，無法登峰造極，自然無法榮登名人榜。即使用心精勤，學藝成果非凡，卻要面臨最大的難題——展現舞臺何在，一身「高才」用於何處？就史傳上看，多半成為父兄夫子的「內助」——幕後工作人員，有功有名有業，也無法分爵受賞。純粹助理身份，功歸於主事者；前文已及古無婦女分爵之制，因此功成名就，極少管道。僅有少部分女子，才學特出，蒙詔入宮，或充內職（後宮女官〔註 75〕），或為后妃。因此具有「才能」女子，卻無顯著「成就」，原因與前項「質性不低，才能低」的原因，有多項重合。如「女無外事」的性別期望，由於空間內外之別，還進一步區隔出所謂的「內事、外事」。若論女子才性發用的基本範疇，則可用「女無外事」這四字加以概括。如此女子才性又失去一半展現的舞臺（外事部分）。〔註 76〕至是，女子才性發用範圍，已見跼促。再探究內事的具體內容，則才性益無可施之處。女子雖有高才，但有「無攸遂」「不與政」等禁止女性主事的觀念一再被宣傳，基於此種共識，社會上普遍觀念上似乎也不期望女子在事功上有何建樹，故大多數女子有才不施亦無人惋惜。若有表現機會出現，若非情不得已，多半也不會考慮到婦女。不得不然的情況如韋逞母宋氏長於《周官》，亂世周官之學近絕，官學無師，只好破格擢用，還好當時前秦官方士宦亦能接受婦人授徒，否則遇上道學之士，以男女之防阻撓，便無宣文君教授官學的絕例。所以當時社會能否接受、鼓勵婦人展才，也影響婦女施展才能動機的重要因素。意即社會風氣倘能多鼓勵、多看重婦才，則婦女願意施展或奉獻才能的機率也相形提昇。

「深閨防閑」則是才能施展的最大阻礙，要出名要建功，往往必須出外或面對群眾，深閨防閑的婦女，一說臨到「拋頭露面」、「男女別嫌」，這件事便增加極大難度。部分女子在某些情況下採取權宜措施，如以布障己或隔絳

〔註 75〕服務於一家而已，或任後宮繁瑣職事，或侍奉后妃，聽任差遣，或成為奉制作文的御用「文人」（如南陳女學士袁大捨等人），才能發揮也有限。蔡幸娟有北朝女官的專章研究，見於《北朝女主政治與內廷職官制度研究》，南朝女官制度則見《宋書．后妃傳》。

〔註 76〕《易．家人》：「在中饋，無攸遂。」《禮記．內則》云：「男不言內，女不言外」、「內言不出，外言不入」。

紗講學〔註 77〕，但仍造成極大的不便。怪不得傳說中的木蘭要女扮男裝，因為扮成男性，便少卻「出門不便」的困擾，女子行動出入之受制，也是才能施展的重要阻礙。《古今圖書集成・閨媛典》中載有一則故事，未辨真假，但值得深思：南齊時代，有東陽女子婁逞，變服為丈夫，能奕又解文義，仕至揚州從事，事發始作婦人服。語曰：「有如此技，還作老嫗！」〔註 78〕婁逞臨走之語，包含多少的不平，其才足以勝男，且有具體實行，只因身份被揭穿，一番功業盡付流水，才女只能歸家作老媽子。

此外，「妻母身份」也限定女子無法在外事上有所成就。妻母是女子人生價值的定位，女性終身生活場域幾乎全在家庭。現代女性主義認為家庭是一個不平等的場域，女人在此受到支配，並且永難翻身。傳統儒家對於婦女的定義是「婦人，從人者也。」（《禮記・郊特牲》）又說「婦人有三從之義，無專用之道。」（《儀禮・喪服傳》）婦女天生就是要順從於人，她的知情意、身心才亦如此。若然，她的所作、所為未必出於己意，而是父夫子（主）之意。才性能不能發用，須視「三主」之令而定。在中國的家國結構中，她的身分定位與意義，便只在為妻為母，除此，更無他義。然而與其相對之二人——夫與子，卻又是控制她的人。如此，女子才用先天上即已失去絕大部分的施用機會。這是動機方面已受控制。全日所為盡皆「為人」，何嘗一事為己？在禮制下，她的意欲想法被隱沒，「無專用」之義要求她們把自我意志拿掉，一心聽從「父、夫、子」三個男人的指揮〔註 79〕，即使她有著高行明智，亦無所發用。加以男性定義下的功業成就，往往須要離家完成。依附於男子的婦女，如何單獨在外「奮鬥」？古代將女子價值定義在婚姻之上，女子離開家庭，失卻妻子、母親的身份，她就什麼也不是了。不用離家，自可立業成功者也有，如宣文君宋氏在家授徒，然是非常情況，不可一概而論。也有謝道韞、崔覽妻封氏因才學、熟悉典制聞名，國家官員親自到訪請益諮詢，但是少數中的少數，幾近特例。道教上清經派開山祖師魏華存，幼而好道，想獨修不婚，但父母反對，只得勉強成婚。婚後想修道又困於妻職與母職，直到年老，夫

〔註 77〕前者謝道韞，後指韋逞母宋氏，事皆見於《晉書・列女傳》。

〔註 78〕《誠齋雜記》，錄自《古今圖書集成・閨媛典・卷 341》「閨奇部」，原注按：《江寧府志》：婁逞，齊明帝末年人。

〔註 79〕「婦人，從人者也。」（《禮記・郊特牲》）「婦人有三從之義，無專用之道。故未嫁從夫，既嫁從夫，夫死從子。」（《儀禮・喪服傳》）「往之女家，必敬必戒，無違夫子。」（《孟子・滕文公》）

亡子立，方得遂志，此時，華存年事已高。為人妻母，多歷婦職，影響成道，這是女子施才必然面臨的困擾，其他領域之才亦然。

3. 成就不低，未被書寫

總合多種因緣，有才能之女終於有機會施展其才，成就大功大業。或有女性學藝超群，能力卓越，也著實為社會貢獻過心力，助其丈夫、兒子扭轉大局，甚至拯救萬民；或才華出眾，文學拔萃，當世奇葩。像此類事蹟，男子也要歎服，事實俱在，成就非凡。然在歷史的洪流巨篩中，能否屹立長存，值得懷疑。女性出眾事蹟，大抵有兩種命運：一是被書寫；二是未被書寫。六朝數百年間，多部正史卻無「列女傳」〔註 80〕。難道長時期內，果無女子可記？還是在某種價值標準或撰作目的之下被淘汰？〔註 81〕可能原因有二：首先是「好事無法出門」：和氏之璧，潛藏楚山，其美不現；賢媛在家，不出閨閾，令名不遠。謝安嫂不忍己子謝朗清談過勞傷身，因而自出抱兒以歸，所說言語，謝安認為「辭情慷慨，致可傳述，恨不使朝士見。」（《世說新語．文學39》）道出才女賢媛居內未出，縱有才學外人難知的情況〔註 82〕。又謝安問陸退：「張憑何以作母誄，而不作父誄？」答云：「故當是丈夫之德，表於事行；婦人之美，非誄不顯。」〔註 83〕女子事行不傳，史者難知，則不書寫。其次是不合作者書寫意識。其次是「不合書寫意識」：女子事行雖獲見知，但因「發言權」（書寫權）在男性，女性事跡（除貞烈外）往往被掩蓋消音。史書列女

〔註 80〕像六朝史書中，《宋書》（僅竟陵女子一人入孝義）、《南齊書》（僅孝義傳中有數女）、《梁書》〈孝義傳〉偶及一女、《陳書》、《北齊書》、《北周書》皆無列女傳。

〔註 81〕《唐書．列女傳．序》則指出：「女子之行，於親也孝，婦也節，母也義而慈、止矣。中古以前，書所載后妃夫人事，天下化之。後彤史職廢，婦訓母則不及於家，故賢女可紀者，千載間寥寥相望。唐興，風化陶淬且數百年，而聞家令姓窈窕淑女，至臨大難，守禮節，白刃不能移，與哲人烈士爭不朽名，寒如霜雪，亦可貴矣。」案：作者盛贊中古以前及唐代婦女，則「彤史職廢，婦訓母則不及於家」，當指六朝婦女，認為期間「賢女」可紀者，寥寥可數，正是不合婦訓母則之故也。

〔註 82〕像左思、鮑照及北魏李彪沒事老為自己的妹妹或女兒廣告，三女出名，父兄有功矣。左思說辭見於詩作；鮑照之說見於《詩品》，他曾在皇帝前自贊其妹「臣才不如也。」；李彪事見於《魏書．李彪傳》：「始彪其志及婕妤，特加器愛，公私座集，必自稱詠，由是為高祖所責。及彪亡後，婕妤果入掖庭，後宮咸師宗之。世宗崩，為比丘尼，通習經義，法座講說，諸僧歎重之」、「婕妤在宮，常教帝妹書，誦授經史。」

〔註 83〕《世說新語．文學 82》。

傳傾向一元的書寫標準「貞節母儀」(女德),使部分「才能」卓出女子,因不合此標準,未被書寫。而書寫意識也在於作者預設的書寫目的上,史家期待己作能「供人取鑑」,或基於對女子才能的貶抑觀念或不欲女子露才揚己的教化考慮〔註 84〕,部分女子被「遺棄」在歷史角落,則非偶然之事,而是有心之為。

換個角度,如果某女果然具有男性定義下的「才能」〔註 85〕,甚至勝於男子,然限於「女無外事」之制,不便在外拋頭露面建功立業,自然不見事功,然不可謂此女無才能;第二種可能父兄夫子等家人職務之故,此名女子有機會施展她的才能,或任諮詢顧問,或提建言良策,甚至生死抉擇,其男性家人果因其言獲致最佳的解決之道,此真有才有能之女也。然而此女或為外人所知或者不知,又是一項變數。若無人知曉,當然歷史不載;或者名滿天下,然因不合於書寫者的意識選擇(合則記之,不合舍之),或因或父兄背景特殊,此名女子事蹟亦名不見經傳〔註 86〕,事功也無由得見,自然也被誤為才性低弱一族。至於事功較顯(多、大),幸運被書寫的女性,則被歸為多能高才,進一步被認定是「質性高」的一群,可惜這樣的女子是少之又少,萬不出一。筆者常納悶於六朝史書,大半並無「列女傳」,難道是期歷史果無一位可記之女?(后妃因政治及與帝系有關被載不計)答案恐未必然。只因傳述不易、書寫有擇而被捨棄者大概不少吧。

對於男性「智弱」、「主內」之說,可能有人要質疑:若「女子智弱」、「不聽婦言」、「女無攸遂」、「女無外事」,則史傳中所載賢媛才女、智婦賢妻、女主稱制,又該如何解釋看待?其實男性史家處理的內在脈絡,有跡可尋:關於「賢媛」形象與「智弱性強」的矛盾:既然男性多認為女人智慧低於男人,則劉向《列女傳》及正史「列女傳」所記高才異行女子,如何定位?其實前面所言婦女之才性,僅是就一般凡常婦女而論,至於傑出婦女的數目,與高才

〔註 84〕倘若書史,提供多元「女性典型」以激勵女性、增長志氣,事實上也影響到女性出處及生涯規劃的參考;趨向一元化的「好女」規格,有助於增強塑造女子「有德無才」的人格角色。

〔註 85〕可能因家學或耳濡目染父兄行事,或者父兄觀念開通,也令女妹學習文學、武藝、政事……。

〔註 86〕如許允婦阮氏,《世說新語・賢媛》記載多達三則,王經母之忠義,《晉書・列女傳》卻不著錄,盧建榮以為當與其夫、子的政治立場及成敗有關。(詳見盧著〈從男性書寫材料看三世紀至七世紀女子的社會形象的塑模〉,《國立臺灣師範大學歷史學報:26》)

異行男子相較，數目極少，故不足以動搖此說，至於這些傑出女性，史家有時如此處理，即區隔「匹婦」與「賢媛」，無特殊事蹟為「匹婦」〔註 87〕；高才美行婦女為「賢媛」。男性在描述才女智婦時，常用「非常婦人」之語，如《晉書・列女傳・孟昶妻周氏》:「其妻非常人，可語以大事」，意謂若是「尋常婦人」，則不可語大事。后妃算是女中翹楚，為顯示她們是「非常婦人」，往往在傳記中也夾雜一些異相、神跡之類的記載，以示其天生不凡，與尋常婦人有別，自不可等閒輕視。〔註 88〕其次是頒贈「男銜」：在男性思維中，女子「智弱性強」，「高才美行」專屬男性，所以給予這些傑出女性「男性符碼」，如「有男子氣概」、「有丈夫之志」、「類男子」、「某公」、「諸生」……等用語。〔註 89〕貼上這些符碼，才女便能在「匹婦」之中分離出來，而不違逆「女子智弱」的前提。因此頒贈「男銜」，正是使才女們「特殊化」、「非常化」的手段。言下之意，這些女性只是「特例」，隸屬「男性一國」，「智弱」仍是「女性」常態，而「男性化」的描述用語，等於是將傑出女性歸類到男人國度。

至於「不聽婦言」與「相夫教子」義務的衝突問題，就女性而言，她既要相夫、教子〔註 90〕，便不得不言；然而傳統又教男性不聽婦言，是否先天上

〔註 87〕婦人之事，存於織紝組紃、酒漿醯醢而已。至如嫫訓軒宮，娥成舜業，塗山三母，克昌二邦，殆非匹婦之謂也。若乃明識列操，文辯兼該，聲自閨庭，號顯列國，子政集之於前，元凱編之於後，隨時綴錄，代不乏人。（北齊・魏收《魏書・列女傳序》）

〔註 88〕面相有異代表「生而有異」，「非尋常婦人」。正史「后妃傳」每有「看相」情節，漢代後宮擇女還先遣相者鑒之方予錄取（《後漢書・后妃傳》），至於六朝，此風依舊，如蜀先主穆皇后、曹魏文帝甄皇后、武元楊后、梁武丁貴嬪令光、梁高祖郗皇后、北魏文成元皇后李氏等，皆有相面神跡之記載，以示其「非常」。

〔註 89〕和熹鄧皇后（綏），諸兄每讀經傳，輒下意難問。志在典籍，不問居家之事。後晝修婦業，暮誦經典，家人號曰「諸生」。（《後漢書・皇后紀上》）「王廣女，……容質甚美，慷慨有丈夫之節」，佯嫁於仇，報父仇未果，罵仇自殺。（《晉書・列女傳》）「居家里治，楧範過於『仁夫』。……撫育群子，勳導孔明，教化猛於『嚴父』。」（趙超《漢魏南北朝墓誌彙編》，p.9）「豈言婦人，實稱『明哲』。」（《彙編》，p.340）「母清河長公主，不待長亡，父相尋夙逝。郡君處長，鞠養於家。恩同母愛，義似『君』嚴。教弟光德，授妹令儀。」（〈尒朱元靜墓誌〉，《彙編》，p.417）「韓蘭英，婦人有文辭，宋孝武世，獻中興賦，被賞入宮。宋明帝世用為宮中職僚。（陳）世祖以為博士，教六宮書學，以其年老多識，呼為『韓公』。」（《陳書・卷 2・皇后傳》）

〔註 90〕值得注意的是《後漢書・列女傳》以「教夫」為妻職之一，如樂羊子之妻責夫拾遺求利，又斷織教夫終業。又周郁妻趙阿，少習儀訓，閑於婦道，而郁

註定相夫教子的虛懸？然史傳上賢妻良母諫夫勸子無絕，又何緣故？就男性立場而言，有女人（妻母女……）對他發言，聽或不聽？全看本人。就常情來看，女性家人基於愛護心理，見男性家人「有失」（就她的認知來斷定），不管禮書規約，多半進言。而女性「出言」的下場是：不論動機，若男子失敗，多咎婦人。男人用其言而後成功則為「辯通」、「賢明」婦人，落敗則為女禍，「成王敗寇」為其判定標準。「婦言」其實也有其價值〔註 91〕，倘若聽婦言而失敗，也有可能是命運、天時、地利、人和諸因素所導，未必「謀略」本身之罪。

第三個矛盾是部分賢媛對於「無攸遂」「無外事」規範的踰越〔註 92〕，何以不罪？「列女」事蹟中，雖有女子有參與外事的情況，但若是居於輔佐的「內助」地位，並未取而「主」之，則男性尚能接受〔註 93〕。再者，列女「出界」往往出於非常——生死存亡或興廢繼絕關頭，兩害相權取其輕，踰越女範害小，利國、利家、教子〔註 94〕、相夫事大。權變之宜，只要對父權有益，踰越範限無妨為賢女。其中「成王敗寇」仍是最高指導原則，若其夫、其子爭氣，出人頭地，則妻母之剛嚴「攸遂」〔註 95〕，反被視為夫、子致成之由。〔註 96〕尤其六朝時代，無論南北，皆有為期不一的女主當政時期。「女主稱

驕淫輕，多行無禮。公公責婦曰：「新婦賢者女，當以道匡夫；郁 不改，新婦過也。」《列女傳・賢明・齊相御妻》：「人之所以成者，其道博矣：非特師傅、朋友，相與切磋也，妃匹亦居多焉。」肯定婦人之言可成夫佐夫。

〔註 91〕《列女傳・辯通》載齊女徐吾以言辭爭取與鄰人共燭夜織，劉向曰：「婦人以辭不見棄於鄰，則辭安可以已乎哉？」

〔註 92〕事涉家國興衰，政軍大事，已出內事；或勇武復仇、臨陣殺敵，或堅毅不拔，嚴格教子，亦不合溫柔女教。

〔註 93〕封氏乃前輩學者封愷的女兒，聰慧多智。常有高級官員因求知或不詳先代典制，則往詢求建言。（《魏書・列女傳》）薛伯徽亦受過良好教育，常與丈夫討論法律和行政問題，且每能提供丈夫良好建議及指導方針。（趙超《漢魏南北朝墓誌彙編》，p.174。鄭善果母崔氏，對政務甚有智識，常背後指導兒子公務技能。（《隋書・列女傳》）

〔註 94〕《三國志・吳書・妃嬪傳・孫破虜吳夫人》：「及權少年統業，夫人助治軍國，甚有補益。」《魏書・列女傳》：房愛親妻崔氏，性嚴明高尚，歷覽書傳，多所聞知。子景伯、景先，崔氏親授經義。學行修明，並為當世名士。景伯為清河太守，每有疑獄，常先請焉。

〔註 95〕「于時元氏作牧秦蕃，夫人起家而居之。至使語及刑政，莫非言成准墨。」（《彙編》，p.174）「郡君亡夫，先奉天而除僕射，事後帝以拜司徒。至於折旋俯仰，參謀得失，莫不類周王之任父[文]母，若楚王之信樊姬。」（〈尒朱元靜慕誌〉，《彙編》，417）

〔註 96〕如王僧辯之母「性甚嚴正，王為將，年踰四十，少不如意，猶捶撻之。之推

制」，臨朝與政，違越女教更多，如何解說？在男尊女卑社會下，出現女主，太后稱制輔政，仍是基於父權利益的考量。非常時期，嗣君沖幼，與其引起政爭動亂，不如暫由后族輔政。太后只是「皇產」的託管人、保管人，不是所有人。待幼主成立，即行還政。這一方面是事非得已，權衡利害的結果，但也與中國「重孝」傳統有關。男尊女卑，但敬孝母親，也是禮律。太后為帝母，自然亦受到相當程度的尊重。因此，女主稱制對男性而言，雖不滿意，但不得不然。權衡父權利益，雖違婦則，事出權宜，故歷代重出不息。

二、女性「興家定國」說

前文介紹過蘇蕙、左芬、甄后及桓氏多位女子對於女子才性的意見，結合桓氏「興家」與甄后「饗國久遠，無不由后妃」用語，在此姑且使用「興家定國」說作為女性才性觀之統稱。不過儘管「興家定國」之見，說得自信而堅定，然在中國女教思想的歷史長流中，卻僅是少數。男尊女卑的社會體制下，在「智弱說」的迷霧裡，在強勢男性價值觀籠罩的情況下，這類正面肯定女子才性的聲音，何以能夠留存？於「婦德尚柔」，「無攸遂」，「不必才明絕異」的才性論氛圍中，六朝女子何能自立新說？所據為何？本文以為可能基於——有例可循及符合書寫需求兩項。

（一）取鑑先世，思齊當代

有例可循，此例或取鑑於先世列女，或思齊於當代女性人才。作於漢代的《列女傳》，在後世的影響頗大，除作為六朝重要女教教材之外，更是諸多女子進退處世的範本。不少六朝女子在不同場合提到自己讀過此書，自述取鑒行事的歷程，或是由旁人描述女子讀傳的情事。基本上，《列女傳》一書相較於後世正史的「列女傳」，在選錄標準上，顯得較為多元而開通，書分七篇，除第七篇〈孽嬖〉外，收錄不同典型的模範婦女以供女子師法。典型中，並不以貞節母儀為限，〈辯通〉、〈仁智〉諸篇多載才女智婦，對於「女才」似持肯定立場。六朝女子因性所近，自取典範以行事。如前趙劉娥自引其過以諫劉

謂：故能成其勳業。（《梁書．王僧辯傳》、《顏氏家訓．序致》）「（裴）植母，夏侯道遷之姊也，性甚剛峻，於諸子皆如嚴君。長成之後，非衣幘不見，小有罪過，必束帶伏閤，經五三日乃引見之，督以嚴訓。」（《魏書．71．裴叔業傳》）「齊郡王簡……性好酒，不能理公私之事。妻常氏，燕郡公常喜女也，文明太后以賜簡。性幹綜家事，頗節斷簡酒，乃至盜竊，求乞婢侍，卒不能禁。」（《魏書．文成五王傳/齊郡王簡》）

聰，其勸諫模式仿自周宣姜后〔註 97〕：

> 劉聰妻劉氏，名娥，字麗華，偽太保殷女也。……性孝友，善風儀進止。聰既僭位，召為右貴嬪，甚寵之，俄拜為后。將起凰儀殿以居之，其廷尉陳元達切諫，聰大怒，將斬之。娥時在後堂，私敕左右停刑，手疏起曰：「……」〔註 98〕聰覽之變色，謂其群下曰：「朕比得風疾，喜怒過常。元達，忠臣也，朕甚愧之。」以娥表示元達曰：「外輔如公，內輔如此后，朕無憂矣！」（《晉書．列女傳．劉聰妻劉娥》）

劉娥自引其過以諫君：「陛下此怒由妾而起，廷尉之禍由妾而招，人怨國疲，咎歸於妾，距諫害忠，亦妾之由。……復何面目仰侍巾櫛！請歸死此堂，以塞陛下誤惑之過」不惜自喻「女禍」請罪以感君王，與周宣姜后「脫簪珥，待罪於永巷」且以君過自託己過，以「妾不才，妾之淫心見矣，至使君王失禮而晏朝，以見君王樂色而忘德也。……原亂之興，從婢子起。敢請婢子之罪」模式略同。劉娥在〈手疏〉中提及「自古敗國喪家，未始不由婦人者也。妾每覽古事，忿之忘食，何意今日妾自為之！後人之觀妾，亦猶妾之視前人也，復何面目仰侍巾櫛！」明顯以先世列女無已鑑戒。又三國王異引藥自絕，則效法昭姜伯姬〔註 99〕，其云：「婦人無符信保傅，則不出房闈。昭姜沈流，伯姬

〔註 97〕周宣姜后者，齊侯之女也。賢而有德，事非禮不言，行非禮不動。宣王嘗早臥晏起，后夫人不出房。姜后脫簪珥，待罪於永巷，使其傅母通言於王曰：「妾不才，妾之淫心見矣，至使君王失禮而晏朝，以見君王樂色而忘德也。夫苟樂色，必好奢窮欲，亂之所興也。原亂之興，從婢子起。敢請婢子之罪。」王曰：「寡人不德，實自生過，非夫人之罪也。」遂復姜后而勤於政事．早朝晏退，卒成中興之名。（《列女傳．賢明傳．周宣姜后》）

〔註 98〕劉娥〈手疏啟赦陳元達〉：「伏聞將為妾營殿，今昭德足居，凰儀非急。四海未一，禍難猶繁，動須人力資財，尤宜慎之。廷尉之言，國家大政。夫忠臣之諫，豈為身哉？帝王距之，亦非顧身也。妾仰謂陛下上尋明君納諫之昌，下忿闇主距諫之禍，宜賞廷尉以美爵，酬廷尉以列土，如何不惟不納，而反欲誅之？陛下此怒由妾而起，廷尉之禍由妾而招，人怨國疲，咎歸於妾，距諫害忠，亦妾之由。自古敗國喪家，未始不由婦人者也。妾每覽古事，忿之忘食，何意今日妾自為之！後人之觀妾，亦猶妾之視前人也，復何面目仰侍巾櫛！請歸死此堂，以塞陛下誤惑之過。」（《晉書．列女傳》）

〔註 99〕詳見劉向《列女傳．貞順．宋恭伯姬》：「伯姬者，魯宣公之女，成公之妹也。……母……嫁伯姬於宋恭公。……伯姬既嫁於恭公十年，恭公卒，伯姬寡。 至景公時，伯姬嘗遇夜失火，左右曰：「夫人少避火。」伯姬曰：「婦人之義，保傅不俱，夜不下堂，待保傅來也。」保母至矣，傅母未至也。左右又曰：「夫人少避火。」伯姬曰：「婦人之義，傅母不至，夜不可下堂，越義求生，不如

待燒，每讀其傳，心壯其節。」〔註 100〕又北魏元氏墓誌銘又載：

> 夫人元氏……體備溫恭，聰慧在性，家誡女傳，逕目必持，凡所聞見，入賞無漏。每覽經史，睹靖女之峻節，覿伯姬之謹重，未始不留連三覆，慕其為人也。（〈北魏直閣將軍輔國將軍長樂馮邕之妻元氏墓誌〉，《漢魏南北朝墓誌匯編》，p.129）

由元氏事蹟得知，除《列女傳》外，經史所載古代賢妃良母貞婦故事，一樣激勵她們的心志。由上舉例，並與《列女傳》故事比對，則三女過人美行，明顯習自書傳聞見，乃前有所承，三女見賢思齊所致。而甄后等人在道出女子「興家定國」說之際，腦中浮現的應是先代賢德后妃與辯通才女的形象。以上乃取鑑先世列女之例。至於道出女子「才智高、性清貞」、「興家定國」的女性，往往身邊即有成功的範例，或者根本就是「身世自道」與自我期許。《列女傳》諸女去世久遠，今可親見確信者，今日之列女。第一章中曾詳細介紹過六朝女性女才的情況，約略以教育、文學、宗教、識鑒、外事及軍事武功六項最為出色。其才女數量之多，勝於他朝；成就類型之廣，亦後世難追。六朝才女〔註 101〕，非但為當時人所津津樂道，也往往成為後世家喻戶曉的女傑代表〔註 102〕。至於六朝才女特多之因，則是全文的探討的基源問題，待第五章再予詳論。

由上觀來，前世典範與當代實例對於女子的才性觀念影響不小，因為這些傑出女性的高德異行，確實曾經發揮過興家定國之效，當六朝女子說出「才高性清」,「安家定國」之語，實有事證在背後支持。母教以成佳子弟，任教官學、宮闈，為國效力，文學作品展才情，識鑒之才現高智，佛道教化淨人心，足以安定國家。至於踰越女教禁忌的外事政事，也在「興家定國」的考量下，

守義而死。」遂逮於火而死。」

〔註 100〕《三國志．魏書．楊阜傳》裴注引皇甫謐《列女傳》曰：「趙昂妻異者，故益州刺史天水趙偉璋妻，王氏女也。昂為羌道令，留異在西．會同郡梁雙反，攻破西城，害異兩男．異女英，年六歲，獨與異在城中。……自春至冬．雙與州郡和，異竟以是免難．昂遣吏迎之，未至三十里，止謂英曰：『婦人無符信保傅，則不出房闈．昭姜沈流，伯姬待燒，每讀其傳，心壯其節．今吾遭亂不能死，將何以復見諸姑？所以偷生不死，惟憐汝耳．今官舍已近，吾去汝死矣．』遂飲毒藥而絕。時適有解毒藥良湯，撅口灌之，良久迺蘇。」

〔註 101〕詳見〈表 1　六朝女子人才概況〉、〈表 2　六朝女子施教概況〉、〈表 3　六朝女子著述概況〉、〈表 8　比丘尼傳中的女性資料〉,〈表 9　六朝奉道女性表〉所列女子。

〔註 102〕如《三字經》盛讚蔡文姬、謝道韞文藝，韋逞母宣文君長於女教書中居典模，民歌人物花木蘭故事至今未衰。

得到人們的肯定，成為人們歌頌的對象。雖然在外在形式上，女才的確有了不同的展演空間，其實背後趨力仍在父權與家國利益。此外，尚待解決的問題仍存：這些在表面上似乎違逆傳統女教要求的才藝女子，何以大量被記存於六朝傳記？

（二）有利父權，書寫所尚

女子事行能被書寫記錄，或基於因緣際會，或家人位高權重，或合於宣傳需要。但這種機會是微乎其微。男尊女卑的社會下，男性掌控「發聲」（書寫）的權利，也制定被書寫的資格。正史列傳載人無數，佔人口一半的婦女，入史者寥寥無幾；且撰史書寫者自有其選錄標準與體例，然而值得注意的——對婦女的記載，「性別」仍是史家們最先看到的特徵。「類傳」本當依循「合載行為特徵同質一群人」的原則，分立「孝義」、「儒林」、「隱逸」、「文學」、「良吏」、「藝術」等不同傳名，而女性從來多入「列女傳」，儘管她們事蹟行誼的同質性極低，但身份是「女」，便入列女。〔註 103〕由男性來描述婦女，或因觀看角度的不同（透過不同性別的男人的眼），或心存目的（教化民心，激勵高風），認定不免失真。有人說，「正史列女傳」只是「貞節烈女」的榮譽榜，甚至有偏好性暴力邊緣與描寫「非常（非常態）」〔註 104〕婦女生活的傾向〔註 105〕。其他良好表現如高才、良能不見得能入正史，婦女形象百年如一，千人如一，這正是經過作者意識選擇性書寫後的一種現象。因此這些被書寫出來的女子，乃因符合書寫者的意識而被記載。這些女子的確特出，甚至超越傳統禮教「從順、寡言、無外事……」，但因她們無不為家、為國、為男性出力，因而被書寫。同時這類「書寫女性」尚有大用，即用以惕勵男性，豈能輸女？用女子「特例」來激勵男性向上，頗有「激將」意味。某些稱贊女文章，表面褒揚，其實骨子裡，仍屬「女子才性低弱」的注腳。如鄭泰說「婦女載戟挾矛，弦弓負矢，況其悍夫！」顏之推「夫生不可不惜，不可苟惜。……何賢智（男）操行，若此之難；婢妾引決，若此之易，悲夫！」六朝樂歌有〈精微篇〉（或稱關東有賢女〉）：「辨義在列圖．多男亦何為，一女足成居……

〔註 103〕《后妃傳》則專記帝王妻妾，尚合類傳體例。

〔註 104〕平常女子，不值得記。《南齊書．文學傳．檀超》：「立帝女傳，亦非淺識所安．若有高德異行，自當載在列女，若止於常美，則仍舊不書。」

〔註 105〕盧建榮〈從男性書寫材料看三世紀至七世紀女子的社會形象的塑模〉，《國立臺灣師範大學歷史學報：26》，1998.6。

辯女解父命，何況健少年！」劉勰說：「魯之敬姜，婦之聰明耳〔註106〕；然推其機綜，以方治國。安有丈夫學文，而不達於政事哉？」〔註107〕直至宋人《三字經》仍有「蔡文姬，能辨琴；謝道韞，能詠吟。彼女子，且聰敏；爾男子，當自警」之語。以上透露的訊息是「連才性低弱的女人都行，我們男人豈可不如！」對於激勵男子自強，自有效用。

其次女子被書寫的原因在於有利父權，可從讀者角度來看，選錄列女多半忠孝仁愛，為國為家。任意找尋「列女傳」中的記載，極少事蹟非出於為家為國者。即令實屬個人行為的「貞節」，實亦有其宣導意義。「貞」屬女人之「忠」——忠於一夫，基於教化「男忠」的考量，欣然列入。至於貞節之於家，作用更大，守節之婦，奉養舅姑，撫育孤弱，對家庭的穩定與維繫，更有直接的影響。辛憲英教子「入則致孝敬於親，出則致節於國，在職思其所司，在義思其所立」；虞潭母孫氏教子「忠臣出孝子之門」，當捨生取義勿以母老為累，且盡發家僮，隨子助戰，又貿環珮以為軍資〔註108〕。女子「憂國之誠」如此，男子讀之，益添忠孝之心，足起教化之人效。其次，就傳統女教角度來看，列女事蹟現身說教，更能深化「父權」意識於女子。湛芳生在〈上貞女解〉文中提到：他之所以要求表揚龍憐，是基於「彤管未揮，令問不彰，非所以表賢崇善，激揚貞風也。」〔註109〕一方面固然是想對龍憐有所獎掖，更重要的是教化之功，尤其是教化婦女以貞風。因此被書寫的女性典型往往具有教化婦女更加符合傳統父權角色的功用。使一般女子讀之聞之，也能起而效法。男性的「女子才性」觀點經由多種管道，或化身為禮制，或潛隱於風俗，或出現在著述，直接或間接的影響婦女。梅家玲曾針對《世說・賢媛》的才女故事加以深究，指出部分事蹟「無論是由婦德所表現的才明絕異，抑是由婦功所呈露的精巧過人，女性縱可有其才智作為，但其終極指歸，依然多是為成就男性（或整個家族）的功業而服務。也因此，在看似別出於傳統的表象

〔註106〕敬姜事見《國語》及劉向《列女傳・母儀》。敬姜之子為王，敬姜仍紡績。文伯不以為然。敬姜答曰：「……夫民勞則思，思則善心生；逸則淫，淫則忘善，忘善則惡心生。……自庶人以下，明而動，晦而休，無日以怠。王后親織玄紞；公侯之夫人加以紘綖，卿之內子為大帶，命婦成祭服，列士之妻加之以朝服。自庶士以下，皆衣其夫。……男效績，愆則有辟，古之制也。」

〔註107〕依次見於《三國志・魏書・鄭渾傳》、《顏氏家訓・養生》、《宋書・樂志》、《文心雕龍・程器》。

〔註108〕二事均見於《晉書・列女傳》。

〔註109〕《全晉文・卷140》。

下，其實卻是向傳統回歸的另一形式。女性的個人才性，多半仍受限於男尊女卑的既有觀念，不是被封閉於家庭之內，便是多半被導引至與男性功利有關的方向。並不具有完全的自主性格。」〔註110〕因而表面是似乎是女性自我表現才性的故事，書寫者所看中的是她們對於男性家人的盡心出力。自信其智的女子，大半仍是合乎規範的「賢媛」，為家為夫為子而展才，故書寫者容許其言，樂於記載。

不過，當女子成就輝煌，影響深廣，甚至與當世歷史大事相關，則男子的性別偏見恐怕也難於掩蓋光芒。因為若不書寫，許多歷史便要空缺，斷裂難解。無魏華存，史上恐無道教上清派；無蘇惠，後世回文詩體難出；無衛鑠，王羲之書學何由？無荀灌，襄城之危何脫？無宣文君，前秦苻堅朝無《周官》學；無文明馮后，北魏歷史要改寫。而一批不為「父權」施才的女子，離開家庭，追求理想，終於功成名就，教化萬民，澤流貴庶，那就是《比丘尼傳》中那些德行高超、佛法淵深的女尼及道行高妙的修真女冠們。她們因為宗教緣故，得以脫離家庭、禮教的束縛，將女功、空間內外、婚姻、妻職、母職羈絆一一卸卻，得以專心致志，全心投入修道、傳道、講學及社會救濟事業，後來果然也有輝煌表現，名留史策。不過在《尼傳》與《道學傳》中，我們也看到她們當初「出走」的艱辛，及出家後仍要面臨的家人及社會上的種種壓力（妻職的索求、性的侵犯……），若非一股卓特毅力，怕難堅守。益見「走出家庭」對成就事功的效用及女子出走所須承受壓力的深重。她們是基於怎樣的勇氣去做如此抉擇，當代思潮展示怎樣的資源，令婦女們得以有新思維去表現自己，勇於創新？又宗教是否提供一個解落女性卑瑣地位，可以忘情進修、成才及施展的空間？我想，這種假設的確是存在的，在於玄學，存於佛道的女子才性論及現實制度當中。

三、玄學「自然性分」說

玄學盛於六朝，廟堂山林皆見談者，六朝門第以之作為家教內容者亦不乏其人。因此玄學才性論，對六朝人的女子才性觀念當有影響。魏初，曹操多次求賢，詔令中明白標示「用人唯才」的標準，使天下風氣一變，紛然興起才性之辨。玄學才性名理派對於「才性」的討論甚多，基本上主張才性天賦

〔註110〕梅家玲〈依違於婦德與才性之間：《世說新語．賢媛篇》的女性風貌〉，《婦女與兩性學刊8》，p.16～17。

已形，五行二氣構成一個人的材質，不可更革。詳見拙著碩士論文《魏晉玄佛二家對傳統儒家教育之批評及影響》第四章第三節「（玄學）教育原理」。基本上，儒家重積學，認為積學可進德益才，玄學及才性論者傾向天賦論。魏晉時代多就「氣質」論性，走所謂「才性」的路線。多從「自然元氣論」觀點看人特質，如嵇康所說：「夫元氣陶鑠，眾生稟焉。賦受有多少，故才性有昏明。唯至人特鍾純美，兼周外內，無不畢備」。認為眾生之性乃直接得自元氣的陶鑠，在秉受之時，則有多寡之不同，因此造成才性有昏明的不同。人之質性，既通過陰陽五行以解釋，則其了解情才性中絕無「主體性」成分。而指被決定之材質，此為才性論者的基本立場，才性既屬已決定者，故論者少提及改造的問題，而多談如何觀人、識鑒，知其性，而後方能施以適性自然的教育。因此六朝人特重天才，由墓誌銘所推重的理想人物，不尚苦學勤修型，而好天性自發，聰慧自性類型可以反映：「至于四教六訓之閑，工言貞婉之德，無待教成，罔不該備。」（〈梁・敬太妃〉，（《彙編》，p.29）「聖善之性，生而充備。……爰在父母之家，躬行結儉之約，葛覃不能踰其懃，師氏未能增其訓。」（《彙編》，p.184）「元洛神……婉順恭肅，出自天骨。」（《彙編》，p.218）「李豔華……資和方天，稟命淑靈。孝乃自天，仁實由己。」（《彙編》，p.347）「非師非保，啟自天成。慈和體潤，孝友唯貞，內蓄外顯，玉質金聲。（〈齊故金明郡君墓誌銘〉，《彙編》，p.460）「郡君生在名家，風神悟出。迴玟織組，起自天知；女戒針言，無假師授。」（尉孃孃，《彙編》，p.407）「王氏……非師非保，啟自天成。」（《彙編》，p.461）〔註111〕案：「聖人生知，不可學至」之類命題，或「學之所益者寡」諸說皆屬天賦才性說，引例之多，也可略見此說的影響力在當時什頗大。反而像「夫人（趙氏）少稟家風，長垂令範。」（〈趙氏〉，《彙編》，p.399）及「華芳……天姿發於自然，仁教漸於義訓。」（《彙編》，p.12）強調漸積成德的例子反而不多。以上女性墓主魏必盡皆天才，但可確定的是天生材質，乃方是時人所重。

〔註111〕例子相當多，且再錄幾則以證：「夫人誨脩娥，……有資陰社，且藉家休，婉嫕天然，幽閑率性。」（《彙編》，p.432）「夫人韓氏……貞順自性，聰令天骨，德容非學，言功獨曉。」（《彙編》，p.71）「夫人諱（邢）阿光……製錦刺繡，實出意而成巧；織緣剪綵，詎因教以為工。」（《彙編》，p.411）「夫人誨須密多，本姓陸，吳郡吳人也。……夫人七德含章，四星連曜，敬愛天情，言容禮則。」（〈北周・步六孤氏〉，《彙編》，p.４８４）「婁黑女……求箴待傳之操，率自天真；含柔履度之跡，事非因假。」（《彙編》，p.397）

由於氣質已定，因此不管是兼才或偏才，皆出自然；雖然有才量的大小，但無價值的高下之分，皆是一味之美：

> 凡偏才之人，皆一味之美。……或曰：「人材有能大而不能小，猶函牛之鼎，不可以烹雞。」愚以為此非名也。夫能之為言，以定之稱，豈有能大而不能小乎？凡所謂能大而不能小，其語出於性有寬急。性有寬急，故宜有大小。……以實理寬急論辯之，則當言大小異宜，不當言能大不能小也。人材各有所宜，非獨大小之謂也。夫人材不同，能各有異。……夫能出於材，材不同量，材能既殊，任政亦異。」（《人物志．材能》）

> 桓玄問劉太常曰：「我何如謝太傅？」劉答曰：「公高太傅深。」又曰：「何如賢舅子敬？」答曰：「樝梨橘柚，各有其美。」（《世說新語．品藻 87》）

後天的學習，並未能增加或改變本有的材質，只有在性分之內的學習，才能幫助成才〔註 112〕。同時個人才性的成全，時有早晚，因人而異。因此施教須因任其性。至於「才能」與「德行」是兩種相異的材質，道德也僅是材質的一種，未必在同一人身上兼有。〔註 113〕因此「才」自有其獨立的價值，也成為呈現個人「材質之美」的另一種方式，以上大致是玄學名理派「才性論」的要點。究竟正始以後的玄學家在這股尚智愛才風氣之下〔註 114〕，對於婦女才性的「認知」又如何？

（一）男女性行標準二元

要了解玄學家的女子才性觀，有必要先了解其對婦女的定位。何謂女人？可從兩種角度來觀看，即「自為主體」或只是相對於男性的另一性？（「身

〔註 112〕「天性所受，各有本分，不可逃，亦不可加。」（《莊子注．養生主》）「性之所能，不得不為也；性所不能，不得強為。」（《莊子注．外物》）「物各有性，故學之所益者寡。」（《莊子注．天道》）「夫積習之功為報，報其性，不報其為也。」「然則學習之功，成性而已，豈為之哉？」（《莊子注．列禦寇》）「彼有彼性？故使習彼。」（《莊子注．列禦寇》）

〔註 113〕才性離、合這兩派對教育的看法較具新意。教育固然能培養出一批才性結合、才德兼備的人，且以之作為教育的理想目標，但成功者終為少數。事實是——有更多的人，才有所偏。有人長於道德，有人長於才能，這是無可勉強的。所以教師在教學之前，要能明識學習者的才、性本然如何，方能因材施教。以下簡述才性論者的教育觀與學習論。

〔註 114〕《人物志．序》：「夫聖賢之所美，莫美乎聰明。聰明之所貴，莫貴乎知人。」

為客體」）在玄學家的觀念裡，「女終於出嫁也」〔註 115〕、「婦人謂嫁為歸」〔註 116〕，婚姻是每個女性必經之路，一生的終極價值所在。對男性而言，所謂的婦是「配己而成德者也」〔註 117〕（王弼《易注・蒙九二》）。妻子的存在是為配合夫，使之成德之人；女性之價值與定位，不在成己、自我實現，而在於她能提供他人（特別是丈夫）的效用多寡，故妻職首務乃在「助夫成德」，此已初露二性地位「男主女從（配）」的基本傾向，即婦者，乃助夫之人也。在兩性地位上，道家思想雖主齊物、逍遙，但這份逍遙似乎是男性的專利，因為從某些章節看來，「等差尊卑」觀念依然出現。最明顯的即是《列子・天瑞》中榮啟期的一段話，他說「吾樂甚多：天生萬物，唯人為貴。而吾得為人，是一樂也；男女之別，男尊女卑，故以男為貴。吾既得為男矣，是二樂也；人生有不見日月、不免襁褓者，吾既已行年九十矣，是三樂也」。「天生萬物，唯人為貴」，與「萬物一齊」觀念已有差距；第二樂「男尊女卑」，他慶幸自己身為男身，將此話說得如此篤定，可知此說早成公論，即使在道家典籍之中，也不忌諱直說。而張湛《注》對於榮啟期評以「深測倚伏之緣，洞識幽顯之驗，故惟遇人之形，兼得男貴，豈孟浪而言？」(《列子注・天瑞》) 張湛贊許榮啟期之深識天地變動自然之理，對其執著人身、男身、壽夭的分別之心還加以肯定，恐怕是心有戚戚〔註 118〕。男尊女卑、男為主體的社會下，天下父母有「多男子，人之所欲也」〔註 119〕的表現，自不足為奇。即使身為「尊位之女」(如公主)，金枝玉葉，貴不可言，然在適人之後，仍須降身應夫，居於從順之位。王弼《易注・泰六五》云：「女處尊位，居中履順，降身應二，感以相與，用中行願，不失其禮……盡夫陰陽交配之宜」，要求尊位之女，仍須恪守男尊女卑原則，不失禮數，降身順夫，柔順接物，雙方才能有好的夫妻關係，以合乎「陰陽交配之宜」。不過婦女地位仍有轉變的時刻，雖然男尊女卑是二性地位的基本格局，但若加上「長幼」因素之後，情況稍異。《周易・家人・彖》「家人有嚴君焉，父母之謂也」，說明男女雖有貴賤之別，但對子輩

〔註 115〕韓康伯《周易注・序卦傳・歸妹》。

〔註 116〕王弼《周易注・泰六五》。

〔註 117〕「配」字除了有「匹配」之義，也顯示女性在兩性關係中「配角」地位，因為有「主」的想法，才有相對而生的「配」概念。

〔註 118〕「氣自委結而蟬蛻耳，若是汝有，則男女多少，亦當由汝也」、「推此而言，明人之神氣，與眾生不殊。所適者異，故形貌不一」、「人之將生，男女亦無定分，故復喜得男身。」(張湛《列子注・天瑞》)

〔註 119〕《莊子・天地》華封人之語。

而言，則「父」「母」同樣尊崇，顯示婦女在為人母之後，可獲得較大權力及較高地位。又《周易・家人・彖》在談到兩性分工與活動場域時，說「女正位乎內，男正位乎外」，此說無甚特別，然值得注意的是敘述男女的先後順序，因為《彖傳》先言女，次說男。對此，王弼《易注》解釋為：「『家人』之義，以內為本，故先說女也。」《列子・楊朱篇》曾載梁王質疑楊朱不能治妻妾，卻言能治天下，楊朱以「將治大者不治細，成大功者不成小」自解，似乎不以治家不善為己缺憾，蓋「家人」之事，女子為本也，男子多讓無妨。《彖傳》作者或許認為：在「家人」這個事態下，女子自有不可抹滅的貢獻與重要性，故先言女；而王弼的解釋，也表達出他個人的女性觀來。

由上看來，取自道家原典的六朝玄《注》，儘管有玄化情形，但多表現在「本體論」、「聖人論」方面，女性觀念則相當大幅度的沿襲儒家，「男尊女卑」「男外女內」未見大幅超越〔註120〕，從此角度而論，玄學女性觀念的新意有限。不過其間的有限新意，卻足以提供六朝家長在規劃女教之際，得以有新的思考與選擇，其中影響最大者，大殆為女子「才性」的相關論述。

1. 性行標準二元：王弼注解「恆其德」與「窺觀」這兩段《周易》爻辭的解釋中，涉及不少女子才性及其發用的相關討論。《易・恆六五》曰：「恆其德，婦人貞吉，夫子凶。」已有「價值二分對立，男女雙重標準」〔註121〕傾向，基本上，女子「居於內中，宜幹母事」〔註122〕，即使「居得尊位，不能制義，也應該係應於夫。用心專貞，從唱於夫而已。〔註123〕對於「貞專從唱」之行，對婦人是吉，對於男人而言，則是凶也。呈現出對同一行為的兩種標

〔註120〕郭佩蘭認為「道家講求陰陽互相配合，相輔相承，與儒家以男性為主的理念不同。」(〈性別研究與中國宗傳統〉,《性別學與婦女研究》(臺北・稻鄉，1997) p.162) 杜芳琴則說：「男性的優越感滲透了具有平等（逍遙、齊物）意識的道家精神。進而產生支配佔有女性的欲望。但這是特殊的政治、思想背景所造就出來的。」(杜芳琴《女性觀念的衍變》(河南人民，1988)，p.23) 我認同杜氏的說法。道家思想中本有不刻意違俗之說——「差其時，逆其俗者，謂之篡夫；當其時，順其俗者，謂之義之徒」(《莊子・秋水》) 郭象也說：「夫尊古而卑今，學者之流也。……唯至人乃能遊於世而不僻，順人而不失己。」(《莊子・外物》) 真實社會的世俗影響力於是光明正大的存於著述之間。思想家不能自外於所處時代，即使超越也是漸進，道家及玄學女性觀已反映此現象。

〔註121〕孔疏曰：「婦人貞吉，用心專貞，從唱而已，是婦人之吉也；夫子 須制斷事宜，不可專貞從唱，故曰：夫子凶也。」

〔註122〕王弼《易注・蠱九二》。

〔註123〕王弼《易注・恆六五》「夫子制義，從婦凶也」。

準，而其分別只在性別。王弼承續《傳》意表達出男女行為雙重標準的認知，凡在內室窺觀短見者，即如女子之德；重複同一件事到恆久，特別是從一而終的貞德，適於女子，但男子就是不當，他應該在外大觀廣見，行事不可一成不變，要力求突破創新，因為他所擔負的是制義決策之事，當因事制宜，何能恆常不變。

2. 男女高下有別：男主女從：婦人從順，男子不宜，王弼加以解釋並發揮他的女子才性觀。原來理由在於婦人之「性」天生柔順，宜於從人；其次婦「才」較寡，其見不廣，自須從唱於人。〔註124〕至於男人，「大觀廣見」是其應然〔註125〕，如果居中得位，卻不能大觀廣見，只如婦人窺觀短見而已，就值得非議。王弼並沒有說明男子一定要大觀廣見的理由，但由其以女子類比窺觀之境，可以反推其因。或即男子居於外，所作不只家事，需要多聞廣見；再者男主女從，夫要制義，自然也須具備廣見的條件，有助決策正確。至於男女內外主從的分工，其根本原因，似涉及男女才性高下本質的比較：「婦人之性，難可全正。宜屈己剛，既幹且順。」（王弼《易注・蠱九二》）因為婦人之「性」，未能全正，所以必須拋卻己見，從順於男人的指示，至於婦人未能全正的理由，《易注・觀六二》及〈家人・卦辭注〉則傾向由後天環境的影響來解釋女人之才不及男性的原因。〔註126〕簡單來說，婦人之性未能全正，出自寡見；寡見之起，由於處內。由於處內，只能知一家之事，對於家外他人，則付闕如。婦人因空間限制家中，見聞不廣。然因與他人尚有交接感應，因此並非全然愚昧，只是較未能周全，識見偏狹。故決斷事情，最好從順從有大觀廣見者（男子）的意見，平日出處亦當以男主女從為常。韓康伯《易注・序卦傳・姤》說「女從男也」；王弼也提到：「不為事始，須唱乃應，待命乃發」〔註127〕、「用心專貞，從唱而已。婦人之吉」〔註128〕。略見玄學家雖主「自然、順性、逍遙」，但在《周易》原典尊崇陽剛思想的籠罩下，「男主女

〔註124〕王弼《易注・觀六二》：「柔順寡見，故曰：『利女貞』，婦人道也。」

〔註125〕「處大觀之時，居中得位，不能大觀廣見，窺觀而已，誠可醜也。」（王弼《易注・觀六二》）

〔註126〕「處在於內，寡所鑒見。體於柔弱，從順而已。猶有應焉，不為全蒙，所見者狹，故曰窺觀。」（王弼《易注・觀六二》）
家人之義，各自脩一家之道，不能知家外他人之事也。統而論之，非元亨利君子之貞，故利女貞，其正在家內而已。（王弼《易注・家人》

〔註127〕王弼《易注・坤六三》。

〔註128〕王弼《易注・恆六五》。

從」這種要女子無個性、無自我的思想也從而出現。另外，在疑似莊子後學所著錄的〈天道篇〉中，尚出現貌似儒家的禮教之言：「君先而臣從，兄先而弟從，長先而少從，男先而女從，夫先而婦從。……夫尊卑先後，天地之行也。故聖人取象焉，……而況人道乎！」這段話說明女性在「男女」、「夫婦」這些人倫關係中，長居次位。此段從天道運行原理，認可尊卑等極的合理性，語近儒家，而與道家齊物、泯尊卑對待精神有違，故有古人懷疑過此段文字真偽〔註 129〕。但郭象《注》非但不疑，且加以大力宣揚：「此先後雖是人事，然皆在至理中來，非聖人之所作也。……明夫尊卑先後之序，固有物之所不能無也。」（《莊子注．天道》）不但認同「男主女從」之說，且增強此說的必然性。〔註 130〕至於身份低下的臣妾，自然不在話下：「柔之為物，不可以不牽，臣妾之道，不可以不貞，故必係於正應。」臣妾處卑，對男主貞一，做任何事都得聽其吩咐，不得自專，若執意專斷，「不牽於一（主、夫），而有攸往行，則唯凶是見矣」〔註 131〕，後果必是不堪設想。因之，女子才性施用上，似乎仍有濃厚的「男主女從」意識，既未見「泯性別對待」、「女性自主」之說，「逍遙自適」亦無蹤跡。

（二）各當其分的人才論

一個人的才能應發揮於何處？郭象以為「各當其分」即可，不可超過個人的本分（天性〔註 132〕、職份〔註 133〕）。本分來自天理自然，並非人為所定，

〔註 129〕案：尊卑先後之言，不類老莊之旨，或非莊子原文，歐陽修曾為文辨之。陳鼓應《莊子今註今譯》，P.376～378 中有引文及概略考證，主此章或為晚世儒生、尹文子之流所作，似非莊子原文。又莊子乃後學所編，思想前後並不全然一致，則《天道》之文近儒，仍有可能為莊書原文。然而，對本文的應用而言，並不影響。因為筆者要取的是郭象注對於此段文章的詮解及其所透顯出來的女性觀念。

〔註 130〕雖郭象有可能受限於《莊子》原文而有此注，但玄學家（郭象、列子）在遇到與己思想相左之處，自有因應之道，如不加注解，不予置評；或假藉「得意忘言」之法，欲讀者忽之；或說作者只是一時情緒高張所發，無須深論。此處郭象明顯是贊成其說，認同儒家禮教的，《莊子注．在宥》「是以任賤者貴，因卑者尊，此必然之符」之文可證。郭象「援儒入莊」，學者多有定論，此處不再贅言。

〔註 131〕王弼《易注．姤初六》。

〔註 132〕郭象《莊子注．齊物論》：「言性各有份，故知者守知以待終，而愚者抱愚以至死，豈有能中易其性者也。」

〔註 133〕「君臣上下，手足內外，乃天理自然，豈真人之所為哉？」（郭象《莊子注．齊物論》）

因此每個人只要各盡本份〔註 134〕即是盡其才。「理有至極，物有定極，各足其事，其濟一也。」(郭象《莊子注·逍遙遊》) 比如臣妾就想著做好臣妾事，別想到臣妾職份以外的事，安於本份，這就是合乎自然，且能發揮各用，合成大用。相反地，「若皆私之，則志過其分，上下相冒，而莫為臣妾矣。臣妾之才而不 安臣妾之任，則失矣。」(郭象《莊子注·齊物論》)「外內上下，尊卑貴賤，於其體中各任其極。……故五親六族，不失分於邊下者，理自然也。」(《天子注·天運》) 認為各行各業，各種身份，都是先天具已有從事那種行業職份的才，所以也最宜於從事這種職事，但如果抱著私心，想要上冒踰越，那就是錯誤行為。考察上面此種以具有某種天生才賦者，宜於從事特定行業官職的「因材任使」觀念，乃承魏初才性論看法而來。〔註 135〕然郭象為維護既有尊卑等級秩序並賦予職能以自然意義，實有牽強之處。臣妾是階級之尊卑，何有天生之理。貴賤貧富是外在際遇，與才性何干？地位高就是天生明智、可以使人，郭象之說實有貴族自尊意識在於其中。換個角度來看，各安其份之說，對於婦女而言，也就要婦女謹守認命於現行制度下的種種規制。別想超越、改變現況，甚至談追求理想與成就。郭象的才性主張似乎相當保守，處處防制地位低下者的蠢動上竄。還發展出一套「自足逍遙」之說，去製造假象的平等，欲令臣妾及其他卑苦之人，認命安分〔註 136〕。對於婦女，自然不在話下，做好母職妻職，逍遙就在其中。

順著「當其分」才性觀念以理解，則婦功仍為女子要職。就現存玄學家的著作來看，其對婦女職分的看法，相當傳統：「婦人之正義，居內處中，履得其位，以陰應陽。無所必遂，職乎中饋，巽順而已。」(王弼《易注·家人六二》) 王《注》提到婦人的正義本份就是居處家中，專司中饋，巽順於人即可；並無更高的陳義，人生、修養、消遙、修齊治平，全沒她的份，無其必為必成之事(除中餽以外)。中餽雖為女子首要職份，但此「職事」並不受尊重，

〔註 134〕夫臣妾但各當其分耳，未為不足以相治也。相治者，若手足耳，四肢百體，各有所司，而更相御用也。(郭象《莊子注·齊物論》)

〔註 135〕如《人物志·材能》中以氣之濃薄清濁決定人之才性，性各有所適之任。

〔註 136〕至於《莊子》追求的人生逍遙，郭象也有討論。但止於「適性」逍遙：「夫小大雖殊，而放於自得之場，則物任其性，事稱其能，各當其分，逍遙一也，豈容勝負於其間哉？」(《莊子注·逍遙遊》)「夫莊子之大意，在乎逍遙遊放，無為而自得，故極言小大之致以明性分之適。」(《莊子注·逍遙遊》)「凡得真性，用其自為者。雖復皁隸，猶不顧毀譽而自安其業。」(郭象《莊子注·齊物論》)

常視女職為卑下。《莊》《列》二書皆載「列子三年不出，為其妻爨」事〔註 137〕，郭象注《莊》云其「忘貴賤」，向秀則曰「遺恥辱」〔註 138〕，言下之意，為妻爨之事為賤為恥；列子心無「貴賤恥辱」，乃能為之；可推常人鄙視中饋之事實。相較於男子在家職分則大大不同：「以剛接柔，親而得中，能幹其任，施之於子，克家之義。」（王弼《易注．蒙九二》）指男子能娶妻、任用家人治事、行事合理，勝任愉快這些任務，則可稱他是「能持荷其家」〔註 139〕。不過我們也見到極少數可以超越男女職份且不刻意者，那就是司馬徽（德操）〔註 140〕，在他的理念中，職業無貴賤男女之別，取笑他的龐士元則代表一種世俗、傳統見解，認為采桑乃賤婦所為，飽含對於性別、階級的歧視。而德操能夠超越，純然平等待物（人事物），實為真正擁有「道家」特質的高士〔註 141〕。類似此種具有「一齊」精神的道家之士，正是玄學女性觀念在部分議題上能較有突破的憑藉。

對「婦言」主張紛歧：在婦言的主張上，由於未有三玄注及之，故僅就玄學家實事探究。基本上，玄學家對於女言態度，顯現分歧：有的尊重，有的一仍傳統「女毋多言」「不聽女口」的禮教舊則。分別舉例以明：在原始道家典籍中，「有得道的男人，才有發聲的女人」；但「女言」能否可出、被正視、見採行，還得決定於男性對於「自然」的自覺與理解。六朝高士多為浸潤過道家思想之人，有別於原始道家典籍中得道女子的缺席，六朝《高士傳》中的部分女子終有以解道得道姿態出現者，賢智甚至勝過夫婿。此種不避諱男遜於女的描繪，肯定女人可以得道體道，算是道書中女性形象的進步。然而劉伶能超脫外在形骸，卻不能抹去傳統「輕女」的舊習，其婦損酒毀器，欲諫劉伶節制飲酒，劉伶謊稱欲祝鬼神自誓斷之，結果反而跪而祝曰：「婦人之言，

〔註 137〕文出《莊子．應帝王》、《列子．黃帝》。

〔註 138〕張湛《列子注．黃帝》引向秀注《莊》語。

〔註 139〕成《疏》：「能包蒙、納婦、任內、理中，幹了其任，即是子孫能克荷家事。」（《易疏．蒙九二》）

〔註 140〕《世說新語．言語 9》：「南郡龐士元，聞司馬德操在潁川，故二千里候之。至，遇德操采桑，士元從車中謂曰：「吾聞丈夫處世，當帶金佩紫；焉有屈洪流之量，而執絲婦之事？」德操曰：「子且下車。子適知邪徑之速，不慮失道之迷。……何有坐則華屋，行則肥馬，侍女數十，然後為奇？此許、父所以慷慨，夷、齊所以長歎！」

〔註 141〕不純是「玄學家」，玄學尚有儒家等級男女成份在內。「婦言」部分，更能顯現司馬德操的「一齊」「平等」的「好男人」形象。

慎不可聽。」還引酒進肉，酩酊大醉（《世說新語．任誕 6》）前文所舉司馬徽對於女職不加鄙賤，其實他對婦言也相當尊重，即使對妻子的話不表認同，然而婉約遜遁的態度，也令人動容。〔註 142〕比較劉伶與司馬徽二人，雖同對妻子之言不認同，但應對有別，可看出玄學家對女言態度的歧異：七賢雖主越名教任自然，但「婦人之言，慎不可聽」的傳統觀念已深植其心，似與「越名教」主張背反，還是劉伶認為此理本屬「自然」天經地義？司馬徽能尊重婦言，與其個人修養有很大關係。真正體悟道德玄理之人，不貴貴賤賤，不分別男女職分，在司馬徽夫妻之間，可以直言溝通，丈夫亦能尊重婦言，其與今日男女平等、無男女職業貴賤差別情況實已近同。又山濤妻韓氏，夜觀嵇阮達旦〔註 143〕，而後對夫直言：「君才殊不如，正當以識度相友耳。」公曰：「伊輩亦常以我度為勝。」（《世說新語．賢媛 11》）若一般無度量丈夫，聽前一句，怕已盛怒；但山濤識度深廣，平靜認真會應妻的答案，真有玄學家納言之雅量。由上可知：六朝玄風之下，玄學家想法仍是千差萬別；或明知玄理無為平等而不用，將理想與實際分開兩截看者，其人亦多。問題癥結或許在於部分玄學家根本就把男尊女卑視為「自然」，當然就不必在兩性對待上作任何調整或任何改變。〔註 144〕不過伴隨清談風氣的風靡，人人視言語為「才能」之一，世說編輯採錄雋語，無分男女。清談獲勝，門第添光，因而家門之內，也有培訓，女子亦多習染〔註 145〕。女子口才與捷辯之技，達到空前。而欲清談，事前知識見解的儲備教育必不可免，女子逞才，「言語」已為途徑之一，此亦玄學所帶起的風氣之一。就六朝整體實況看來：「婦言」在六朝算是得到較大的空間，基於尚智愛才與高門女子權勢的支撐，女子「直言」，並不少見。〔註 146〕

〔註 142〕（司馬徽）有人倫鑒識，居荊州，知劉表性暗，必害善人，乃括囊不談議。時人有以人物問徽者，初不辨其高下，每輒言佳。其婦諫曰：「人質所疑，君宜辨論，而一皆言佳，豈人所以咨君之意乎？」徽曰：「如君所言，亦復佳。」其婉約遜遁如此。(《司馬徽別傳》,《世說新語．言語 9》注引)

〔註 143〕山公與嵇阮一面，契若金蘭。山妻韓氏覺公與二人異於常交，問公。公曰：「我當年可以為友者，唯此二生耳！」妻曰：「負羈之妻，亦親觀狐、趙；意欲窺之，可乎？」他日，二人來，妻勸公止之宿，具酒肉，夜穿墉以視之，達旦忘反。公入，曰：「二人何如？」妻曰：……。(《世說新語．賢媛 11》)

〔註 144〕如郭象《莊子注．天道》:「此先後雖是人事，然皆在至理中來，非聖人之所作也。……明夫尊卑先後之序，固有物之所不能無也。」

〔註 145〕詳見前文對玄學清談的介紹。

〔註 146〕王渾與婦鍾氏共坐，見武子（濟）從庭過。渾欣然謂婦曰：「生兒如此，

（三）尚智重情的自然觀

隨著儒家禮教的鬆動，清談玄學的風行，道家典籍廣受六朝人披閱（無分男女），則其間蘊涵的女性觀念，當有其「潛在」「顯在」〔註 147〕影響。六朝女子修習道典、走出內室、高才機辯、重情自覺、個性分明等超越傳統禮教的形象，或許出於道家典籍直接或間接的啟發〔註 148〕。而直出六朝人筆端，足以反映道家女性觀念的「流、變」的材料，殆為玄學三玄著作。其中蘊涵與女子才性有關的觀念如下：在「婦女定位」問題上，主張女為「助夫者」，兩性地位仍是男尊女卑；在才性施用的意見上，男才勝女，男主女從；女職中饋，性行標準，男女有別」、「各當其份」等。從上面論述資料看來，玄學才性論似乎未給婦女多少鼓勵上進的啟示，處處與儒合軏，對婦女才性的展現不易看出助力。然而玄學既重「自然」，在教育上的具體作法便是「適性」、「明物之性，因之而已」〔註 149〕。從消極面看是「不禁其性」〔註 150〕、「性有不堪，真不可強」〔註 151〕、「不欲枉其天才，令得其所」〔註 152〕；積極面來看，

足慰人意！」婦笑曰：「若使新婦得配參軍，生兒故可不啻如此。」余嘉錫《箋疏》引李慈銘云：「案閨房之內，夫婦之私，事有難言，人無由測然未有顯對其夫，欲配其叔者。此即倡家蕩婦，市里淫女？尚亦慚於出言，赧其顏頰。豈有京陵盛閥，太傅名家，夫人以禮著稱，乃復出斯穢語？齊東妄言，何足取也！」案：對此婦言，李慈銘與余嘉錫甚不能接受，然而六朝男人卻能接受，自有其主客觀因素尚待詳論。《世說．賢媛》則有兩則妻子義正辭嚴反擊丈夫損己的直言，合情入理，咄咄逼人：「許允婦是阮衛尉女，……奇醜。交禮竟，允無復入理，家人深以為憂。……會允有客至……許便回入內。既見婦，即欲出。婦料其此出，無復入理，便捉裾停之。許因謂曰：『婦有四德，卿其有幾？』婦曰：『新婦所乏唯容爾。然士有百行，君有幾？』許云：『皆備。』婦曰：『夫百行以德為首，君好色不好德，何謂皆備？』允有慚色，遂相敬重。」（《世說新語．賢媛6》）又「王公淵（廣）娶諸葛誕女，入室，言語始交，王謂婦曰：『新婦神色卑下，殊不似公休！』婦曰：『大丈夫不能彷彿彥雲，而令婦人比蹤英傑！』」（《世說新語．賢媛 9》）

〔註 147〕「潛在」、「顯在」二詞借用現代教育理論「潛在課程」、「顯在課程」之名。「潛在」是因為在未見諸論述，僅在零散的女性事蹟之中透顯；「顯在」則指明見於三玄著作，但玄學專著往往較少有齊物開放平等思想的反映。

〔註 148〕直接指自身，間接指父兄及整個社會大環境的觀念轉變。

〔註 149〕王弼〈老子注．47 章〉。

〔註 150〕王弼〈老子注．10 章〉。

〔註 151〕嵇康〈與山巨源絕交書〉。

〔註 152〕嵇康〈與山巨源絕交書〉。

則「循性而動，各附所安」〔註 153〕、「導焉而已，無所逆之」〔註 154〕，似也為尚才預留一扇窗口。玄學的「嵇阮」一派，力主越名教任自然的新價值及「天賦才性」說所引發的尚才重情之風，為婦女劈開傳統女子才性觀的重重荊棘。儘管玄學似乎沒有具體的婦女主張可以依循以展材，卻有任自然越名教的「大本」足以支持種種新創的價值與行為。

過去視為理所當然的觀念，在玄學批判舊禮教進程及開放討論的學風間重新被檢討。「叔嫂不通問」，似違人情，婦女無才，其說待議。在原始道家經典中，幾無得道女性人物〔註 155〕，但在六朝《高士傳》及玄學家詩文中，已見公開贊揚女人的賢識：嵇康曾作十首六言詩，其中有〈老萊妻賢明〉一詩：「不願夫以相荊，相將避祿隱耕；樂道閑居采萍，終厲高節不傾。」詩中用「相將」，而非「隨夫」，事實上，就劉向《列女傳》及皇甫謐《高士傳》記載看來，是「追妻」「隨妻」〔註 156〕似乎在兩人對待中，較有平等相重的意味存在；此詩主贊「老萊妻」而非「老萊」，嵇康並不以男必勝女為意。且老萊之隱，妻為主導，明白讚譽來萊妻明理達識的作為。女子才性受到肯定。嵇康越男主女從名教，純就事理論高下，還事本然，真玄學求真作風也。又孫綽〈遂初賦・序〉：「余少慕老莊之道，仰其風流久矣。卻感於於陵賢妻之言〔註 157〕，悵然悟之。乃經始東山，建五畝之宅。」(《世說新語・言語84・注》) 於陵子終對於仕楚之事，舉棋不定，詢於妻子，乃有決定。兩位女性皆為隱者妻，在丈夫的出處及己身之安頓上，有分明定見，形象上，明顯皆勝夫識，然而六朝人不吝贊慕。

〔註 153〕嵇康〈與山巨源絕交書〉。

〔註 154〕阮籍〈達莊論〉,《全三國文・卷 45》。

〔註 155〕《莊子》、《列子》寓言中出現的女子，多為「配角」、「客體」且「無聲」；得以發聲的女人，多因其有一解道的丈夫；《莊子》、《列子》寓言中似無一位女子能與道逍遙。

〔註 156〕劉向《列女傳・賢明・楚老萊妻》:「妻曰:『……今先生食人酒肉，授人官祿，為人所制也，能免患乎？妾不能為人所制。』投其畚萊而去。老萊子曰:『子還，吾為子更慮。』遂行不顧，至江南而止。……老萊子乃隨其妻而居之。」皇甫謐《高士傳・卷上・老萊子》:「……妻投其畚而去，老萊子亦隨其妻至於江南而止。」

〔註 157〕《列女傳・賢明・楚於陵妻》載於陵子終妻答夫詢問仕楚事曰:「夫子織屨以為食，非與物無治也。左琴右書，樂亦在其中矣。夫結駟連騎，所安不過容膝；方丈於前，所安不過一肉。今以容膝之安，一肉之味，而懷楚國之憂，其可乎？亂世多害，妾恐先生之不保命也。」於是子終出謝使者而不許也。

至於「重情」之風，也由玄學的多重討論帶動社會重情風氣。所謂「情」，指好惡喜怒哀樂等心理作用而言。談起情，魏晉人是認真的，除了從諸多面向討論〔註 158〕，還進一步尋找抒發、排遣、轉化，乃至昇華超越之道。早在正始初期，王弼便與何晏論辯過「聖人有情無情」的問題，何晏鍾會等人主「聖人無情說」，王弼則持聖人「有情應物而無累」〔註 159〕看法且以人之情乃「自然之不可革」〔註 160〕。結果王說受到普遍的肯定〔註 161〕：嵇康肯定「喜怒哀樂，愛憎慚懼，凡此八者，生民所以接物傳情」(〈聲無哀樂論〉)；阮籍理想中的大人先生（近於至人）是「欲從肆而彷彿，浣漾而靡拘」、「仿佯足以舒其意，浮騰足以舒其情」(〈大人先生傳〉)，又說「斯用情各從其好，以取樂焉」(〈答伏義書〉)；郭象也說「夫知禮者，必遊外以經內，守母以存子，稱情而直往也。若乃矜乎名聲，牽乎形制，則孝不任誠，慈不任實，父子兄弟，懷情相欺，豈禮之大意哉？」(《莊子注・大宗師》) 不過魏晉人雖然贊賞深情、任情、鍾情的一些事跡，卻也企盼提昇此一「俗情」成為「高情」(無累之情)，玄學家對於「超越俗情」的必要性及修養工夫議題上著力不少。值得注意的是：由於魏晉人們普遍肯定情，肯定情具「感物」「應物」的功能，這便肯定了一個具有生動活潑自主能感的生命體，使人的情感精神得到應有的珍惜與尊重。魏晉「尚情」既成風氣，加上魏晉時代整個文化的氛圍，令「情」也成為一種新的價值衡準〔註 162〕。凡出於真情之舉，儘管外在形式不合名教常法〔註 163〕，但六朝人仍予以同情與肯定。此外，他們更從肯定情性的立場出發，

〔註 158〕可參考余英時先生〈名教危機與魏晉士風的演變〉(《中國知識階層史論》，1980)、林麗真先生〈魏晉人論「情」的幾種面向〉(《語文、情性、義理——中國文學的多層面探討國際學術會議論文集》) 及吳冠宏《魏晉玄論與士風新探——以「情」為綰合及詮釋進路》(臺大中文所博士論文，1997) 的相關討論。

〔註 159〕語出《三國志・魏書・鍾會傳》注引何劭〈王弼傳〉，王說實有所本。《莊子・德充符》載惠子與莊子答問「人有情無情」，莊子解釋「人而無情」說道：「吾所謂無情者，言人之不以好傷其身。」

〔註 160〕王弼〈與荀融書〉云：「又常狹斯人，以為未能以情從理者也。而今乃知自然之不可革。」(王弼，《魏志・鍾會傳》注)

〔註 161〕《世說新語》載錄甚多時人重情實例，不一一細舉，可參考余英時先生〈名教危機與魏晉士風的演變〉，(收錄於《中國知識階層史論》) 一文的論析。

〔註 162〕「緣情制禮」為當時禮學家所認同。也可參考趙輝《六朝社會文化心態》(臺北・文津，1996) p.191～196。

〔註 163〕如《世說》所載阮籍為母喪飲酒吃肉，卻心悲吐血；鄰女有才色早夭，阮籍弔之；又晉簡文帝不以時臨，答以「哀至則哭，何常之有」；又死者生前好聽驢鳴，來客弔唁為之驢鳴，不以為怪。

去面對不合時宜的禮法名教，開始檢討古禮的興革存廢，而有「緣情立禮」、「即情變禮」的呼籲產生。〔註 164〕儘管玄學家並未針對「婦女情欲」作直接探討，但此種不諱言情、不主張壓抑情的時代風潮，對婦女是有影響的。當時男士不掩對女子的愛慕之情〔註 165〕；女子亦能勇於表現自己的好惡感受，將對自己的情深付諸言行〔註 166〕。葛洪、干寶提到婦女「任情而動，而父兄不加罪」，原因或許出於「尚情風氣」上頭。女性主體表現其情，其實正是其自覺及個性的展現。「我」之存在，因為愛，因為恨、因為情、因為妒忌……，此情由我所發，唯我獨有，無人可代。

四、佛教「女身成佛」說

佛教的理論體系最終要證的是「諸行無常」、「諸法無我」、「涅槃寂靜」等三法印，此乃佛教之有別於其他宗教的根本區別標誌。「解脫成佛」是每個佛教徒心心念念的終極目標。佛法初期，本藉由口授形式流傳，佛祖涅槃後，經過弟子前後四次結集，終於有佛經的寫定，其後又有經論陸續出現，佛經卷帙漸趨浩繁，理論派別也愈加深密複雜。佛教傳入中國，流傳既久，宗派也漸多。從教義上看，大體可分為「小乘」（早期佛教）和「大乘」（後期佛教）兩大系統。大乘、小乘二學，二者皆以「緣起」為最根本依據，宣揚「精神不滅」和「因果報應」等宗教思想。但仍有差異：小乘以講輪迴報應、天堂地獄為主；大乘則除此之外，兼重哲理的剖析，尤其在東晉時期，採取了與玄學結合的形式，因而受到許多玄學家的歡迎和士人的擁護。小乘流行於西漢至西晉時期，以安世高為始，偏於禪數之學，禪法主養神，目的在於息意去欲。其重要典籍如《安般守意經》、《陰持入經》、《法鏡經》、《六度集經》等；東晉以後則盛行大乘佛教，以東吳支讖為始，偏於般若之學。般若重智慧，主明本，乃能證體達本。重要典籍有《道行般若經》、《首楞嚴》、《維摩經》、《明度經》等〔註 167〕。佛教的女性觀念，按理說，自然也應在基本教義

〔註 164〕「緣情制禮」為當時禮學家所認同。也可參考趙輝《六朝社會文化心態》（臺北・文津，1996）p.191～196。

〔註 165〕六朝文學作品甚多「求女」主題，且男子深情款款，可參考謝月鈴《魏晉女性題材辭賦之研究》。

〔註 166〕《世說新語》中的〈賢媛〉、〈惑溺〉有不少實例，可參看，此處不一一列舉。

〔註 167〕在追求的理想上，大乘佛教以成佛為目的；而小乘以「灰身滅智」、成就阿羅漢為最高目標。 小乘佛教偏重於個人解脫，大乘佛教則宣揚普渡眾生，致力於一切眾生的解脫。認為每個信徒都是菩薩，必須上求佛道，下化眾生，

的籠罩之下展開。不過在佛教典籍中，明顯並存著正、負不同的女性觀念，有些經典對婦女持肯定態度，有些則持否定貶抑的態度，甚至同一典籍出現不同的婦女觀，此種情況在「女人成佛」的議題上，尤其明顯。

（一）解脫成佛，男女平等

佛教以「緣起說」作為理論基礎，欲眾生體認人生現象的無常、不真與多苦。佛陀設教，旨在解脫。佛教原本就是尋求身心解脫的宗教，它指出世間眾苦的真相，分析諸苦之源，提供超脫眾苦的修行之道，以期最後的涅槃解脫。佛教認為現世「此岸」的生活一切皆苦，並在因緣果報、墮入輪迴上，人人平等；同時通往「彼岸」的佛國樂土的道路也是人人平等〔註 168〕。在佛教所提示的這條正覺之道在上，一切世間分別相——男女、貴賤、種族、階級等，不再有歧視意義。具體來說在現實中「人生皆苦」的平等，果報輪迴上

努力修習菩薩行，以便自度度人，成為幫助芸芸眾生脫離現實苦難的救世菩薩。小乘佛教則認為：學佛的目的主要在於通過必要的修持和磨鍊，讓個人從自身的苦難解脫出來，斷除煩惱，滅絕生死，成為一位在精神境界上超越現實生活的人。而大乘空宗，則認為應以菩提（覺悟、智慧）為目標。菩提是佛體，眾生只要去掉「無明」，即可進入究竟的世界——涅槃；而普渡眾生的理想，不在於寂滅，而在於永生。

〔註 168〕南朝佛教界曾興起一場「佛性論」之爭，最重要學說是道生的涅槃佛性說。他主張佛性人人本有。他將般若學和涅槃學結合起來，宣揚萬物千差萬別，而本體只一個，且此本體無所不在，此本體即為佛性。「一切眾生悉有佛性，如來常住無有變易。」（曇無讖譯《大涅槃經》）「本有佛性，即是慈念眾生也。」（竺道生《大般涅槃經集解．如來性品》）「聞一切眾生，皆當作佛。」（竺道生《妙法蓮華經疏．譬喻品》）「一切眾生莫不是佛，亦皆泥洹。」（竺道生《妙法蓮華經疏．見寶塔品》）「佛性必生於諸佛。向云我即佛藏，今云佛性即我，互其辭耳。」（竺道生《大般涅槃經集解．如來性品》）由上略知：佛性說強調眾生所固有的內在質素，佛性本有，故能成佛。並由此推論，一闡提是人，當然也有佛性，故云「一闡提人皆可成佛」。道生說：「雖復受身萬端，而佛性常存。若能計此得者，實為善也。」佛性本有，為何有作惡多端之人，或無法成佛之情形，其原因何在？「若佛性不可得斷，便已有力用。而親在人體，理應可見，何故不自見耶？」（竺道生《大般涅槃經集解．師子吼品》）「良由眾生，本有佛之見分，但為垢障不現耳。佛為開除，則得成之。」（竺道生《妙法蓮華經疏．方便品》）「夫真理自然，悟亦冥府；真則無差，悟豈容易？不易之體，為湛然常照，但從迷乖之，事未在我耳。苟能涉求，便反迷歸極，歸極得本。（竺道生《大般涅槃經集解．序》）道生認為：人的心性是本來覺悟的，人們只要向內心追求，顯示固有的覺悟，就成為佛。只因「垢障」，故無法顯現。若欲開除此「垢障」，其憑藉仍然在佛（法）。人人皆有佛性，成佛也不困難，只要去迷反本，就可以頓悟成佛。

的平等及在解脫成佛上的人人平等，皆屬佛教平等精神的展現。因此在「解脫成佛」的可能上，男女平等：

> 一切清信士，歸戒行十善，乃至諸女人，亦能修福德，又能善說法，開化眾妙福，迴以施群生，共成無上道。(齊文宣《淨住子淨行法．迴向佛道門第三十》，《廣弘明集．卷 27》)

這是南齊文宣竟陵王蕭子良的一篇迴向文，文中提到：凡在家敬信佛教者，乃至於眾女人，只要願意皈依奉戒行十善，除自修福德之外，又能善說佛法，將佛法之妙福，傳揚給眾生，便能與眾生共成無上之道。其中，女人與清信士只要達到上述「要求」，即 能共成無上道，是無需懷疑的。然而，我們在佛經中所見，雖不排除女人成佛，然卻似乎有其條件性：

> 所謂佛性，若人不知是佛性者，則無男相。所以者何？不能自知有佛性故。若有不能知佛性者，我說是等名為女人；若能自知有佛性者，我說是人為丈夫相；若有女人能知自身定有佛性；當知是等即為男子。(曇無讖《大涅槃經．大般涅槃經如來性品》)

> 尊者舍利弗，語諸居士婦言：「當勤方便離女人身，所以者何？女人之身，不能得阿耨多羅三藐三菩提。」(《大涅槃經．憍陳如品》)

> 佛報言：「有女人作沙門，精進持戒具足無缺減，不犯如毛髮，現世得化成男子身，便得無量決得作佛。無所罣礙自恣所作，若所求者皆可得。」(《大愛道比丘尼經》)

> 明當知之，女人能除此八十四態者，無不得度，無不得道，無不得佛也。(《大愛道比丘尼經》)

《大涅槃經》所云「若人不知是佛性者，則無男相」；「若有不能知佛性者，我說是等名為女人」，彷彿將成佛與性別屬性相牽。前文提過史家偶用男性符碼以號女傑。此段經文與之有類似之處，即「知佛性者，為男人；不知佛性者，為女人」。所不同的是，所指男人、女人，非以生理之別，而以悟道有無及行為善惡判分，所以「若有女人能知自身定有佛性，當知是等即為男子」。然而，為何要如此迂迴解釋？恐怕背後存有一個假設存在：「女身」難以成佛。《大愛道比丘尼經》說得具體：女人出家，精進持戒具足無缺減，今世得作佛，但成佛之前須先轉女身，化作男子身。為何又要化男子身，方能成佛？原因在於女身多欲，有八十四態。有此，不得渡，不得道，能除八十四態，則可得道成佛。約略看來佛教「解脫平等」的精神似乎也適用於女人，似乎未有限制特定身份者方能享受宗教上福祉〔註169〕的現象。眾生平等，皆可成佛，女子亦可成佛；然而卻有一項要件：離女身、除八十四態。究竟八十四態為何？與女身何關？「女身」對成佛之路有何影響？何以成為成佛的阻礙？由於佛教「女身論」涉及頗多關於女人的性情、生理、智性等因素的探討；又六朝信佛者多，接受佛教思潮之際，可能在有意或無形中受到佛教女性觀念濡染，而將其帶入現實生活之中，進一步影響其女教理念及對女教內容的規劃。因此探究佛教「女身成佛」說，或可為六朝女教新觀念及施設走向，找到源頭。

（二）「女身」染淨，轉身成佛

就佛教徒來說，「解脫成佛」為其修習目標。然在佛教經典之中，對於女人成佛卻有種種疑義。因著派別之別，其女人觀——「成佛」也有差別的見解。六朝時對於女子「成佛」的討論，與比丘大不同。比丘界爭的是「漸、頓」之辨；但在比丘尼方面，討論的卻是女子「能否」成佛。佛經典籍中，有的反對女子可以成佛，有的經典主張女子須「轉身成佛」，或「多設修行階次」〔註170〕，至於部分大乘學說，則主張女子「即身成佛」。〔註171〕佛教經典中對於女子成佛的認知是透過以下的推論：（1）情欲是修行的大敵，故必須嚴加預防。而女性是撩起情欲的主因，所以比丘與女人間存有「緊張」關係，要用「不淨觀」與「無常觀」去觀想去欲。（2）女人既然「不淨」，則女人能否成佛，便引起爭議〔註172〕。因著教派不同，對於女子成佛問題，各有主張，立場亦頗為分歧。基本上：「一切有部」主張經由修行，女人可以轉成男身〔註173〕；「化地部」認為：女人永世無法翻身成佛，因為女人有

〔註169〕佛教發源於印度，當時印度社會盛行婆羅門教，施行種性制度。將人分為四姓階級：祭司、僧侶最上，婆羅門姓；國王武士居次，為剎帝利姓；農工商庶民居第三，為吠舍姓；最下一層是奴隸，為首陀羅姓。首陀羅姓奴隸為賤民，不許獨立生活，不許碰觸到上三級人的身體，他們為宗教所不救的賤民，沒有宗教信仰的權利，不能誦念宗教經典與祭神，所以又稱「一生族」，沒有再生的希望。佛教則打破階級，提倡眾生平等，人人皆可信奉、加入佛教（不過立教初期仍限男性出家，直至佛祖姨母大愛道後方有出丘尼）。參考釋永明《佛教的女性觀》，p24。

〔註170〕先修來世為男身，再依比丘之法成佛。

〔註171〕詳文可參考釋恆清《菩提道上的善女人》全書及古正美〈佛教的女性歧視〉一文。

〔註172〕古正美〈佛教的女性歧視〉。

〔註173〕「法藏比丘，稽首禮足，繞佛三匝，合掌而住，白佛言：『世尊，我已攝取莊嚴佛土清淨之行，唯垂聽察。……第二願：設以得佛，國中天人，純是化

「五礙」;「大眾部」信心十足的女性形象是針對「轉身論」而發;「晚期大眾部」,並非要轉身成佛,而是要根本破男女之見;「大乘空系」:主張一切皆空,人身亦是虛幻〔註 174〕,在經典中創造許多女菩薩,透過女菩薩的辯才及神通變化,來批判轉身成佛說法。他們要根本破除男女之見,「無男無女」,方是得到「諸法是空」的真義。

在生理方面,佛教認為女人羸弱〔註 175〕,女身不淨。《大涅槃經.憍陳如品》即云:「此身便為不淨之器。臭穢充滿。亦如枯井空城破村,難可愛樂。是故於身應生厭離。」又《法華經》:

生,無有胎生,亦無女人。其他國女人,有願生我國者,命終即化為男身,來我剎土,生蓮華中,華開見佛。若不爾者,不取正覺。』……」(《無量壽經》)「善男子,一切男女若具四法,則名丈夫。何等為四?一善知識,二能聽法,三思惟義,四如說修行。善男子,若男若女具是四法,則名丈夫。善男子。若有男子無此四法,則不得名為丈夫也。何以故。身雖丈夫,行同畜生。」(《大涅槃經.梵行品第八之四》)又《大涅槃經》載無垢光女曾問佛云:「世尊,今此會中諸比丘、比丘尼,優婆塞、優婆夷願樂欲聞,修何善行,得離女身速成男子,能發無上菩提之心?惟願世尊當為解說。」爾時世尊,欲利益成就四部眾故,告無垢光女言:「是陀羅尼十恒河沙諸佛世尊所共宣說。能轉女身自識宿命若受五事:一者梵行,二者斷肉,三者斷酒,四者斷辛,五者樂在寂靜。受五事已至心信受,讀誦書寫是陀羅尼,當知是人即則得超越七十七億弊惡之身。爾時世尊。即便說之:「……無法非法相。無男女相無士夫相。……無量恒河沙等眾生發聲聞心。人女、天女二萬億人現轉女身得男子身,須跋拔陀羅得阿羅漢果。」(《大涅槃經.憍陳如品第十三之二》案:皆主「轉身成佛」說。女欲成佛,須先轉身為男,方得成就。

〔註 174〕《金剛經》:「一切有為法,如夢幻泡影,如露亦如電,應作如是觀。」(鳩摩羅什譯)
「如說我等,畢竟不生,但有假名,都無自性。諸法亦爾,但有假名,都無自性。何者是色?既不可取,亦不可生。何等是受、想、行、識?既不可取,亦不可生。(《大般若經.卷 556》)般若空宗認為:人們皆執著認為「有我」,殊不知所謂我,只不過是色、受、想、行、識五蘊積聚而成。如果離開五蘊,我又何在?所以我不過是個假設的名稱,本無自性。不僅如此,萬法皆然:「眾因緣生法,我說即是空,亦為是假名,亦是中道義。(《中論.觀四諦品》)一切事物都是因緣所生,所以無自性。就無自性說,故是「空」。但事物雖無自性,世界上畢竟有千差萬別的種種現象,所以方便起見,故給以假設的名稱。
般若學宣揚出世理論,論證具體物質世界的虛幻不真。

〔註 175〕《大般涅槃經.卷中》:「爾時迦葉見佛足上而有點汙,即便迴顧,問阿難言:『如來足上何緣有此?』阿難答言:『如來初可般涅槃時,四眾充滿。我時思惟,若令大眾同時進者,女人羸弱,不必得前,即便先聽諸比丘尼及優婆夷到如來所禮拜供養。……』」案:阿難似能體恤女性,先聽其入。

時舍利弗語龍女言：「汝謂不久得無上道，是事難信。所以者何？女身垢穢，非是法器，云何能得無上菩提？佛道懸曠，經無量劫，勤苦積行，具修諸度，然後乃成。又女人身猶有五障：一者不得作梵天王，二者帝釋，三者魔王，四者轉輪聖王，五者佛身，云何女身速得成佛？」（《法華經．妙法蓮華經．提婆達多品第十二》）

在佛經中，凡涉「女身不淨」論辯，常有舍利弗〔註176〕參與，舍利弗認為龍女為女流，不信她能速成無上道。理由是女身「女身垢穢，非是法器」，女人的身體是骯髒邪穢，根本不合承載佛法。而且女人又有五障，不能成佛。女身不淨，佛性自在於丈夫。女身不淨的說法，充滿於佛經之中，特別是早期小乘經典中。古正美認為，是因為男比丘修行，「色欲」最難超越，因而佛教中以「不淨觀」、「無常觀」去觀想女人內臟髒污的形象以及美女年老死亡身體腐臭變為白骨之象來滅絕欲想，惟有厭惡女身，方能絕欲。如《齊文宣淨行法門．在家從惡門第十》：「又觀女人所起患毒，倍於男子。《經》云：「女人甚深惡，難與為因緣。恩愛一縛著，牽人入罪門。女人有何好，但是諸不淨。何不審諦觀，為此發狂亂。」《郁伽長者經》云：「在家修道當觀女人生厭離想、非常久想、不淨潔想、臭穢惡想、羅剎惡鬼恒噉人想、貪色難飽無止足想、惡知識妨淨行想。三惡道增憂苦不斷，目面脣口惑人之具，人為所惑，破家滅國殺親害子。」眾禍之本皆由女色，而為助比丘斷絕欲念，對於女子情欲，則有醜化之筆。

《佛說父母恩重難報經》云：「……男人在世，衫帶鞋帽，裝束嚴好，一望知為男子之身；女人在世，多塗脂粉，或薰蘭麝，即得知是女流之身。」美色為男性修行障礙，要破除女色執著。在《大愛道比丘尼經》中曾論女人八十四（惡）態，「女態」是指女性內心欲望表現在身體和言語上的種種不清淨形態，其中關於女子容儀者有多條：

〔註176〕舍利弗尊者為佛陀十大弟子之一，本為婆羅門種姓，因持戒多聞，敏捷智慧，被稱為「智慧第一」。參考韓廷傑《印度佛教史》，p.41。又《佛說阿闍貰王女阿術達菩薩經》載舍利弗對女身成佛另一次質疑：「舍利弗從坐起，正衣服下右膝叉手白佛言：「是女無愁憂，所說甚難入深法要，以權行立人不可勝數，所問種種悉能報答。」佛告舍利弗：「是女無愁憂以供養九十二億佛，作功德常不離漚和拘舍羅。」舍利弗白佛：「是女何故不棄女人？」佛告舍利弗：「若諸聲聞謂此無愁憂是女人耶，若等不深入般若波羅蜜，不所樂喜以權道示現，有男女其限，無所罣礙。」……舍利弗白佛：「唯然已見。」佛告舍利弗：「是無愁憂，卻後七百阿僧祇劫當作佛。」（《佛說阿闍貰王女阿術達菩薩經》）

> 佛告阿難：「女人求道，但坐外八十四態，還自纏身。有墮八十四態者，如入大深海，必沒其身。有能除此八十四態者，即是阿羅漢也。」阿難復叉手長跪前白佛言：「何等為八十四態？令人不得道也？……」佛言：「女人八十四態者，迷惑於人使不得道。何等為八十四態？女人喜摩眉目自莊，是為一態；女人喜梳頭剃旦，是為二態；女人喜傅脂粉，迷惑丈夫，是為三態；女人喜熒娸細視，是為四態；女人喜丹脣赤口，是為五態；女人喜耳中著珠璣，是為六態；女人頸下喜著瓔珞金珠，是為七態；女人喜著珠寶繒綵之衣，是為八態；女人喜著糸履，是九態；女人喜掉兩臂行，是十態；女人喜邪視，是十一態；女人喜盜視，是十二態；女人欲視男子，見之復却縮，是十三態；女人見男子去，復在後視之，是十四態；女人欲見男子，見之復低頭不語，是十五態；女人行喜搖頭搖身，是十六態；女人坐喜搖頭搖身，是十七態；女人坐低頭摩手爪，是十八態；女人坐喜含笑語，是十九態；女人喜細軟聲語，是二十態；女人喜捫兩眉，是二十一態；……女人喜作妖媚，蠱道厭人，是五十二態；……女人甚可畏也，是為「八十四態」。明當知之，女人能除此八十四態者，無不得度，無不得道，無不得佛也。(《大愛道比丘尼經》)

其實，此處論女人樣態，實在數落女人之惡。認為女人多欲，種種妝扮，皆為迷惑勾引男性。經文的說法對於女性似乎存著相當深的歧視心態。「諸善男子善女人等，聽是大乘《大涅槃經》，常應呵責女人之相求於男子。」〔註177〕使其知自節制。正因為女人八十四態使人有欲想，因此在佛戒中，便有數條是特別針對儀態而發：

> 爾時大愛道便受十戒為沙彌尼，何等為「十戒」？……二者，……不得服飾衣珍寶之衣，不得著珠環瓔珞；不得坐高床幃帳之中，若有此想為不清淨。衣取蓋形，莫用文采。……七者，沙彌尼盡形壽不得采畫，不得金縷繡，不作織成衣與他人，不得坐高床上低帷而坐，不得照鏡自現其形相好不好？……華香脂粉無以近身，常念欲態垢濁不淨，自念婬惡萬事百端。(《大愛道比丘尼經》)

〔註177〕曇無讖譯《大涅槃經．大般涅槃經如來性品》。

由上面沙彌尼戒看來，佛教要求比丘尼儀容素樸，不加華飾。以免興起欲態，垢濁不淨。戒律企圖由形體的素樸，達到止欲的目的。即使在家一樣「無以綺飾幽妙之姿，育養媚色迷惑丈夫」(《大愛道比丘尼經》)。對於女身的垢辱、不淨之說，釋恆清稱此為「修行上的女性厭惡主義」。然對大乘佛教來說，女身則無所謂淨與不淨之分，緣起性空，色即是空，女身女相亦然，天女曾與舍利弗對話：

> 舍利弗言：「汝何以不轉女身？」天曰：「我從十二年來，求女人相了不可得，當何所轉？譬如幻師化作幻女，若有人問何以不轉女身，是人為正問不。」舍利弗言：「不也，幻無定相，當何所轉。」天曰：「一切諸法，亦復如是，無有定相。」云：「何乃問不轉女身？」即時天女以神通力，變舍利弗令如天女，天自化身如舍利弗，而問言：「何以不轉女身？」舍利弗以天女像而答言：「我今不知何轉而變為女身。」天曰：「舍利弗，若能轉此女身，則一切女人亦當能轉，如舍利弗非女而現女身，一切女人亦復如是。雖現女身而非女也，是故佛說一切諸法非男非女。即時天女還攝神力，舍利弗身還復如故。天問舍利弗：「女身色相今何所在？」舍利弗言：「女身色相無在、無不在。」天曰：「一切諸法亦復如是，無在無不在。夫無在無不在者，佛所說也。」(《維摩詰所說經．觀眾生品第七》)

一切諸法，無在無不在。身相亦在亦不在。對於形相，自然無女身染淨問題，因為皆是虛相。頓悟心淨，身形何所置意，故女子即身可成佛無疑。關於「女身垢穢」之說，實合心知性情而斷，與才性關係密切，續論之：

性情方面，佛教認為「女子多欲，易陷情苦」，如《佛說父母恩重難報經》便云：「世間女人，短於智力，易溺於情。」此外佛典之中有些單方數落女子多欲，無時不想勾引男子以足性欲，誇張程度，令人詫異：

> 復次善男子：若善男子善女人等，無有不求男子身者。何以故？一切女人皆是眾惡之所住處。復次善男子，如蚊子尿不能令此大地潤洽，其女人者，婬欲難滿亦復如是。譬如大地一切作丸如葶藶子，如是等男與一女人共為欲事猶不能足；假使男子數如恒沙與一女人共為欲事猶不能足。善男子，譬如大海一切天雨百川眾流皆悉投注，而彼大海未曾滿足，女人之法亦復如是；假使一切為男者與一女人共為欲事而亦不足；復次善男子，如阿叔迦樹波吒羅樹迦尼迦樹，

春花開敷，有蜂唼取色香細味不知厭足，女人欲男亦復如是不知厭足。(《大涅槃經．如來性品第四之六》)

所言女欲之重，無以復加。佛教以解脫離苦為志，女子相較於男情，陷溺情苦復以欲深難以自拔，故女實難解脫。上面說法，直以「性別論斷」，而不計個別性行之說，性別偏見甚明：

若有「女人」，能如實觀女人身過者，生厭離心，速離女身疾成男子。女人身過者，所謂欲瞋癡心并餘煩惱，重於男子。又此身中有一百戶虫，恒為苦患愁惱因緣，是故女人煩惱偏重，應當善思觀察。(《大涅槃經．憍陳如品》)

又「解脫」者，名滅諸愛不雜婬欲。譬如女人多諸愛欲，解脫不爾。如是解脫即是如來。如來如是無有貪欲瞋恚愚癡憍慢等結。(《大涅槃經．如來性品》)

才能方面，佛教中的小乘（保守派），認為「女智薄弱，溺情易遷」，「男才勝女」。小乘認為女身羸弱不淨，情性多欲，至於女人才性，亦多偏見，多持「智低、性強、多欲」之說，六朝僧人尤其如此，前文曾引釋僧祐、竺法汰論女子才性之文〔註178〕，主張女人「智弱」，應屬小乘之說，六朝男僧，似多此見，再舉釋慧皎：「尼眾易從，初稟其化。夫女人理教難愜，事跡易翻。聞因果則悠然扈背，見變術，則奔波傾飲，隨墮之義即斯謂也。」〔註179〕釋慧皎認為尼眾女人即使學法，亦屬「隨墮」之類，明顯貶抑女子才性否定女子也有辯智以明是非。正因為佛教以女智低下，經文每有要求丈夫男子教訓妻女之辭：「在家之人，有四種法，宜應修習：一者恭敬父母，盡心孝養；二者恒以善法，訓導妻子。……」（法顯《大般涅槃經．卷上》）言下之意，男智較高，故應多訓導妻子。對於婦人之言，也多負面描述，以禁戒女人不犯口業。在《大愛道比丘尼經》中所舉出的「八十四（惡）態」，其實有很多涉及「婦言」的內容，基本上，認為女人嘴中吐不出好話，心毒蛇蠍：

……女人輕口喜罵，詈疾快遂非，是二十九態；……女人以實為虛，喜說人過，是三十九態；……女人喜讒人自媚，以德自顯，是四十

〔註178〕「然女人之性，智弱性強。一受偽教，則同惑相挺。」(釋僧祐〈小乘迷學竺法度造異儀記〉)「然女人之心弱而多放，佛達其微，防之宜密，是故立戒每倍於男也。」(竺法汰〈比丘尼戒本所出本末序〉)

〔註179〕釋慧皎《高僧傳．譯經下．論曰》。

> 二態；女人喜敗人成功，破壞道德，是四十三態；女人喜私亂，妖迷正道，是四十四態；女人喜陰懷嫉妒，激厲謗勃，是四十五態；女人論評誹議，推負與人，是四十六態；女人又巨說謗正道，清淨之士，欲令壞亂，是四十七態；女人喜持人長短，迷亂丈夫，是四十八態；……女人喜醜言惡語，不避親屬，是六十三態；……女人喜自可，惡態醜斁，言語無次，是六十五態；……女人喜繚戾自用，輕毀丈夫，言不遜慎，是六十八態；……女人喜咀賴弊惡，毀傷賢士，諂詭姿則惑亂道德，是七十態；女人喜詭黠諛諂，謂人不覺，是七十一態；……女人喜罵詈風雨，向竈呪咀，惡生好殺，無有慈心，是七十三態；……女人能除此八十四態者，無不得度，無不得道，無不得佛也。（《大愛道比丘尼經》）

佛經對於出口之禍，剖析甚多，對於惡口的對治之方，便是列為戒律，極力奉行：

> 爾時大愛道便受十戒為沙彌尼，何等為「十戒」？……四者沙彌尼，盡形壽至誠有信，心直為本，口無二言。不得兩舌說道姦非，不得惡罵詈中傷他人，妄言綺語，前譽後毀，證入人罪。不得誹謗於他人，是不是好不好，徐語惟正乃宣，不正無宣也。若人說法，一心聽之，思念要義，意以為慶，大士處世，斧在口中。所以殺身，皆由惡言，恣心快語，乃致禍患。撿身口意，災當何緣，智者所達，自守節一心，有犯斯戒，非沙彌尼也。……不得大笑而語，不得高聲大語，語時當軟聲。（《大愛道比丘尼經》）

佛教透過戒律，令女人自省、自我責求口德，以脫離女人惡態，早日證果。這是消極的避口業；其實如言正道，辯論亦可。大乘經典，對於婦言，雖未公推，然佛經中多位女性藉辯明理，無不顯示其「悟性高超」與「辯才無礙」。敬信賢女，或出家比丘尼，若離諸惡，開口「辯經」，是受到佛教肯定的。尤其六朝清談辯論甚盛，上座宣講屢聞，其中流程中也有辯論，六朝比丘尼友善談講說者，為數不少。佛經之中，亦往往以對辯形式呈現義理，法藏比丘發願時提到：「說法善巧，辯才無礙」〔註 180〕，足見佛教對於言辯之才的重

〔註 180〕「時，法藏比丘，稽首禮足，繞佛三匝，合掌而住，白佛言：「世尊，我已攝取莊嚴佛土清淨之行，唯垂聽察。……第十願：設我得佛，國中天人，若不悉得廣長舌，說法善巧，辯才無礙者，不取正覺。」（《無量壽經》）

視。而大乘經典中主張「即身成佛」的多位女菩薩，他們舌戰男性尊者，辨才無礙，解法又深，以下舉龍女與天女之例：

> 文殊師利言：「有娑竭羅龍王女，年始八歲，智慧利根善知眾生諸根行業，得陀羅尼，諸佛所說甚深祕藏悉能受持，深入禪定了達諸法，於剎那頃發菩提心。得不退轉，辯才無礙。慈念眾生，猶如赤子。功德具足，心念口演。微妙廣大，慈悲仁讓。志意和雅，能至菩提。」……
>
> 時維摩詰室有一天女，見諸大人聞所說法便現其身，即以天華散諸菩薩大弟子上。華至諸菩薩即皆墮落，至大弟子便著不墮，一切弟子神力去華不能令去。爾時天女問舍利弗：「何故去華？」答曰：「此華不如法，是以去之。」天曰：「勿謂此華為不如法，所以者何？是華無所分別，仁者自生分別想耳。若於佛法出家有所分別為不如法，若無所分別是則如法。觀諸菩薩華不著者，已斷一切分別想故。……已離畏者一切五欲無能為也，結習未盡華著身耳。結習盡者華不著也。」……（《維摩詰所說經．觀眾生品第七》）

文中的天女與龍女以女身出現，且不以女身為礙，說法精深，男性亦為折服。「悟性高超」與「女才無礙」於此可見。至於女子與「婦功」，佛教認為本非天經地義，是女人多情受縛不自知所自致。

（三）批判女職，歸心玄宗

1. 脫卻妻職與婚姻羈束：在《比丘尼傳》中，曾有女子對傳統婚姻制度提出質疑，問得勇敢而有智慧，有女性的自覺意識浮顯。如安令首：

> 令……雅性虛淡，不樂人間，從容閑靜，以佛法自娛，不願求聘。父曰：「汝應外屬，何得如此？」首曰：「端心業道，絕想人外，毀譽不動，廉正自足。何必三從，然後為禮？」父曰：「汝欲獨善一身，何能兼濟父母？」首曰：「立身行道，方欲度脫一切，何況二親耶！」忡以問佛圖澄，……澄曰：「是君女先身，出家益物，往事如此。若從其志，方當榮拔六親，令君富貴。」（《比丘尼傳．偽趙建賢寺安令首尼》）

安令首認為禮有多端，孝親有道，何必一途？又如妙相（張珮華），年十五，適太子舍人北地皇甫達。達居喪失禮，相惡之，告求離絕，因請出家。勇於主動要求離婚，不將一生託諸不義之人，追求自我實現；明智有定見，不似一般女子自悲茫然。或找藉口挑毛病，以辭婚姻，如「晉曇備少有清信，願修正法。……年及笄，嫁微幣、弗許。母不能違，聽其離俗。」晉僧基秉願出家，母氏不聽，密以許聘，迎親女覺，絕糧不食，水漿不下。親屬禁請，意不可移。至於七日，母呼女婿，婿敬信，見婦殆盡，謂婦母曰：「人各有志，不可奪也。」母即從之，因遂出家。劉宋僧端，門世奉佛，姊妹篤信，誓願出家，不當聘綵，而色之美，有聞鄉邑。富室湊之，母兄已許。臨迎之三日，宵遁佛寺。婿為牛所觸亡，因得出家。梁法宣尼，世奉正法，幼而有離俗之志。年始七歲，蔬食苦節。及年十八，……騄有媒聘，誓而弗許，至年二十，父母攜就剡齊明寺德樂尼，改服從道。諸女皆以堅定決心拒婚，在她們心中，婚姻自然不是必要。不過礙於傳統禮制對於人生任務的規定，這些女性的出家路程並非全然平順，婚姻壓力、女性弱勢，常生橫逆。梁慧木十一即出家，年長遇感異之事，兄遇聞知，乃詐之曰：「汝為道積年，竟無所益。便可養髮，當為訪婿。」慧木聞之心愁，因述所見，即受具戒。佛經中，早為婚姻本質及束縛諸苦剖析甚明：

> 世間女人，短於智力，易溺於情。生男育女，認為天職：每生一孩，賴乳養命。乳由血變，每孩飲母八斛四斗甚多白乳；所以憔悴，骨現黑色，其量亦輕。(《佛說父母恩重難報經》)

佛教教人解脫離苦，女子相較於男，情深易陷，永難解脫，因此，婚姻實非人生必需。而女子也不必以婚姻作為個人存在價值的唯一依歸，而佛教提供女子另一處身心安頓所在。因此六朝出家女性不少，甚至有集體出家者：

> 初立佛寺同梵福量・司空陽城侯劉峻・與諸官人士庶等千餘人出家。四岳諸山道士呂惠通等・六百二十人出家・陰夫人王婕妤等・與諸宮人婦女二百三十人出家・便立十寺・七所城外安僧・三所城內安尼・自斯已後廣矣。(〈義法師答范伯倫書并范重答/答義公〉,《弘明集・卷12》)

2. 婦功勞瘁，心力困縛：對於世俗本份及「女職」對於女子身心的折磨，佛經用了極大篇幅說明，欲要女子勘破執悟，全心修行，解脫女職束縛與無意義無止期的「苦役」：

> 又觀此身，猶如婢使不得自在，恒為男女衣服飲食、家業所須之所苦惱，必除糞穢涕唾不淨，……又復女人雖生在王宮，必當屬他。盡其形壽，猶如婢使隨逐大家；亦如弟子奉事於師，又為種種刀杖

> 瓦石手拳打擲、惡言罵辱，如是等苦不得自在，是故女人應於此身生厭離心；又此女身，常被繫閉，猶如蛇鼠在深穴中不得妄出。又女人法制不由身，常於他邊稟受飲食衣服花香，種種瓔珞嚴身之具、象馬車乘，是故應當厭離女身。又此女身，為他所使不得自在，執作甚多：搗藥舂米，若炒若磨，大小豆麥，抽毳紡疊，如是種種苦役無量，是故女人應患此身。欲求永離如是眾苦。當以此法教示餘人，常念如來所言誠實。讚歎出家。能報佛恩。當發此心，願離女身速成男子。於佛法中出家修道，不復貪求花鬘瓔珞遊戲園林，衣服飲食嚴身之具。(《大涅槃經．憍陳如品第十三之二》)

生兒育女，並非天職，是短於智力，陷溺情欲的結果。又世俗女子每貪求花鬘瓔珞遊戲園林，衣服飲食嚴身之具」而自陷「不得自在」、「為他任使」的無窮苦役，即使身愛王宮，亦不得脫卻；唯一辦法便是「於佛法中出家修道」，發心離開女身，不再為人婢使，不必再為男女衣服飲食、家業所須之所苦惱。苦役無量，實非人生必需必遇。

基於對女子才性「女身」的理解，在教團組織上，似乎反映對婦女地位的貶抑。佛教中「八敬法」是貶低女尼地位的不平等法。基於對女身（才性）的看法（女體弱、多情易放、欲男……），除在戒律上，多設戒以防之之外，也立八敬法以防制女失，在「僧尼制度」中，八敬法的確看得出歧視女性的傾向，但也藉由女尼禮敬請益男僧的制度中，形成對比丘尼女身的保護與禁戒。終究，女身嬌小，體力較弱，易受侵害。八敬法起自大愛道。大愛道為歷史上第一位比丘尼，本為佛祖姨母，養育佛祖長大成人，當大愛道欲出家修佛，佛祖十分為難，說女人出家，將使佛法流轉少卻五百年〔註181〕。後經阿難屢次陳請，方以「八敬法」為條件，聽其出家。因此在佛教成立初期，「八敬法」制度〔註182〕，即已確立，造成比丘尼僧團地位永遠低於比丘的情況，

〔註181〕若使女人，不於我道作沙門者，佛之正法，當住千歲興盛流布，歸留一切悉蒙得度，今以女人在我法中為沙門故，當除滅五百歲壽法消衰微，所以者何？……女人有五處，不得作沙門。何等為五處？女人不得作如來至真等正覺，女人不得作轉輪聖王，女人不得作第七梵天王，女人不得作飛行皇帝，女人不得作魔天王。如是五處者，當皆丈夫得作為之尊，丈夫得作佛，得作轉輪聖王，得作天帝釋，得作魔天王，得作梵天王，得作人中王。(《大愛道比丘尼經》)

〔註182〕詳見《大愛道比丘尼經．卷上》:「佛告阿難，假使母人（大愛道）欲作沙門者，有「八敬」之法不得踰越，當盡形壽學而持之，自紀信解專心行之。……

八敬法內容簡列如下：

一、雖是受具足戒多年的百歲比丘尼，也應該禮敬營請剛受完具足戒的比丘。

二、比丘尼不得罵詈譏謗比丘。

三、比丘尼不可舉發比丘或見或聞或疑的過失，但是比丘可舉發比丘尼過失。

四、二年學法完畢後，於兩眾（比丘、比丘尼）請受具足戒。

五、比丘尼犯僧殘罪，應在二部僧中，半月舉行摩那　。

六、每半個月從比丘請教誡問布薩。

七、不得於無比丘處安居。

八、安居結束後，於兩眾（比丘、比丘尼）行自恣。

女尼與比丘來往，有八敬法及佛戒規律著，就制度上，的確有壓抑歧視女性的情況，這是一種「制度上」的男性優越主義。不過這是教團內部男女高下地位之分；若將活動場域擴及六朝寺外與方內，比丘尼的社會待遇，與男僧無別。俗眾居士，對於僧與尼，同樣禮敬。六朝王室和達官重視尼僧，是比丘尼現象得到迅速發展的主因。她們出入宮闈，受皇室推崇，官宦襄助。六朝君主，幾乎代代有人重尼。由於六朝女尼的人數之眾與傑出表現，改變時人觀感，故家長對於女子奉佛，多持肯定態度。就六朝比丘尼的社會待遇來看，

其已能如是者，可得入我法律戒中也。何謂為八敬？一者比丘持大戒，母人比丘尼當從受正法，不得戲故輕慢之，調欺咳笑、說不急之事，用自歡樂也；二者比丘持大戒，半月以上，比丘尼當禮事之，不得故言新沙門勞精進乎，今日寒熱乃爾耶，設有是語者，便為亂新學比丘意；常自恭敬謹勅自修，勸樂新學，遠離防欲，憺然自守；三者比丘比丘尼，不得相與並居同止，設相與並居同止者，為不清淨。為欲所纏，不免罪根，堅當自制明斷欲情，憺然自守；四者三月止一處自相撿挍，所聞所見當自省察，若邪語受而不報，聞若不聞，見若不見，亦無往反之緣憺而自守；五者比丘尼不得訟問自了，設比丘以所聞所見，若比丘有所聞見，訟問比丘尼，比丘尼即當自省過惡，不得高聲大語，自現其欲態也，當自撿挍憺而自守；六者比丘尼有庶幾於道法者，得問比丘僧經律之事，但得說般若波羅蜜，不得共說世間不急之事也。設說不急之事者，知是人非為道也，是為世間放逸之人耳，深自省察憺而自守；七者比丘尼自未得道，若犯法律之戒，當半月詣眾僧中自首過懺悔，以棄憍慢之態，今復如是自恥慚愧，深自省察憺而自守；八者比丘尼雖百歲持大戒，當處新受大戒比丘下坐，當以謙敬為作禮。是為「八敬」之法。我教女人，當自束修不得踰越，當以盡壽學而行之。假令大愛道，審能持此八敬法者，聽為沙門。」

修行精苦，道行高深比丘尼的確受到社會普遍尊崇，無分帝王、后妃、貴族，如：齊曇徹尼，才堪機務，尤能講說。剖毫析滯，探賾幽隱。諸尼大小，皆請北面。隨方應會，負帙成群。五侯七貴已下，莫不修敬。齊妙智尼，齊武皇帝敕請智講《勝鬘》、《淨名》。開題及講，帝數親臨，詔問無方。智連環剖析，初無遺滯。帝屢稱善，四眾雅服。梁惠暉尼，於十餘年中，鬱為義林。京邑諸尼，無不師受。法筵頻建，四遠雲集。講說不休，禪誦無輟。王公貴賤，無不敬重。古正美認為此與中國佛教經典多採大乘有關，雖用小乘戒律修行，然而二者各依情況施用，較少損及比丘尼的地位〔註 183〕。

五、道教「仙人無種」說

道教自東晉以後，流行於貴族之間，奉道的門第不少，因而受其教義影響，進一步反映在教女態度上者，似乎極有可能。如東晉二大世家王氏，便世代信奉天師道，其家門之內出現的才女與智婦也特別多，東晉兩大才女鍾琰與謝道韞皆嫁入王家，以及頗有名士思維的郗氏〔註 184〕，我們皆不難在六朝文獻中，尋獲她們聲音。她們與丈夫的應對，絕少曲從柔曖之態，道韞曾在娘家大肆批評其夫，鍾琰與王渾閒坐時對夫婿的排調，以及顧念娘家尊嚴的郗氏，對丈夫慢易接待其弟，深表不滿，乃令二弟無復再來，以免自取其辱。在此我並非想要評斷三女得失是非，而是好奇，容許她們如此有個性的王家，有何特殊之處，令諸女得以保有「自己」？從有關鍾琰、謝道韞及郗夫人的言行記載及其作品中，不難發現她們頗有老莊道家之風；三位女子亦皆高門之女，這些都可能是他們之所以有個性，得以發言、展才的原因，然而其夫的容受態度，對於女子的尊重，個人以為相當難得。是家風？是玄學所致？還是與其天師道的家庭特殊背景有關？似乎皆有可能。就陸修靜《道門科略》對「三會」的介紹，其中有全家皆入道籍以及會後，須聚家人男女傳喻祭酒訓誡，加上天師道不少齋醮祭典，媳婦們大概很難置身事外，因為必須具飲食備器皿以助祭〔註 185〕。大部份女子在嫁後，便為中饋女職所淹沒，從

〔註 183〕古正美〈佛教的女性歧視〉一文。

〔註 184〕《世說新語．賢媛 31》載王右軍夫人髮白齒落，但她認為齒髮屬乎形骸，不必在意；「至於眼耳，關於神明，那可便與人隔？」

〔註 185〕「宋葛濟之，句容人，稚川後也。妻同郡紀氏，體貌閑雅，甚有婦德。濟之世事仙學，紀氏亦同，而心樂佛法，常存誠不替。(《冥祥記》，《古小說鉤沈》，p.504)

此銷聲匿跡，才華盡藏，由六朝墓誌曾載女子婚前性好文學、音樂，婚後便全部拋卻之事可知〔註 186〕。如此觀來，王家媳婦的待遇似乎較好，包括寒門出身的郗氏（郗普女），因有母儀女德，同樣受到王家人崇敬，未因出身較低受到歧視〔註 187〕。因此對於王家女眷在夫家地位之崇高，自由出言的表現，令人不禁要聯想到：是否王家門風的通脫自由、尊重婦女，與道教有涉？這自然得有更直接有力的證據方能斷言。但在此可以細論的是：究竟道教的女性觀如何？對於女子的才性又有怎樣的看法？此種看法對於女子施展其才的可能影響為何？又可能給六朝女教帶來怎樣的作用？試為分析。

（一）天下悠悠，皆可長生

道教起自下層庶民，初期教義即主張長生成仙，人人可為，未分貴賤男女，甚至華夷。《太平經》在經典編集之際，即不嫌凡民、奴婢、夷狄之辭，頗具平等精神，經云：「天師之書，乃拘校天地開闢以來，前後聖賢之文，河圖洛書神文之屬，下及凡民之辭語，下及奴婢，遠及夷狄，皆受其奇辭殊策，合以為一語，以明大道。」（《太平經・卷 91》）。可為明證。葛洪也承認人人都有通過修煉服食金丹而成仙的可能，他引《玉牒記》：「天下悠悠，皆可長生也。患在猶豫，故不成耳。」（《抱朴子・黃白篇》）若能堅定信念勤求不已，才智、階級地位、種族、性別都不是問題。《魏書・釋老志》載牧土上師李譜文〔註 188〕來臨嵩岳，其誥文中提及：「又地上生民，末劫垂及，其中行教甚難。但男女立壇宇，朝夕禮拜，若家有嚴君，功及上世・其中能修身練藥，學長生之術，即為真君種民。」提出男女修道，可立壇宇，朝夕禮拜，功及上世，又可長生。此處言長生之術，兼言男女。可見男女成仙，並無差別。只看修身、練藥及學術精勤度而定，修道階次，不因性別而異，只有在修行方法

〔註 186〕如晉華芳婚前朗解五音，婚後不聽聲樂；北魏元氏婚前喜好吟詠，婚後棄文從女功。

〔註 187〕不似顏之推所言部分家庭以新婦出身不好，妝奩過少，便苛虐之。詳見《顏氏家訓・歸心篇》：「世有癡人，不識仁義，不知富貴並由天命。為子娶婦，恨其生資不足，倚作舅姑之尊，蛇虺其性，毒口加誣，不識忌諱。罵辱婦之父母，卻成教婦不孝己身，不顧他恨。但憐己之子女，不愛己之兒婦。如此之人，陰紀其禍，鬼奪其算。慎不可與為鄰，何況交結乎！避之哉！」（《顏氏家訓・歸心》）

〔註 188〕自云：「老君之玄孫，昔居代郡桑乾，以漢武之世得道，為牧土宮主，領治三十六土人鬼之政。」

上，因生理不同，男女功法稍異而已。〔註189〕如此看來，道教認為任何人都有可能成仙，問題在於他是否能堅持修煉：「仙人可學致，如黍稷之播種得，甚炳然耳。然而未有不耕而獲嘉禾，未有不勤而獲長生度世。」〔註190〕而且「其（長生）相傳皆有師，奉服食，非生知耳。」因此經由實例校驗，可知「長生之可得，仙人之無種。」（《抱朴子·仙藥》）「仙人無種，人人可長生」，便成為道教才性觀念的一部分——對於人之「才性」的一種肯定。就入教標準來看，亦相當寬鬆，《老君音誦戒經》載奉道受戒儀式云：「諸男女官見吾誦誡科律，心自開悟，可請會民同友，以吾誡律著授上，作單章表奏受誡。」（《老君音誦戒經·奉道受戒》）意指無論男女見此戒經，假使願意信道，即可請已入道者向道官（祭酒、師君之類）說明意願，即可按照戒經受戒奉道。

自早期道教以來，從原則上說，似乎多主「神仙積學所致」看法〔註191〕；葛洪著《抱朴子》勸人勤求，多持此說：

> 或問：「古之仙人者，皆由學以得之？將特稟異氣邪？」葛洪答曰：「是何言邪？彼莫不負笈隨師，積其功勤，蒙霜冒險，櫛風沐雨，而躬親灑掃，契闊勞藝，始見之以信行，終被試以危困，性篤行貞，心無怨貳，乃得升堂以入於室。」（《抱朴子·極言篇》）

意謂雖然人人（女）有成仙長生之可能，但須靠勤求。勤求的目標是「得道」，因為仙凡之別正在於「道」。至高至善的道是天地萬物之根源與主宰，是一切

〔註189〕張珣〈幾種道經中對女人身體描述之初探〉一文專談道教的女性身體觀，基於男女生理構造之不同，也相應有不同的女性修煉功法——即女丹。清淨散人孫不二有《坤道功夫次第》（收於《正統道藏·洞真部·補遺·方法類》）詳述女功秘訣有收心、養氣、行功、斬龍、養丹、胎息、符火、接藥、煉神、服食、辟穀、面壁、出神、沖舉等法。此外《道藏》尚有《坤寧經》、《坤元經》、《女功正法》、《女真太陰煉形訣要》也都強調斬赤龍、保元精、斷障欲、斬情魔之重要。其中如「斬赤龍」，便是針對女性生理特徵而加修的功法。其目的在於使女性內部生理特性（期）減卻終止，漸與男同，女身須在斬赤龍之後，才開始進入更上階層之修煉。（《思與言》35：2，p.253～256。案：所謂赤龍，女血也。「男以腰為腎，女以血為腎。男為精，其色白名白虎；女為血，其色赤名赤龍。」

〔註190〕《抱朴子·仙藥》。

〔註191〕漢末陰長生《自序》：「不死之要道在神丹，行氣導引，俯仰屈伸，服食草木，可以延年，不能度世，以至乎仙。子欲聞道，此是要言，積道所致。」葛洪在《抱朴子》內篇中，偶而會提及「仙人秉異氣」之說，然更多地方強調積學勤求之功。

事物應行的法則，是人們崇敬的神聖對象，因此人得道可以成神仙，可以致太平：「人無道之時，但人耳；得道則變易成神仙。」〔註 192〕、「得道者，則當飛上天。」〔註 193〕至於要成仙得道，「唯須篤志至信，勤而不怠，能恬能靜，便可得之，不待多才也。」〔註 194〕點出成仙與先天智慧高低的相關性並非絕對，凡人勤求，專心修鍊，仍有成功之期。葛洪還曾特別比較過仙人與聖人之別，他說周孔聖人〔註 195〕，皆是「治事」之聖人（而非「得道」之聖人），才高多能，多事忙碌，反而無暇靜處修道，因此「聖人不必仙，仙人不必聖」。至於勤求成仙之法，「以藥物養身，以術數延命，使內疾不生，外患不入，雖久視不死，而舊身不改。苟有其道，無以為難也。」（《抱朴子・仙論》）此外，還要努力行善以積功德，虔誠禮拜以求天神護祐。〔註 196〕此外藉由修鍊，也可使自己不好的秉性得到改善。《太平經・賢不肖自知法》云：「夫人愚學道而成賢，賢學不止聖，聖學不止成道，道學不止成仙，仙學不止成真，真學不止成神，皆積學不止所致也。」〔註 197〕說明自己雖才不高，性不清，但可藉修行得道，修煉過程正是一個益善補失方式：

> 受氣各有多少，盡遲，少者其竭速。其知道者而補救之，必先求復故，然後方求量表之益。……故治身養性，務謹其細，不可以小益為不平而不修，不可以小損為無傷而不防。凡聚小所以就大，積一所以至億也。若能愛之於微，成之於著，則幾乎知道矣。（《抱朴子・極言》）

「其知道者而補救之，必先求復故」，想要藉修鍊以變化氣質，則須先復故，了解自己本質長短。

（二）男實女虛，陰陽和合

一般而言，受教育或修鍊的目的皆在長善救失，增益其不能。因此了解女子才性特質有助於修鍊。關於女子才性，道教將男女性別與自然陰陽之理對應起來，據以分析男女地位與關係，及女子性情特色與社會職份。

〔註 192〕《太平經・真道九首得失文訣》。
〔註 193〕《太平經・包天裹地守氣不絕訣》。
〔註 194〕《抱朴子・辨問》。
〔註 195〕世人以人所尤長，眾所不及者，便謂之聖。（《抱朴子・辨問》）
〔註 196〕第一章寺志教育也有論及，可一併參看。
〔註 197〕此處將人神等級分為七等，但在太平經中通常分為九等（如《太平經・經鈔・丁部中》），有時也分為十等（如《太平經・守一入室知神戒》），詳見湯一介《魏晉南北朝時期的道教》，p.65。

生理方面，男實女虛，故男尊女卑：道教論男女，也用「陰陽說」進行論述，且認為比法乃聖人睹天法象所得：「天之格分也，陽者為天、為男、為君、為父、為長、為師；陰者為地、為女、為臣、為子、為民、為母。」(《太平經．天讖支干相配法》)然而為何男人是陽，女人是陰？似乎少見正式完整的解釋，往往只知其然，不知其所以然。有以力氣之大小作區分者，有女權者謂是男權制作之故；但道經則以男女生理特徵作為陰陽屬性的起源：

> 夫天名陰陽男女者，本元氣之所始起，陰陽之門戶也。人所受命生處，是其本也。故男所以受命者，盈滿而有餘，其下左右，尚各有一實。上者盈滿而有餘，尚常施與下陰，有餘積聚而常有實。上施者應太陽天行也，無不能生，無不能成。(《太平經．陽尊陰卑訣》)

> 陰為女，所以卑而賤者，其所受命處，戶空而虛，無盈餘，又無實，故見卑且賤也。(《太平經．陽尊陰卑訣》)

「男所以受命者，盈滿而有餘；女所受命處，戶空而虛」從男女身體生殖器官之形體特徵，比附到作用之高下，男為施，為實；女為受，為虛，因為女虛，無此物，故卑而賤。必須仰仗外來施與而後能生。〔註198〕正因為如此，所以儘管女子的頭面四肢就算長得比男子更好，地位還是卑賤，原因就在於「無實」：

> 念女之頭目面耳支體，俱與男等耳；其好善尚乃或好於男子，而反卑賤者，此也。男子其頭面肢體，其好善不及女也，而名尊且貴者，正以此也。(《太平經．陽尊陰卑訣》)

道教認為女子支體——頭面四肢雖與男子相同，「好善」或好於男子，但「地位」下於男子，形成男尊女卑觀念的原因正在於「男實女虛」〔註199〕。道經以男女生生理構造上的差異，作男尊女卑的根據。

〔註198〕當然這是父權社會的解釋方式，若在母系社會時代，同樣的生殖過程，可以有完全相反的解釋。母系初民崇拜女性的生殖能力，世界多處多有「大母神」（女性生殖神）的崇拜遺跡可證，天地能「生」萬物，女性能產子，故將天地生成作用、萬物根源稱作道，又稱為「母」。《太平經》已有人提出疑問，認為女子能生，腹中有子，哪得為空？問曰：「今女見懷妊，實如天師言，無實何也？」(天師答曰：)「噫……今女之妊子，陰本空虛，但陽往施化實於陰中，而陰卑賤畏陽，順而養之，不敢去也。」(《太平經．陽尊陰卑訣》)案：男性天師仍從「男尊女卑」觀點去解釋。

〔註199〕近於佛洛依德精神分析心理學中的「陽具欽羨說」。女性因無陰莖，故本身是一殘缺不全的個體，對於男性擁有陽具，心生羨慕，且對於自己的性別心生卑屈。

性情方面，女多欲而貪。因為女人在陰陽屬性上被劃歸為陰，伴隨陰屬性的事象便比附性情而來，而這些屬性通常是負面較多，如：

> 天道為法，以是分別人優劣，故知之也。……故含五性多者象陽而仁，含六情多者象陰而貪，受陽施多者為男，受陰施多者為女。……故凡人生者，在其所象何行之氣，其命者繫於六甲何曆，以類占之，萬不失一也。（《太平經．忍辱象天地至誠與神相應大戒》）

> 實者，核實也，則仁好施，又有核實，故陽得稱尊而貴也；……本空虛無實核，常不足而反好求者為惡人，為賤人，此之謂也。（《太平經．陽尊陰卑訣》）

女子受陰氣較多，故性多情而貪，且根據虛實之理，陰「本空虛無實核，常不足而反好求」，因性行較差不佳，所以為惡人，為賤人，這是女子地位卑下的另一因。不過，儘管男尊女卑，道經仍對女人的重要性相當強調，而其著眼點在於情欲的滿足與傳衍的任務，即對女人的工具性質有極深的體認：

婦女定位方面，道教相當重視自然欲求與人類傳衍，視婚姻為人必須，不可因講貞行，便廢人事。《抱朴子．內篇．辨問》云：「男女飲食，人之大欲存焉。是以好色不可諫，甘旨可忘憂。」《太平經》也說「飲食與男女相須，二者大急。……所謂天道大急者，迺謂絕滅死亡也，急無過此也。」〔註 200〕至於那些「絕穀棄美，不畜妻妾，超然獨往，浩然得意， 顧影含歡，漱流忘味者」，那是他個人的選擇，即使修鍊情況下，「人情莫不愛紅顏豔姿，輕體柔身，……人各有意，安可求此以同彼乎？」若廢人事「貞男乃不施，貞女乃不化也。陰陽不交，乃出滅無世類也。二人共斷天地之統，貪小虛偽之名〔註 201〕，反無後世，失其實核，此天下之大害也。」〔註 202〕又說「如男女不相得，便絕無後世。天下無人，何有夫婦父子君臣師弟子乎？以何相生而相治哉？天地之間無牝牡，以何相傳，寂然便空。」〔註 203〕男女不婚則無後代，人類便要絕種，男女不相得，社會制度則無從建立。故在某些道教教派中，乃將守身持貞不婚，視為過惡。原因無他：不孝有三，無後為大，而且必須是好後代。故（好）女人的重要性，《太平經》也不吝陳說：

〔註 200〕《太平經．事死不得過生法》。

〔註 201〕若委棄妻子，獨處山澤，邈然絕人理，塊然與木石為鄰，不足為多也。（《抱朴子．對俗篇》）

〔註 202〕《太平經．一男二女法》。

〔註 203〕《太平經．事死不得過生法》。

天地之間無牝牡，以何相傳，寂然便空。」（《太平經．事死不得過生法》）

比若夫婦子共為一家也，不可以相無，是天要道也。此猶若人有頭足腹，迺成一身，無可去者也；去之即不足，不成人也。（《太平經．卷一百三十七至一百五十三（壬部）》）

故有陽無陰，不能獨生，治亦絕滅；有陰無陽，亦不能獨生，治亦絕滅；有陰有陽而無和，不能傳其類，絕滅。故有天而無地，凡物無於止；有地而無天，凡物無於生；有天地相連而無和，物無於相容自養也。故男不能獨生，女不能獨養，男女無可生子，以何而成一家，而名為父與母乎？故天法皆使三合迺成。（《太平經．三合相通訣》）

夫天地各出半力，并心同欲和合，乃能發生萬物。……男女各出半力，同志和合，乃成一家。天地之道，乃一陰一陽，各出半力，合為一，乃後成一。故君與臣合心并力，各出半力，區區思同，乃成太平之理。（《太平經．卷一百三十七至一百五十三（壬部）》）

上文意旨無不強調生養子息、成家立業，皆須男女合同以完成的理念；單獨一性（人），是無法完成。若貪小虛名單身，則成罪人。其次，既然兩性須共力，因而彼此的對待，首重「樂喜」：

人莫不悅樂喜，陰陽和合同心為一家，傳相生。凡事樂者，無有惡也。凡陰陽樂，則生之始也，萬物所受命而起也，皆與人相似。男女樂則同心共生，無不成也。不樂，則不肯相與歡合也，怒不樂而強歡合，後皆有凶。（《太平經．卷 15．闕題》）

道教似乎很平等的還會考慮到男女相處的品質，且以「樂」為衡量標準，「凡事樂者，無有惡也」，若男女相處可樂，則能并力同心，則和悅中和之氣充滿〔註 204〕，女子順善，然後有善子〔註 205〕：

古者聖人取法於天，故男子須得順善女與為治，然且有善子。男者，君也；女者，臣也；子者，民也．故天命治國之道，以賢明臣為友，

〔註 204〕陶弘景《養性延命錄．御女損益第六》：「大恚怒後交接，令人發癰疽。……大喜怒皆不可行房室」。

〔註 205〕陶弘景《養性延命錄．御女損益第六》載彭祖交接生子之訣，認為如按其法行房，便能生子長命賢明富貴。

善女然後能和其子也，善臣然後能和其民也．善女然後能生善子，善臣然後能生善民，民臣俱好善，然後能長安其上也。(《太平經．三合相通訣》)

女子雖然位卑，然而卻很重要，不可或缺，因為人類繁衍重任，須靠男女二人同心合作方可成就，和樂交接生善子，善女教子成善，然後家國可安。因此女人，是一個位卑卻不可或缺，應和樂相待之人，因為如此方可達到滿足人欲，傳衍後代，生出好子，教成良民，而後家國可安〔註206〕。

（三）唯才是用，不限男女

道教對於婦女才性施用的看法，頗有與傳統禮教離合之處，以下且分二項分說：(1)是對世俗婚姻女職的態度：婦女施才，首先問題便是婚姻的羈絆問題。因為為妻為母，一直是傳統禮教對於女性生命價值的定位方式。道教因為派別甚多，教規及修行法門不盡相同，對於婚姻的看法，亦有差別。六朝著名的兩位道士——南方的陸修靜與北方的寇謙之，在二人所訂教規教儀中，便有「不婚離俗」的傾向。再就六朝「得道」女冠事跡來看，有多位女性傾向於不婚，然而這現象似乎又以南朝較為明顯。道教初期至東晉，如天師道、太平道及葛洪丹鼎一派，對於婦女修道，似乎都鼓勵採行修道、女職兼顧的立場。然而修仙本為個人之事，婚或不婚，恐怕須視父母家人觀念，教派歸屬，以及修道者個人對宗教生活的規劃而定。南朝宋玉賢無法違拂父母，改以在夫家拒婚的堅決態度表達修道意願，於李令稱、暨慧琰、錢妙真、王道憐等人〔註207〕，則是順利出家離俗，入山修道。至於魏華存，一心向道，但父母仍他嫁予劉文，婚後魏氏恪守婦職，他規劃的宗教生涯採取女職修煉並行的方式進行：

魏夫人者，任城人也，晉司徒劇陽文康公舒之女，名華存，字賢安。幼而好道，靜默恭謹。讀《莊》《老》三傳、五經、百氏，無不該覽。志慕神僊，味真耽玄，欲求沖舉。常服胡麻散，茯苓丸，吐納氣液。攝生夷靜，親戚往來，一無關見。常欲別居閑處，父母不許。

〔註206〕「天氣悅下，地氣悅上，二氣相通，而為中和之氣，相受共養萬物，無復有害，故曰太平．天地中和同心，共生萬物．男女同心而生子，父母子三人同心，共成一家，君臣民三人共成一國。」「男女相通，并力同心共生子。三人相通，并力同心，共治一家。……此皆本之元氣自然天地授命。凡事悉皆三相通，迺道可成也。」(《太平經．三合相通訣》)

〔註207〕詳見〈表9　六朝奉道女性表〉。

年二十四，彊適太保掾南陽劉文字幼彥。生二子，長曰璞，次曰瑕。幼彥後為修武令。夫人心期幽靈，精誠彌篤。

二子粗立，乃離隔宇室，齋於別寢。後眾真下降，而清虛真人王君為之師，授以《太上寶文八素隱書》《大洞真經靈書八道紫度炎光石精金馬神虎真文高僊羽玄等經，凡三十一卷。王君云此即昔南極夫人，西城王君所授也。景林真人又授夫人《黃庭內景經》。

其後幼彥物故，值天下荒亂，夫人撫養內外，旁救窮乏，亦為真仙默示其兆，知中原將亂，攜二子渡江。璞為庾亮司馬，又為溫太真司馬，後至安城太守。遐為陶太尉侃從事中郎將。夫人自洛邑達江南，盜寇之中，凡所過處，神明保佑，常果元吉。

二子位既成立，夫人因得冥心齋靜，累感真靈，修真之益，與日俱進。凡住世八十三年。以晉成帝咸和九年託劍化形而去。又云夫人在世嘗為女官祭酒。(〈南岳魏夫人傳〉)〔註 208〕

魏華存是晉代實存的人物，他本是魏舒之女，幼即好道，本想專志修道，然父許不許，只得步入家庭，成為人妻人母。但仍不廢修鍊之事，待二子成立，無後顧之憂，方得專力於道，晚年終於成仙，她的經歷是許多奉道女性的典型。就男性立場來看，他們雖不反對女人修道，但更希望妻女能善盡傳統女職。未盡好女職的修道婦女，可能會遭受極嚴重的後果。如東陵聖母，便因不理家務被丈夫扭送官府付獄〔註 209〕；同時，道教在某些戒律及修德要求上，也與世禮相去無幾，如在女德方面，道教不違世俗，不逆情好，對於男尊女卑，男剛女柔，男主女從，亦有部分吸收，以為女德要求：

女冠宋玉賢，會稽山陰人也。既稟女質，厥志不自專。年及將笄，父母將歸許氏。(馬樞《道學傳・卷 20》)

人君之心不暢達，天心不得通於下，妻子不得父之敕，為逆家也。(《太平經・和三氣興帝王法》)

……下古更熾祀他鬼而興陰，事鬼神而害生民，臣秉君權，女子專家，兵革暴起，奸邪成黨，諂諛日興，政令日廢，君道不行，此皆興陰過陽，天道所惡。(《太平經・事死不得過生法》)

〔註 208〕收入《顧氏文房小說》，轉引自陳國符《道藏源流考》。
〔註 209〕葛洪《神仙傳・卷 7》。

子未知也．天下之人有四窮……謂子本得生於父母也，既生，年少之時，思其父母不能去，是一窮也；適長巨大自勝，女欲嫁，男欲娶，不能勝其情欲，因相愛不能相離，是二窮也；既相愛，即生子，夫婦老長，顏色適不可愛，其子少可愛，又當見養，是三窮也；其子適巨，可毋養身，便自老長不能行，是四窮也。四窮之後，能得明師，思慮守道尚可。高才有天命者或得度，其次或得壽，其次可得須臾樂其身，魂魄居地下，為其復見樂。(《太平經．努力為善法》)

上面多條資料中，女不自專，男娶女嫁，及笄而行，從於父教，不得專家、生子養育……等觀念基本上與儒家女教幾乎相合，仍主女子柔順。由道教對婦女才性的看法裡，不難尋出道教合於世禮的情況。也正因為與世禮太近，如一夫兩妻制的觀念也在道經中被提倡，使道教的平等精神少卻許多〔註210〕。再從仙傳女傳觀察，在家亦能修真，無礙成仙，兼顧俗女職與修仙之事，也給予「在家婦女」修鍊的方便與機會。女性受限於傳統觀念對她們的要求，在婚姻生活中修道，若無家庭成員的支持，求仙之路就多波折。即使夫家不加阻撓，已接受婚姻安排的婦女，仍試著在人倫和仙道二者之間尋求一個平衡，所以在仙傳出現了以傳嗣為念，生子、育子，等到職責完成才放心登仙的想像情節。

〔註210〕「一夫二女」之法《白虎通義》已有，但道教另有其理由——應天數。分別引文於下。《白虎通義．嫁娶》:「卿大夫一妻二妾者何？尊賢重繼嗣也。不備姪娣何？北面之臣賤，勢不足盡人骨肉之親。士一妻一妾何？下卿大夫，禮也。」《太平經．一男二女法》:「陰陽所以多隔絕者，本由男女不和。男女者，乃陰陽之本也。夫治事乃失其本，安得吉哉？……太皇天上平氣將到，當純法天。故令一男者當得二女，以象陰陽。陽數奇，陰數偶也。迺太和之氣到也。如大多女，則陰氣興；如大多男，則陽氣無雙無法，亦致凶，何也？人之數當與天地相應，不相應力而不及，故得凶害也。」又見於《太平經．分別貧富法》:「慎吾書言，以示凡人，無肯復去女者也，是則且應天地之法也，一男者得二女也。故天制法，陽數者奇，陰數者偶。大中古以來，人失天道意，多賊殺之，迺反使男多而女少不足也。大反天道，令使更相承負，以為常俗。……夫男者迺承天統，女者承地統；今迺斷絕地統，令使不得復相傳生，其後多出絕滅無後世，其罪何重也！」案:「上天制法，陽數者奇，陰數者偶」，所以理想狀況當是「兩女事一夫」。倘若殺女，使女人減少，則無法達成天理:「兩女事一夫」的要求，且是違滅地統的行為，前半截言一夫二女為天制，有為一夫多妻父權鞏固學說情形，至於戒殺女嬰則有其進步成份在，只是用殺女，數量不合一夫二女所需，理由在今天看來就有些牽強了。

（2）用人唯才，不分男女，婦女可任道教職官〔註 211〕：從女職問題上看，道教的女子才性觀念似乎有些保守，然若就道教的現實施行來考察，則其才性觀念，又顯得開通自由。道教不忌女子擔任「祭酒」，婦女可以參與教內事務，及自立治所（天師授權後）。翻開女傳仙傳觀察道教女子形象，整體而言，仙傳〔註 212〕基本上呈現出女性對道教神仙信仰的理念、奉道的堅定以及她們修道生活的幾個面相。在教團組織與道教科儀中，明文規定女性可為道教職官，且為事實。天師傳道，各治設有男女官祭酒，且有昇遷之法：

> 立二十四治，置男女官祭酒，統領三天正法：化民受戶，以五斗米為信，化戶百萬戶，人來如雲。制作科條，章文萬通，付子孫，傳世為國師。（陸修敬《道門科略》）
>
> 學久積德，受命為天師署男女祭酒二千四百人，各領戶化民。（《要修科儀戒律鈔・卷 10》引《太真科》）
>
> 言治典，二十四治。治有二十四人，官有二十四職。……男官女官二十四官，男職女職二十四職，男氣女氣二十四氣。（唐・張萬福）〔註 213〕

以上顯示道教設置女官，已成定制，非一時興到或少數天師所使而已，既不會因人而易，且有員額規定。至於昇遷，教內有明文規定。如《正一法文外籙儀》謂已受某官籙，在治效勤若干年，得為書吏。〔註 214〕又陸修靜《道門科略》載有科教昇遷明文：

> 民有三勤為一功，三功為一德。民有三德，則與凡異。聽得署籙，受籙之後，須有功更遷，從十將軍籙階，至百五十。若籙吏中有忠良質朴，小心畏慎，好道翹勤，溫故知新，堪任宣化，可署散氣道士。若散氣中能有清修者，可遷別治職任。若別治中復有精篤者，可遷署遊治職任。………若救治天下萬姓，扶危濟弱，能度三命，進上八之職。能明練道氣，救濟一切，消滅鬼氣，使萬姓歸伏，便拜陽平、鹿堂、鶴鳴三氣治職。當精察施行功德，採求職署。……

〔註 211〕參考李玉芬〈道教傳記中的女性〉。

〔註 212〕如《道學傳》、《墉城集仙錄》、《神仙傳》、《列仙傳》等。

〔註 213〕唐張萬福《醮三洞真文五法正一盟威籙立成儀陽平治都功治籙》附記，轉引陳國符《道藏源流考》，p.341。

〔註 214〕《道門科略》、《正一法文外籙儀》昇遷之文，詳見陳國符《道藏源流考》，p.343。

《墉城集仙錄》也載：「劉春龍，郭淑香並不知何許人也。以其先世有陰德，故皆得遁化練景入華陽易遷宮中。劉春龍、竇瓊英、韓太華、李奚子，並天姿嚴麗，儀冠駭眾，才識偉鑠。皆得為明晨侍郎，以居洞中。」文末提到「侍郎之任，以良才舉之，不限男女也。」此語正可顯現道教組織中用人唯才，昇遷有制度，不論男女皆用的態度。

因為仙人無種，故僅因才性勤惰定高下，而無性別之分。在道教中，婦女宗教成就勝於男性，時有所見，以女性作為天師傳人或教派創始者，更在道教時有所聞。南北朝天師張道陵後裔可考者，據《茅山志・卷 15》載：「天師九世孫張玄真，道兼三洞，德流四遠。天師十世孫張景濣，容行識業，秀挺超群。天師十世孫蜀郡張智明。天師十世孫蜀郡張于華。天師十世孫張鏘。天師十世孫張暴。天師十世孫張楷。天師十世孫張冑。天師十世孫女張子臺。天師十世孫女張季妃。」〔註 215〕其中便有二位女子。佛教雖有比丘尼擔任創寺者、都維那、僧正，但未聞佛教有女性曾創教派，但六朝道教上清經派卻是由女子魏華存所創，且在仙品中，列位甚高。儘管在世俗間，仍舊是男尊女卑，然而一旦成為奉道者，女性不僅和男性一樣修習法術，並且表現可比男性出色，如《神仙傳・卷 7》的故事，即呈現出這樣的意義：

> 樊夫人者，劉綱妻也。綱仕為上虞令。有道術，……暇日常與夫人較其術，……綱每共試術，事事不勝。將昇天，縣廳側先有大皂莢樹，綱昇樹數丈，方能飛舉，夫人平坐，冉冉如雲氣之昇，同昇天而去。

> 漢黃門郎程偉，好黃白術，娶妻得知方家女。……于是偉日夜說誘之，賣田宅以供美食衣服，猶不肯告偉。偉乃與伴謀撾笞杖之，妻輒知之，告偉言：「道必當傳其人，……如非其人，口是而心非，雖寸斷而肢解，而道猶不出也。偉逼之不止，妻乃發狂，裸而走，以泥自塗，遂卒。〔註 216〕

樊夫人與其夫劉綱昇天的那一段記載，令人莞爾。樊氏功力深厚，平坐即能昇天；其夫卻須上樹數丈，方能飛舉，道行高下，便在這一平坐、一昇樹之間

〔註 215〕收於《正統道藏（五）——洞真部》。
〔註 216〕《列仙傳》一本則文略不同：「漢期門郎程偉妻，得道者也，能通神變化。......偉欲從之受方，終不能得，云偉骨相不應得，逼之不已，妻遂蹶然而死，尸解而去。」

揭曉。不過令人沮喪的是，除非夫家也衷心支持妻子修道，否則女子在家（已嫁）修道，可能會有令人遺憾的事產生，如東陵聖母付官、程偉妻發狂而死。皆因未體妻子修道素志所致。因為夫家處境難料，莫怪乎後來女子傾向不婚修真〔註217〕。在這兩則法術傳說的部分，以宗教修為的結果來看，女性修道有成，並不遜於男性，男性甚至因此還必須請其傳授，而得道女性以宗教的觀點拒絕，顛覆了女性向來受制於男性的刻板印象，使女性在宗教信仰一事上，浮現鮮明的特質與形象，更提供了後人了解婦女生活的另一個方向。從出身階級來看，成仙者並不只限於少數幾個階級，上從官婦，下至孤苦民女，都能位列仙班，可見社會出身不是成仙的必備條件，只要修煉得法，或是心誠感天，仙人下教，成仙並非無望。吸引各階層婦女修道的，除了宗教本身許諾的好處，社會上形成的「神仙實有」、「人人皆得為神仙」的普遍意識和宗教心態，也是原因。〔註218〕

此外，道教不嚴別男女內外，也是女才得以施用的原因之一。因宗教事務或其他原因，修道女子似不以男女身份別嫌。如《後漢書・劉焉傳》云：「（張）魯母有姿色，每挾鬼道，往來焉家。」可知當時道教中女子亦可傳道，似乎男女界限並不嚴格。又《墉城集仙錄》載「王法進者，劍州臨津縣人也，孩孺之時，自然好道。家近古觀，雖無道士居之，其嬉戲未嘗輕侮於尊像。見必斂手致敬，若有懍懼焉。十餘歲，有女官自劍州歷外邑過其家，父母以其慕道，託女官以保護之，與授「正一延生籙」，名曰法進，而專勤香火，護持齋戒，亦茹柏絕粒，時有感降。又《神仙傳》載東陵聖母「或行理疾救人，或有所之詣」，其夫恚之愈甚。及淮陵內史虞珧子妻裴氏「有服食之術，常衣黃衣，狀如天師，道子甚悅之，令與賓客談論，時人皆為降節。」（《晉書・王恭傳》）

第三節　女子才性觀對女教之作用

在第一章中，約略檢視了女才與受教之間的關涉，兩者似乎有直接的相關。既然受教可使女子成才？何不讓每位女子都接受教育？〔註219〕然受傳統

〔註217〕也有可能是因為道教在東晉以後已較普遍，一般家庭在宗教心態上較能接受女兒修道，較能將投身宗教視為另一種興家致福及人生歸宿之故？

〔註218〕參考李宜芬《中古道教傳記研究》（臺大歷史所碩士論文，1988）內容。

〔註219〕此處討論已限於貴族，多無經濟問題。

的女教思想及女子才性觀念的囿限，部分家庭仍多以「學事人、盡中饋」的目標在教導自己女兒。讀書識字，不以為必要，此觀念的流傳固守乃為女子受教、成才最大的阻礙。因此女子要受教，須先有家長父兄的開明與自覺，而足以開啟父兄新觀念的源頭，則有兩種，一是多元思潮對傳統女教觀念所產生撞擊與其所激起的反思，二是地域民族新文化的涉入提供父兄女性觀念的新參照依據〔註 220〕，突破傳統女子才性觀念的格局與方向。

一、肯定女才，重視教女

中國古代家庭屬於「父權家長制家庭」，此制的主體結構是把家庭成員分為兩個層次：一是家長，一是家屬。且這兩個層次是由不平等關係所組合起來的。家長是家庭的主宰，家屬從屬依附於家長。家長的權力極大且廣，尤其明顯的表現愛對待子女上，家長掌握子女的生存權、教育權、懲罰權、擇業權，交遊權、主婚權、財物支配權，甚至有鬻妻賣子的權力。父權家長是一種終身絕對的權威，因此在處理家務上，不免流於武斷或以個人好惡為轉移。不過他也有極重的義務，他是供養者、教育子女之責、安排子女出路、完婚、保護子女及家庭成員。〔註 221〕

才性天賦觀念及尚智愛才風氣，引發重視教女的風氣興起：尚才風氣，引起社會普遍重才，由於才性天賦，六朝人對於天資異秉之人，總抱以欣賞讚譽眼光看待，此風及於幼童與婦女。肯定女才，不忍廢置，於是施教，得以讀經書、習藝文，使才性得到滋養成長的機會。現實來說，社會風氣重才，家有才女，亦可增顯門第風光，厚結婚姻之資，故六朝人願意重施女教。此外，因為重視天才，又倡早教，母教自然重要。母教要好，女教為本。為培育優良子弟（男），女教因而受到重視。又受玄學清雅逸趣影響，女功瑣事得以轉代，婦女因而有餘裕從事學藝。

因此，門第父兄習染玄風，改變部分傳統女子才性觀念，也為女子受教、展才的種種禁制，獲得某種程度的鬆綁。「尚才重情」風氣，使時人能尊重個人差異及個性，重視天才，擴及才女，他們是天賦異秉，靈氣所形，眾人之英。六朝女子處於此種尚才氛圍中，因才美之故，得以受到一些異於傳統的看待，而她個人也能表現出與傳統女性全然不同的氣質與形象。

〔註 220〕如北方門第見到胡女以出外為常，久之受薰染也不嚴限女子出外。
〔註 221〕以上資料選摘自王玉波《中國古代的家》，p.39～73。

道教思想上，男女成仙機會平等，視自己修行決定。至於天師傳承出現女子；天下二十四治，兼置男女官祭酒，統領三天正法，化民受戶。並無男女高下之別，神仙譜系中，女真女仙，地位尊貴。夫妻同修，一樣昇天，並不似佛家女子必多守戒約，多歷磨難，轉身為男，方能得道。在道教組織與家庭中，就教義所定，男女地位應較平等。因為道教提供一條獲致成就的路，男女皆可成仙之見，似乎男女才智高下偏見，早已湮滅，純就個人功夫、意志而決定成就。

女身成佛說的影響可作兩項來說明：對六朝女子才性觀作用方面，「智弱」「才辯」二說的並立，提供女子才性的不同思索，而宗教建立女子才性得以另行在家外展現的新思維，並開發出宗教修行的才性發展新空間。佛教的女性觀念本身呈現紛歧，在女身成佛問題上更是正反多重觀點並立，佛教在情欲問題上對女性的極度「醜化」，又僧團制度中的「八敬法」，不難窺見佛教確有歧視女性的一面。然而若與當時（佛教起源地印度的）社會女性的生活處境相較，佛教則提供女子一條解脫之道：人人皆可成佛，皇后、妓女一旦出家，再無階級出身高下之分，精神解脫人人可期。凡俗諸苦，遠人而去；無分男女，精苦修行，才性施用有新的領域，宗教成就與高僧一樣受人肯定。而廣大無法識字受教育的女眾，也因誦讀佛經，得到接受教育與識字的機會（特別是中下階層婦女），由此看來，佛教似乎又對女性地位及智識的提升起一定的作用。

二、個體自覺，主動向學

門第家族薰染「任自然」玄風，對於六朝女子才性觀念的開放當有大效。由於玄學重自然之性，情思為價值衡準，女性主體意識得以顯現。「任自然」思想的提出，人們也認真去思考生活周遭制度、規範何者為自然，何者是人為禮教。其中「情」的價值受到肯定。雖然道家主張體氣和平，泊然無感方是養生大道。但當時人，直就「自然」「順性」角度，予以極高的認同。情出於自然，真情的價值受到普遍肯定，禮法外在形式已落次要〔註222〕。即使男性

〔註222〕《世說新語．言語89》:「簡文崩，孝武年十餘歲，至暝不臨。左右啟：『依常應臨。』帝曰:『哀至則哭，何常之有？』」王戎雖不備禮，而哀毀骨立，死孝；和嶠雖備禮，神氣不損，生孝。仲雄認為不必憂嶠而當憂戎。戎為真情，哀至難測。(《德行17》) 案： 魏晉更尚真情，外在禮節不是首要。

亦不諱言情〔註 223〕，婦女在此種風氣之下，也多有「真情」的表現。任情，本非禮教所獎，女性經由修玄所引發的自我意識覺醒，加上門第高貴所提供的權力，又有玄學反禮教，勘破其人為制作的本源，因而對於禮法，疑之、忽之進而越之，剛柔非天，自可反易；女人貞一，男人當同。由於玄學所帶來情的執著與自覺的潛長，女性也有對等要求丈夫情思專一的傾向，於是「妒忌」有了理據，一時大盛，加上門第勢力消長考慮，父兄不之禁；基於「家和」及與妻子外家關係的考量，丈夫不便管，妒風於焉形成於大家之間，而尚情之風與任自然的自覺意識尋回，皆是助長因素。情乃主體意識的表現，文學是表情的工具之一，抒情言志的文學創作，因重情及重才風氣影響，得到得到滋養的土壤，六朝女子果然在此領域，盡情發揮才情。

由於尚智愛才及士人主體意識的萌生，講求個性，與眾不同。清雅不俗，才性高妙，不少六朝女子擁有名士化的清雅風度。濟尼曾云謝道韞：「神情散朗，有林下風氣」；張玄妹則是「清心玉映，閨房之秀」。兩種婦女形象並列，益見其異。「林下風氣」專指玄風，六朝男子亦多具之。但道韞因修玄之故，亦染玄風，受過玄學薰陶的婦女的確在外表風度氣質上有所不同。而林下風氣、神情散朗多用於男子，則道韞之玄學，正使其躍升與男子同倫的憑藉之一。「名士化」的風神清雅，也成為描繪女子特質的用語，如：李氏「睿性自高，神矜孤遠。風儀容豫，……若夫汪汪沖操，狀　淵而獨邃，英英瑤質，似和璧而起照。」〔註 224〕文中所用形容語句，與男子幾近，已然超越尋常女子柔順拘慎的形象，此當為玄風之影響。此外，尚才及清雅之趣，也憑藉藝能顯現襯托出來。六朝士人每多才藝，學術除外，清談、文學、音樂、書畫、弈棋、投壺……。在這種氛圍下，女子果真有才，便能在家族通達的新觀念下，從事學藝活動，不必終日蠶織中饋，枉廢美材。尊重個體特質，予以適性培育與發展，本是玄學教育理念，玄書雖未直指女性，但影響已及。道韞與諸兄園庭答問文學，左芬與同儕賢媛切磋詩文；左芬與兄談論詩書，左思二女

〔註 223〕情深不渝，孫楚為詩悼妻：「孫子荊除婦服，作詩以示王武子。王曰：『未知文生於情？情生於文？覽之悽然，增伉儷之重。』」（《世說新語．文學 72》）即使高官亦不諱言己之情，如「謝太傅語王右軍：『中年傷於哀樂，與親友別輒作數日惡』。王曰：『年在桑榆，？至然至此，正賴絲竹陶寫。恆恐兒輩覺，損欣樂之趣。』」（《言語 62》）；又王長史王廞登茅山慟哭，云己終當為情死。（《任誕 54》）等。

〔註 224〕〈太妃李氏墓誌〉，《匯編》，p.100。

多學才藝，又不廢女功，自為六朝尚才順性與追求清雅逸趣玄風所帶起的風氣。玄學加劇傳統禮教的鬆動與性別樊籬的跨越，使婦女生活空間擴大：魏晉儒家基於玄學家對名教激烈批評及自身種種缺失，當時儒家禮教在社會上有衰微的情形，隨之而來的是作為言行規範及教化的力量有衰弛鬆動現象。對六朝人而言，這倒是提供一種自由選擇教育內容的機會，即使最後他們之中還是很多人保留儒教，但是卻為其他的教育內容留下選擇的空間；在立身行事上，儒家德目不再是唯一的準則，道家式的（甚至佛家式、道教式）的生活方式也有機會進入時人的現實生活中。道教女性地位之高，施才不限男女，又能在教派享有崇高地位，誰說女性智弱？至於從婦女社會成就來看：大乘佛教宣揚眾生（男女）平等，出家為尼，受到社會的尊重，得到充份受教的機會，才性得以盡情培養、發揮，若精進無懈，可獲得相當的社會地位。至於對六朝女子才性觀的影響，自須因應佛教內部不同主張而別，負面說法（如「女身不淨」、「不得成佛說」、「轉身成佛」）：智弱說的成立與來源之一，可能使部分女子更加認命自卑。正面說法（如「眾生平等」、「即身成佛」）使「女身可以成佛，高尼可以榮家興化，佛教持戒利於興福」等思想觀念滲入社會，而婚姻不是人生唯一選擇，使女子有機會跳脫女職與家庭，在宗教領域，另立自己成就的天空。使女子才性施用，不再止於中饋與內事的僕婢小技。也必佛教外來思潮，方能打破。

而對女子本身來說，在才性新論鋒起，賢媛才女智婦的多重見證下，已然扭轉部分六朝家長的女子才性觀念。認定女子資質足以學習經史文藝，肯定女子才能施用可以興家定國，如此局面對於女子受教權的開放，無異開啟一線新機。門第家長開始願意提供女兒受教機會，令其適性學習，發展天賦潛能，造就高才足智興家榮族的女兒。而六朝女子受新興才性論的激勵，不再妄自菲薄，主動向學的意念於焉增強不少。

三、提供參照，規劃女教

以上才性諸說，雖未必皆為新出或積極面向，然而其間的有限新意，卻足以提供六朝家長在規劃女教之際，得以有新的思考與選擇。玄學家體認到禮教是人為所形，現存禮教也非針對「我」而設，因此主體自覺的意識下，個別的行為準則與尺度也出現。如以生孝或死孝方式守喪，各得其情；叔嫂共居一家，卻不通問，有違人情，阮籍因而違禮以與嫂別，更有不少學者針對問題熱烈討論。這都是在開放學風與社會風氣下所提供的新道德。至於男女內外之分，也在這股越名教風氣下，部分解禁。〔註 225〕《抱朴子・疾謬》提到：「今俗婦女……休其蠶織之業，廢其玄紞之務……，舍中饋之事，修周旋之好，更相從詣，之適親戚；……或宿於他門，或冒夜而返，遊戲佛寺，觀視漁畋，登高臨水，出境慶弔；開車褰帷，周章城邑；盃觴路酌，絃歌行奏。轉相高尚，習非成俗。」此條資料中，超越傳統女教者：一是廢蠶織中饋「女功」，取成於婢僕；二為違越「女內」空間原則：任意出入，周旋社交，訪親戚、遊佛寺、觀漁畋、臨山水、行慶弔，甚至冒夜而返，宿於他門；三是不避男女之嫌：女子開車褰帷，周章城邑；四、違越女則言行：盃觴路酌，絃歌行奏；逆于舅姑，反易剛柔（夫權），殺戮妾媵，黷亂上下；五是任情作我：任情而動，不恥淫逸，不拘妒忌。這些情事，若在兩漢，傷風敗德之罪甚重。能廢女功，必出門第富族，有人代勞，比之男子好玄，是「遂薄綜事之務，……卑經實之賢」〔註 226〕的類似效應，女子脫離煩瑣家務女功，得有餘暇從事所謂清高之事？此事必須父兄家人允許，否則不得此行。女子出外，周旋社交，也不盡是壞事，訪親戚、行慶弔，自有其用。也許是尚情，也許是為增進娘家與婆家兩方情誼穩固而致；遊佛寺、臨山水或出宗教需要，而佛寺多在山水間，遠離塵世，洗滌凡心，未嘗無用；至於觀漁畋、開車褰帷等外事，也有女子從事。除了不見禮法的束縛，男女之間的交接亦較不拘形跡。如此則易有機會接觸新事物，拓展眼界。如登臨山水，或可增進創作詠物的氣勢與擬真；出外參與宗教活動，拓展聞見、知識廣度，又可結交同性勝友，互換學行心得；通問親戚〔註 227〕，穩固兩家情誼，自也是佳事。

〔註 225〕女子活動空間這方面，各家族間歧異甚大：有周章城邑，開車褰帷，甚至男女對飲促膝者，乃開放之最；也有隔布幔或蔽於肩輿之內以見生人者，此次之；但也有保守如顏之推所云嫁後十數年，未曾通問，只遣使者致意者。地大家眾，加上禮教鬆動情形下，各有家法，也是預料中事。不過整體來說，比兩漢開放許多，如「看新婦」習俗，六朝才有，《世說新語》及《抱朴子》都有提及，亦不避男女之嫌之例。

〔註 226〕裴頠〈崇有論〉。

〔註 227〕六朝婦女與娘家聯繫似乎相當熱絡：《世說新語》文學 10、62 載「諸婿大會」的情節：裴頠娶王戎女，婚後三日諸婿大會，當時名士、王裴子弟悉集；羊孚弟娶王永言女，及王家見婿，孚送弟俱往。又丈夫出征或有他事，亦往往將妻子暫　時送回娘家，以利照來應，如《世說新語・雅量 24》：「庾小征西嘗出未還，婦母阮是劉萬安妻，與女上安陵城樓上，俄頃翼歸……」娘家親友也經常至女兒家中拜訪，如王羲之郗夫人要二弟往後不要常來，因為王羲佛教方面，「女身成佛說」有助於改變家族觀念，影響女教規劃。佛典中雖因「女身不淨」的修行觀，而導引出女子成佛較難的結論，然而除小乘部分教派不主女人成佛外，流入中國之佛典，多未阻斷女子修佛證果的可能性。加上中國僧尼多修大乘，女人可「轉身成佛」或「即身成佛」廣為時人接受，因此對於女性地位也一定的提昇，尤其對於高尼，信眾禮敬與高僧無別。在佛教中，男女若能精信，則皆能達到涅槃證果成佛〔註228〕的最終目標（雖然部分教派主張女子可能要經轉身為男此一步驟），女子成就甚至可以超越男性，佛教此種「解脫平等主義」的婦女觀，使得傳統男尊女卑觀念多少受到挑戰與質疑。六朝時期，尼寺林立，尼寺人數少則數十人，多則數百人，甚至上千人，比丘尼既形成如此龐大的群體，它就不僅僅只是一種宗教現象，而且更是一種社會現象。從西晉末年以來，比丘尼人數愈來愈多，她們在社會文化上所佔的地位就愈來愈重要。在社會虔誠奉佛的主流中，比丘尼也隨之受到矚目。更由於六朝女尼的人數之眾與傑出表現，改變時人觀感，故家長對於女子奉佛，多持肯定態度，採為家教內容。六朝時代，已有不少家庭以佛教精神、戒律作為家訓。如北齊顏之推〔註229〕等人。南朝的張融〈門律〉提到：「吾門世恭佛。……汝可專遵於佛跡，而無侮於道本。……欲使魄後餘意，繩墨弟姪，故為〈門律〉。」〔註230〕另外在本文第一章中，曾提及家庭之中，設有「尼媼門師」，信佛之家有將僧尼迎往家中供奉，其實也提供家人子女學習佛法機會，正是家族因應學佛所採行的一種教育規劃。道要方面，在家女子，因為家人的信教，接受異於傳統禮教的新觀念，對於女才具有較為積極開放的態度，兩性對待也因道教特殊思維（和合），夫妻關係重樂易與同心。另因宗教法會參與，不必長處內室，對男女之別（因為已是方外，特別是

之態度不遜，有差別待遇……，可知郗家二弟經常到姊姊家作客。(《世說新語・賢媛25》) 又王戎一大早不經通報，直接衝到女兒女婿房間，想必平日已多往來，故下人不阻。(《任誕14》)

〔註228〕「爾時王阿闍貰聞女無愁憂說是偈，默然，不識是何言。舍利弗心念：「是語甚可怪，所說無罣礙黠慧乃爾。」……舍利弗從坐起。正衣服下右膝叉手白佛言：「是女無愁憂，所說甚難入深法要，以權行立人不可勝數，所問種種悉能報答。」佛告舍利弗：「是女無愁憂以供養九十二億佛，作功德常不離漚和拘舍羅。」……佛告舍利弗：「是無愁憂，卻後七百阿僧祇劫當作佛。」(《佛說阿闍貰王女阿術達菩薩經》) 佛經中，女子成佛慧黠者不少。

〔註229〕《顏氏家訓・歸心》。

〔註230〕《弘明集・卷6》。

道教）較不嚴拘，也使女子得有見世面、長見識的機會，對於益才展才皆有大益。

小　結

本章主旨在於探討六朝人對女子才性的看法，此議題包括女子先天資質高下的認定與後天成就的預設兩大部分。在男女兩性的看法中，基本上可以歸納出：男主「智弱心放」、「女主內事」、「女禍論」的人才觀；女則傾向於「智足性清」及「興家定國」說。在男尊女卑的體制下，男性「智弱」說法有其似是而非的論據——「女無成就，少有人才」，然此現象之形成，又須回溯到男性負向「女子才性觀」的作用影響力。「智弱說、主內說」壓抑限制了女子受教的機會及施才的空間，造成天賦佳異女子得不到良好培養，終至庸才；或者排除萬難，費盡心力，終於具備高才絕藝，又因「女內、三從」等保守的觀念，得不到施展間，只得懷才沒沒以終。當社會上再添無能無才女子一例，「智弱說」的真理性必要鞏固一分。六朝時代，部分女子勇於出聲，要人們覺知他們的存在，正視女人的社會貢獻，於是女子「興家定國」說在六朝被女子揭示出來。六朝前後，此種聲音甚少，恐怕要一直等到清末，方有男人站出道出類似話語〔註 231〕。

前文已依序介紹過六朝時代五種重要的女子才性觀。在女子「智弱」說一節中，我們了解到傳統男尊女卑社會如何透過制度與觀念限制女子才性的培訓與施展，從而建構出「智弱說」。如藉由「女主中饋」、「三從四德」說而對女子進行「受教權的限制」，又立「女無外事」、「女子無爵」制度，削弱沮溺女子向上奮進的動力。在女子「興家定國」說一節中，曾分項舉出不同領域的六朝女性人才作為「興家定國」說成立的佐證，然值得探究的是：出聲發言的六朝女子，何以能夠於男性作主的背景下，道出此說？而部分超脫傳統女教訓示的「文字」，又如何留存今日使我等得見得聞？這在「興家定國」說一節中，已分有例可循及合於書寫意識二徑加以解答。在此一節，想針對作為「興家定國」說重要論據的「六朝女性人才」加以探索，一來可先為六朝女教的「教育成果」，作一番巡禮，一方面更想究悉女性成才的因素——特別

〔註 231〕見於康有為《大同書》、康同薇《女學利弊說》、梁啟超《女學》等文，第五章將會介紹。

是那些引發女了超越「男尊女卑」「智弱說」籠罩的外來力量。「自然性分」說、「女身成佛」說、「仙人無種」說，分屬玄佛道三種思潮的女子才性論，乃有鑒於六朝玄佛道思潮的流布及其對於社會所引發的廣泛影響，筆者推論其女子才性觀應當對六朝社會起過一些效應，而三說對於女子成才應該也曾產生過作用。

總之，這些新觀念的滲入，也是導致六朝女教內容及實施方向殊異的一個重要變因。當然，傳統女教的典範性依然存在，在新舊思潮及正反才性觀念的交盪中，六朝門第如何進行女教內容的規劃？在下章中，將為您展開這份規劃書的具體內容，並探查門第女教施設有無及教材去取標準及考量因素。